新版 信濃古代史考

大和岩雄

大和書房

信濃古代史考

目次

第三章 信濃の神と神社

第四章

信濃国の秦氏・秦の民

信濃古代史概説
——まえがきにかえて——

本書では、「信濃と古代ヤマト王権」「信濃と渡来人」「信濃の神と神社」の三つの視点で、信濃の古代について述べるが、その前に、「まえがき」にかえて、三つの視点を、通史的に概説する。

1

縄文時代・弥生時代は考古学の領域では述べられても、文献では概説できないから、拙論では略したが、この時代を推論できるのは、諏訪信仰である。だから、「ミシャグチ神と古代諏訪信仰」に「縄文時代以来の信濃人の『カミ』祭祀」というサブタイトルをつけて、私見を書くが、ミシャグチの神体には、石棒が多い。

考古学の藤森栄一は、「一見男根状のものもまれにはあるが、立石状自然石や、明瞭な石器時代の石棒頭がもっとも多い。その石棒も、縄文後期以降に多い、石剣や石刀や、磨かれた緑泥片岩の小型石棒は少なく、中期縄文に多い安山岩敲製《たくせい》の雄大な石棒である」（『銅鐸』一六五頁、一九六四年、学生社）と書いているように、縄文時代の石棒がミシャグチの神体である。この「雄大な石棒」は、縄文中期でも精霊（ミシャグチ）の依代であった。

ミシャグチの「シャ」は、「サ」からの転で、本来は、「御作霊《みさくち》」であることは、「ミシャグチ神と古代諏訪信仰」で述べるが、「サク」は「咲」でもあり、この出生・生産・成長の「サク」の「チ（霊）」である縄文以来の神が、現在も諏訪大社上社で祀られており、甲信越・関東・東海・美濃・伊勢地方の民間信仰でも、諏訪の神として崇敬を得ている。

このように、諏訪信仰には、縄文時代の信濃人の信仰の名残りがある点が、他にない特殊性である。この諏訪信仰の縄文的要素は、山人・狩猟的性格としてあらわれている。狩猟神的性格の神は各地にあるが、特に諏訪神（この場合は「千鹿頭神《ちかとう》」になる）は、関東・東北から九州の山人・狩猟民の厚い信仰を得ていた。その理由はいろいろあるが、諏訪神の縄文的性格が、狩猟と焼畑農耕の縄文的生活をつづけていた山地民に、合っていたことも、理由の一つであろう。

2

こうした縄文社会の信濃に、最初に弥生文化が入ってきたのは、伊那谷である。

戸沢充則は、「九州に発生した弥生文化が近畿・伊勢湾に一次的に波及して、その最初の波を受け入れたのが下伊那地区であった」と書き、「下伊那の地域に定着しはじめたのは、弥生時代中期の初頭のころだと考えられている。東海地方独特の貝殻条痕をつけた水神平《すいじんびら》式土器や、伊勢湾まで達した遠賀川系土器の一部、西志賀式土器（引用者注・弥生時代前期の伊勢湾地方の土器）をもった人々が、林里・荊谷原・庄ノ畑遺跡など、天竜川ぞいの低地に水田をひらきながら、次第に上伊那・諏訪地区へ進出した。そしてその余波は長野県中央地帯を突破して、弥生中期中頃までには善光寺平に達し、伊勢宮遺跡などを残し、中期後半になると栗林遺跡にみられるように、伊那谷とは様子のちがう弥生文化を定着させたのである」と書く（「長野県の遺跡概観」『長野県史　考古資料編・主要遺跡〈中・東信〉』所収、一九八二年、長野県史刊行会）。

林里遺跡は下伊那郡豊丘村にある縄文晩期と弥生前期土器（水神平式・西志賀式）が出土した遺跡であり、苅谷原遺跡は上伊那郡中川村にあり、縄文最終末の沈線文土器と共に、林里と同じ水神平式・西志賀式土器が出土している。『長野県史』（考古資料編・主要遺跡〈南信〉、一九八三年）は、林里・苅谷原遺跡を、弥生前期遺跡とする。

庄ノ畑遺跡は岡谷市銀座にある遺跡で、『長野県史』は弥生中期に入れているが、この遺跡の土器（考古学者は「庄ノ畑式土器」という）は中期初頭に位置づけられる。同じ中期初頭の遺跡に、諏訪市の仲浜町遺跡がある。この遺跡出土の土器の焼成も、「東海の弥生土器と同じ砂粒の多い灰白色」（前掲書〈南信〉、九二一頁）であり、庄ノ畑土器と同じに、伊勢湾・東海系土器の影響を受けている。このように、伊勢湾沿岸・東海地方から伊那谷へ入った弥生文化は、天竜川を北上していく。

戸沢充則は、中信についてふれていないが、『長野県史』（考古資料編・主要遺跡〈中信〉）は、松本市里山辺の針塚遺跡を、前期遺跡にしている（弥生前期の遺跡は、林里・刈谷原とこの針塚のみである）。この遺跡からも、一九八二年の発掘調査によって、水神平式・西志賀式土器が出土しているが、こうした土器の搬入は、たぶん木曽川をさかのぼって来たのだろう。信濃への弥生文化の普及は、天竜川と木曽川の二つのルートによるとみられる。

松本市内田の横山城遺跡は、弥生中期の遺跡だが、ここからは、岡谷の庄ノ畑土器が出土しているから、天竜川ルートの弥生文化も、松本平へ入っている。

天竜川と木曽川の二つのルートが合流した松本平から、弥生文化は善光寺平へ至るが、伊勢宮遺跡は長野市篠ノ井にある。戸沢充則はこの遺跡を弥生中期中頃とみるが、『長野県史』（考古資料編・主要遺跡〈北・東信〉）は、長野市西長野の新諏訪町遺跡と共に、弥生中期初頭とみる（伊勢宮遺跡は磯崎正彦、新諏訪遺跡は笹沢浩が執筆）。

笹沢浩は、「新諏訪町遺跡は長野市伊勢宮遺跡とならんで、善光寺平では初現期の水稲農耕をもつ、弥生中期初頭の遺跡である。土器にみられる様相は濃尾地方からの波及を示すとともに、在地性が甕には濃く、壺には薄くみられる。北信濃に及んだ最初の弥生土器であることを物語っている」と書いている。

中野市の栗林遺跡について、戸沢充則は中期後半と書いており、『長野県史』の栗林遺跡執筆の金井汲次も、中期後半と書き、この遺跡は一致している。

いずれにしても、中期には善光寺平に弥生文化は入り、更に北へと進んでいるのである。

東信でも、上田市真田町の陣の岩陰遺跡から、弥生中期・後期の土器が出土しているから、中期中頃には弥生文化が入っている。

このように、弥生中期の中葉から後半には、弥生文化は信濃全土に普及したとみられる。

3

弥生時代がおわり古墳時代に入るのは、四世紀初頭とみられていたが、最近は古墳時代を三世紀後半からとする見解が有力である。信濃の最古の古墳は、四世紀中葉の前方後方墳、弘法山古墳（松本市並柳）だから、古墳時代の初現期が早くなったとしても、信濃の古墳は初現期に近い時期に築造されている。

桐原健は、弘法山古墳について、「封土内より出土した土師器は、現時点では最古式に属するが、在地の末期弥生土器の系統の影響は少なく、むしろ伊勢湾沿岸地域との濃厚な関連がうかがわれる点、なお、特に彼地から運ばれてきた可能性が強いことは、本古墳形成の背後にある諸問題を解く上にも、貴重な手懸りになるであろう」と書いて、築造期を「四世紀中葉前後」とみる（前掲書〈中信〉二五八頁）。

また、近くの中山三六号古墳（松本市中山仁能田山）について、原嘉藤は、「隣接する弘法山古墳出土の土器に同じく、東海地方の弥生土器の系譜をひいているが、弘法山古墳の壺よりも定型化がうかがわれる。鏡も弘法山古墳出土のものと同じで、両古墳の間には、それほど大きな年代差を考えることはできない」と書く（前掲書〈中信〉二六一頁）。

この松本平の古墳につづいて、善光寺平に、森将軍塚古墳（千曲市森大穴山）が四世紀後半、川柳将軍塚古墳（長野市篠ノ井）が四世紀末から五世紀初頭に築かれる。

弥生後期の善光寺平は、千曲川流域の水田適地の低湿地にめぐまれ、急激に弥生文化が発展し、極めて地域色の強い箱清水式土器文化圏を成立させており、この文化圏の影響は、北関東にまで及んでいる。こうした「繁栄」が、古墳時代に入って、森・川柳の将軍塚古墳を築かせたのであり、これらの古墳の被葬者は、弥生時代からの信濃人であろう。この点が、弘法山古墳や中山三六号古墳の被葬者と、ちがっている。

『長野県史』によれば、善光寺平の弥生後期の主要遺跡は、長野市の箱清水・平柴平・塩崎小学校地点・屋地・四ツ屋遺跡と千曲市上山田の御屋敷遺跡の六遺跡なのに、松本平では、南端の塩尻市の中島遺跡のみである。この遺跡について、小林康男は、「本遺跡では発見されなかったが、高出第Ⅴ地区からは伊那谷的な壺、赤木山では千曲川流域の赤色塗彩の高坏が出土しており、弥生後期における松本地方の特殊性を示している」と述べている〈前掲書〈中信〉二一五頁〉。

このような弥生文化の後進地区に、古墳時代に入ると、信濃ではもっとも早い高塚古墳が築造されている事実からみると、弘法山・中山三六号古墳の被葬者は、木曽川下流域から信濃入りした人物とみたほうがよさそうである。

長野県で完形の銅鐸が出土したのは、塩尻市柴宮遺跡の高さ六四・二センチの東海地方に分布の中心がある三遠式銅鐸である。この遺跡は銅鐸分布地域の東北限にあり、松本市宮渕本村の宮渕遺跡からは、突線文銅鐸の鈕部破片が出土している。このように、銅鐸やその破片が松本平の南端のみから出土していることからみても、木曽川下流域から北にあがって来た文化の最初の定着地が、松本平なのである。

四世紀中葉の松本平に築かれた二つの古墳は、善光寺平の古墳のような、弥生文化の自発的発展によるものではなく、木曽川下流域の古墳文化が、いち早く入ったためと考えられる。

4

四世紀後半から五世紀初頭に、森・川柳の将軍塚古墳が築造されると、五世紀代には、北信濃の各地に、古墳が築かれる。

須坂市上八町の鎧塚一号墳は、五世紀前半の築造といわれているが〈「信濃の高句麗人と積石塚古墳」参照〉、副葬品が水字貝や碧玉の釧であり、積石塚である点からも、被葬者は土着の信濃人とはいえない。この地域は、弥生中・後期の主要遺跡もみあたらない。

弘法山古墳の被葬者は、木曽川下流域の居住者、またはその地の文化と交流をもつ人物とみられ、畿内の王権との関係ははっきりとしない。だが、鎧塚一号墳の被葬者は畿内の王権とかかわる。大阪府柏原市国分市場の四世紀末の茶臼塚古墳は、高句麗の積石塚の墓制をストレートに受け入れた積石塚古墳で、この古墳の周辺には、高句麗・百済系の渡来人が多い。本文でくわしく述べるが、河内に馬をもって来た高句麗系または百済系（百済にも積石塚古墳はある）渡来人が、馬の放牧・飼育に適し、故郷と同じ風土の信濃へ、河内に巨大古墳を築いていた五世紀の王権の意図によって移住して築いたのが、鎧塚一号墳と考えられるからである。

信濃でも高井郡に移住したのは、森・川柳・越・土口・倉科将軍塚古墳を築いた善光寺平南部の首長が、協力したためであろう。

積石塚古墳群で最大なのは、長野市松代町の大室古墳群だが、この古墳群の築造は五世紀後半からである。五世紀後半は、畿内の王権の行動が活発化した時代だから、馬の必要性から、積極的にヤマト王権は、馬の飼育にくわしい渡来人を、高井郡に送りこんだのだろう。高井郡の地名のもとは、高句麗国王の後裔と称す高井造である。

弥生後期の善光寺平の箱清水式土器文化圏に対し、もう一つの弥生文化圏があった。それは下伊那郡の中島式土器文化圏である。この土器は、天竜川をのぼってくる東海や伊勢湾沿岸地域の弥生文化の影響を強くうけている。但し、箱清水文化圏の人たちが、低湿地で水田耕作をしていたのに対し、石ころの多い段丘上での焼畑農耕であった。この経済的な差が、善光寺平では四世紀後半には前方後円墳が出現するのに、伊那谷では五世紀末になるまで、古墳が出現しなかった理由であろう。

倭の五王のうちの武（雄略天皇に比定されている）は、四八七年に中国（宋）へ派遣した使節にもたせた上表文で、全国各地を平定したと述べている（『宋書』倭国伝）。武の時代（雄略朝）の五世紀後半は、武力統一をヤマト王権は活発に行っていた。例えば、『日本書紀』の雄略天皇十八年八月十日条に、雄略天皇の命を受けた物部氏の軍が、伊勢へ侵攻し、伊勢朝日郎を討ったと記す。伊勢朝日郎とは、伊勢の朝日郡（朝明郡と書き、現在の四日市市北部と三重郡）の男という意味である。

伊勢へ進攻したヤマト王権は、信濃の伊那谷へ進攻している。「イナ」の地名はイナ部氏の名によることは、「『イナ』の地名と『イナ部』」で詳述するが、朝明郡の北に隣接して員弁《いなべ》郡がある。この地名のもとになったイナ部氏は、伊勢朝日郎を討った伝承では、物部氏の配下にあったと、『日本書紀』は書く。

飯田市桐林の兼清塚古墳（前方後円墳）が、伊那谷でもっとも古い古墳だが、この竜丘段丘には、五世紀末の前方後円墳が他に二基ある。これらの古墳は、副葬品から、ヤマト王権に直属する外来の被葬者と、考古学者たちはみているが、物部氏配下のイナ部氏も、五世紀後半に伊那谷へ入ったのだろう。

伊那市は、東伊那部村・西伊那部村が発展して町から市になったのだが、現在伊那市に入る手良《てら》村には、大百済毛・小百済毛の地名があった。テラ氏は百済系渡来人で、物部氏に属す。イナべ氏・テラ氏など物部氏配下の渡来氏族が、同じ地域に居住していたことからみても、雄略紀の伊勢侵攻の記事を、南信濃侵攻に重ねることができる。

信濃人が宮廷に仕えた伝承は、『日本書紀』の雄略天皇十一年十月条の鳥養部設置の記事であることからみても、倭王武の五世紀後半が、一つの画期である。

5

「シナノ」地名は、南河内の石川流域の地名によることを、「国名『シナノ』と科野国造」で詳述するが、科野国造は多（太）氏と同族である。多氏でも科野国造につながるのは、大和の多氏でなく、南河内の多氏だが、わが国の高句麗系積石塚古墳の原型である大阪府柏原市国分市場の茶臼塚古墳のある地域が、河内多氏の本拠地である。このように、北信に入った高句麗・百済系渡来人も、南信に入った河内多氏系氏族も、畿内では同じ地域であり、連動している。

雄略紀の伊勢侵攻の地である朝明郡の代表氏族は、伊勢津彦を祖とする船木氏だが、『伊勢国風土記』逸文によれば、伊勢津彦は大和からの侵攻軍に攻められて、信濃へ移ったと注にある。この伊勢船木氏は『古事記』では多氏と同族である。伊勢津彦は伊勢朝日郎に重なるから、多氏系船木氏も、イナ部と共に（伊勢の員弁郡と朝明郡は隣接する）、信濃へ移住したのが、『風土記』の伝承に反映したとみられる。このように科野国造の多氏は、伊勢のイナ部とも連動している（多氏がイナ部とかかわることは、「『イナ』の地名と『イナ部』」で述べる）。

「馬と科野国造」で述べるように、科野国造になった河内多氏系氏族の出身地は、馬飼部のもっとも多いところである。平安時代の『延喜式』左馬寮の「飼戸《うまかいべ》」の条に、

河内百八　大和四十　尾張九　山城六　美濃六

とあるのも、古くから、河内が圧倒的に馬飼が多かったためである。おなじ『延喜式』によれば左馬寮・右馬寮が直轄する御牧は、

信濃十六　上野九　武蔵四　甲斐三

である。飼戸は御牧の馬を使用するのだから、河内と信濃の関係は密接である。この平安時代の史料は、五世紀後半以降の古代の河内と信濃の関係を示す。

科野国造の役割は、国の統治と共に王権用の牧の管理と馬の増産であった。当時の馬は、王権の死命を制するほど戦闘にとって重要であり、戦闘だけでなく、乗物・連絡・運搬などにも貴重な存在であった。こうした馬とのかかわりからみても、科野国造は他の国造とちがっていた。

科野国造は「金刺舎人《とねり》」というが、『続日本紀』の天平神護元年（七六五）正月条に、伊那郡大領金刺舎人八麻呂を「信濃国牧主当」と記している。この記述からも、科野国造とその一族の役割が推測できる。

六世紀代の科野国造は、伊那谷を本拠地としているが、六世紀代には、和田峠を越して小県郡に入り、安《あ》宗《そ》郷に定着した。安宗郷は塩田平をいう。塩田平は、古代信濃の政治・文化の中心になった。「アソ」の地名は、科野国造と始祖を同じにする多氏系の阿蘇君・阿蘇国造の「アソ」である。阿蘇国造も河内多氏系及び馬とかかわることは、「馬と科野国造」で述べる。たぶん、小県郡に入った河内多氏系氏族は、阿蘇氏関係者であったことが、「アソ」の地名になったのであろう。阿蘇氏がヤマト王権と直結していたことは、『日本書紀』宣化天皇元年条の阿蘇君の記述からも確かめられるが、この時期は六世紀前半だから、信濃進出と合う。

『和名抄』の阿宗郷の隣は跡部郷である。イナ部が物部氏にかかわることは、「『イナ』の地名と『イナ

部』」で述べるが、アト部も物部氏系である。「信濃の古代中央豪族」で述べるように、阿蘇氏も物部氏にかかわるが、小県郡の「アソ」「アトベ」の地名にかかわる氏族が、多氏・物部氏の両方と関係があることは、信濃進出氏族の中心が両氏であったことを示している。科野国造は、ヤマト王権の大連《おおむらじ》である物部氏の強力な支援を受けて、伊那から小県へ進出したのである。

上田盆地・佐久平で墳型のわかる唯一の前方後円墳の二子塚古墳（上田市上田）は、円筒埴輪をもち、科野国造関係の墓とみられている（前掲書〈北・中信〉七〇一頁）。円筒埴輪をもつ古墳について、川上元は、「飯田市竜丘地区に密であるほかに散発的で、飯田市座光寺に高岡一号墳、上伊那郡箕輪町に松島王墓、諏訪盆地に入って下諏訪町青塚古墳、そして上田盆地にこの二子塚古墳をみるだけである」と述べている（前掲書〈北・中信〉七〇一頁）。これらの古墳は、竜丘へ五世紀末に進出した勢力が、上田盆地にまで移動したコース上にのみあることからみても、科野国造の進出コースが裏付けられる（古墳の築造時期は、コース順でなく、青塚古墳が一番新しいが、理由は後述する）。

6

『日本書紀』の継体紀・欽明紀に、百済の高級官僚の科野氏の記事が載る。このシナノ氏は信濃土着人ではないだろう。理由は、他の倭系百済官僚は、物部・紀・許勢という中央大豪族の姓を名乗っているから、畿内から遠く離れた草深い山地人が、これらの中央豪族に伍して、百済の高級官僚となって、倭国との外交関係に従事することはあり得ないからである。また、「シナノ」という国名は、外から入って来た人たちが、故郷の南河内の地名をつけたのであって、土着人の命名ではないから、シナノ国名を名乗るシナノ氏は、信濃の土着人ではなく、新来の渡来系信濃人であろう。

このシナノ国名をもつシナノ氏の活躍は、六世紀前半に信濃に入った氏族が、朝鮮、特に百済と深い関係をもっていたことを示している（百済・高句麗の支配層は、騎馬民族の扶余系である）。

この科野氏が、信濃入りした物部氏や多氏と強い結びつきがあることは、「百済国の高級官僚科野氏」で述べるが、特に科野氏が活躍するのは、欽明朝である。科野国造を金刺舎人というのは、欽明天皇の金刺宮に奉仕し、舎人として天皇の側近に居たからである。また、「他田舎人」というのは、欽明天皇の子の敏達天皇の他田宮にも奉仕したからだが、敏達天皇の時代は、物部氏の権力は、欽明朝の時代より更に、他の豪族（大伴・蘇我）を圧していた。

信濃の牧は、ヤマト王権御用の牧であったが、直接には、六世紀前半から中葉にかけては、物部氏の支配下にあった。他の豪族より良馬を多く手に入れることも、権力を握る大きな手段であったから、物部氏は、科野国造を統率下に置き、物部氏系氏族と、配下の渡来人を信濃へ送りこみ、牧場の管理、馬の増産、牧場の開発にあたらせたのであろう。

その一例が、水内郡への進出である。水内郡の芹田郷は、芹田物部の移住地だが、長野郷は、南河内の渡来系氏族長野氏の移住地である。長野氏は「信濃の古代中央豪族」で述べるように、物部氏の配下にある。

物部氏系氏族・渡来氏族だけでなく、河内多氏系氏族も、水内郡に入っている。『和名抄』の尾張郷は、長野市古牧に西尾張部、朝陽に北尾張部の地名があるように、尾張部氏の居住地である。尾張部氏は、「馬と科野国造」で述べるように、河内多氏系である。これらの氏族は、水内郡の牧の管理、牧の開発、水利土木工事の指導に従事した。

『続日本紀』宝亀三年（七七二）正月条に、「信濃国水内郡人」の金刺舎人若島が載るように、水内郡にも科野国造系がいる。たぶん六世紀代の進出によるものであろう。この地の古墳の築造も、この時代から盛んになっている。

水内郡だけでなく、筑摩郡にも物部氏は居る。正倉院の調庸白布一巻の墨書銘に、天平勝宝四年（七五二）十月の日付で、「信濃国筑摩郡山家郷戸主物部東人」の名が見える。また、筑摩郡の大領（郡の長官）として「他田舎人国麻呂」とあるから、筑摩郡も科野国造系が行政権を握っている。山家郷は山部郷の転で、山部・山守部は物部氏系である（「信濃の古代中央豪族」参照）。この山部郷とその周辺にも、官牧があるから、たぶん六世紀代に、牧の管理・開発に筑摩に進出した物部氏系の後裔が、物部東人であろう。

『新抄格勅符』によると、物部氏の氏神の石上神宮の神戸八十戸は、信濃五十、大和二十、備前十であることからも、信濃と物部氏の関係が推測できる。『神長守矢氏系譜』で、物部守屋の子が信濃へ逃れて、諏訪大社大祝の神氏の娘を妻にしたと記すのは、守矢氏と物部守屋を重ねた創作だが、物部氏と結びつけたのは、信濃と物部氏のかかわりの深さも一因であろう。

『三代実録』貞観九年（八六七）三月条にも、「信濃国高井郡人物部連善常」の名が見える。

安曇郡の安曇氏も、郡内の古墳からみて、六世紀代に移住して来ている。安曇氏の移住コースを、日本海ルートに想定する説があるが、弥生時代以降、文化も物も人も、ほとんど、木曽川・天竜川を北上して来ている。「穂高神社と安曇氏」で述べるように、安曇氏も、弥生時代以来のコースで、信濃入りしたのであろう。

穂高神社の氏子の地に住吉庄があり、住吉神社があるが、摂津の住吉大社の摂社にも、安曇氏の祀る大海神社がある。安曇氏は海人だから、住吉神と深くかかわる。住吉大社の祭祀氏族は、尾張氏系の津守氏だが、尾張氏系は、海直というように海人系である。ところが、物部氏の家記である『旧事本紀』は、物部氏と尾張氏の始祖を同じにしている。このように、尾張氏を仲介に、安曇氏と物部氏は結びついている。

水内郡の尾張部氏は河内多氏系だと書いたが、大和の多神社では、尾張氏の祖の火明命を祀っており、多氏と尾張氏は縁が深い。そのことは、拙著『古代王権試論』で述べたが、科野国造の多氏も、尾張氏を通して安曇氏とかかわりをもつ。

安曇氏の六世紀代の信濃入りも、欽明・敏達朝で実権をもっていた物部氏のバックアップと、科野国造の手引きによるのであろう。

7

物部本宗家は、用明天皇二年（五八七）に蘇我氏らによって滅んでいる。実権を握った蘇我氏は、物部氏が重視していた信濃を無視するはずはない。

『和名抄』の筑摩郡に崇賀郷が載る。訓は「ソガ」で、『多武峰略記』には、「信濃国筑摩郡蘇我郷」とある。このソガ郷は、木曽郡楢川村から、現在の塩尻市の旧宗賀村・旧洗馬村と、東筑摩郡朝日村あたりが比定されている。

このソガ郷への蘇我氏の進出を、加藤謙吉は「六世紀末から七世紀にかけて」とみる。理由は、全国各地のソガ部・ソガ郷が、物部氏の所領または物部氏と縁のある土地に、物部本宗家が滅びた五八七年以降に、設置されているからである（『蘇我氏と大和王権』二八八頁、一九八三年、吉川弘文館）。

ソガ郷は、木曽川と犀川の源流地とその周辺地域をいい、天竜川文化が松本平へ入る入口でもある。木曽川・天竜川を北上した人や文化は、この地を通って、松本平・安曇野へ入り、更に犀川を下って、善光寺平へ入った。一方山部郷を越して、塩田平へ入っている。「塩尻」という地名が示すように、木曽川・天竜川を上ってきた文物・人にとって、この地は信濃の関門であった。信濃の牧の馬は、この場所を通って都へ行く。こうした土地だから、物部本宗家が滅んだ後、蘇我氏の直轄領となり、ソガ郷といわれたのであろう。

「信濃の高句麗人と積石塚古墳」で詳述するが、延暦八年（七八九）から延暦十八年（七九九）の間に、信濃の筑摩郡・更級郡・小県郡に居た高句麗人の子孫が、高句麗で名乗っていた姓を改めたと、『続日本紀』や『日本後紀』などの正史に載っている。彼らは、推古・欽明朝に「帰化」したというから、渡来時期は、蘇我氏が独占的権力を握っていたときである。信濃への高句麗人移住は、蘇我氏が、騎馬民族の彼らに、牧の管理と牧の開発にあたらせ、いままで以上に馬を増産するためであったろう。そのことは、彼らの居住地が、後の官牧の所在地と重なることからも証される。

彼らが改める以前の姓は、卦婁・前部・後部・上部・下部・高麗である。高麗を除いた五つの姓は、高句麗の五部の姓である。彼らはこの姓に誇りをもっていたから、移住した人やその子の代には改めなかったが、高句麗語も話せなくなった三代・四代目になったので、ようやく居住地の地名をとった姓に改めたのであろう。

8

当時の蘇我本宗家のトップの名は、馬子といい、孫の入鹿の別名は鞍作である。このように、馬にかかわる名を称しているのだから、信濃への関心の強さもわかる。その蘇我氏が、初めて仏教を導入した。

信濃のような山国に、倭国に最初に渡来した仏像が安置されたという善光寺縁起には、物部・蘇我氏の争いも、伝承として入っているように、蘇我氏の勝利による信濃への仏教普及を反映した伝承である。他国にくらべて積極的に蘇我氏は信濃へ仏像をもちこんだと思われるが、信濃の物部氏系氏族・渡来氏族・科野国造も、新しい権力者の意を迎えるため、積極的に仏教に帰依したであろう。

善光寺縁起の多くが、善光寺仏の信濃入りを七世紀初頭とするのは、蘇我氏が物部本宗家を滅亡させた後だから、私見と時期が合う。蘇我稲目が小墾田の向原の宅に安置した仏像を、善光寺仏だとする伝承があり、大和の向原の地にある向原寺を、元善光寺というのも、蘇我氏と善光寺の関係を暗示する。

善光寺縁起の多くは、水内郡に直接入ったのではなく、伊那の麻績村（飯田市座光寺）にとどまり、そこから水内郡に入ったと記す。座光寺には元善光寺があるが、この地には弥生後期の中島式土器の中島遺跡があり、四十三基の高岡古墳群、十五基の新井原古墳群がある。この地は、六世紀から七世紀にかけての伊那谷の文化・政治の中心地で、科野国造の本拠地の一つであった。

新井原古墳の盟主墓の畦地一号墳を、大場磐雄は、科野国造の多氏の墓とみるが（「畦地古墳をめぐる南信古代文化の一考察」『考古学上から見た古氏族の研究』一九七五年、永井出版企画）、座光寺の古墳群の被葬者が、副葬品からみて河内多氏とかかわることからみて（「国名『シナノ』と科野国造」参照）、蘇我氏→科野国造の線で、百済仏はこの地に入ったのだろう。運んできたのは、南河内の人か、南河内に縁のある信濃人であろう。

運んできた人物を本田善光・麻績東人というが、本田は誉田で南河内の地名であり、麻績は伊那の地名である。

善光寺縁起は、推古十年（六〇二）に麻績村に入り、四十一年後に水内郡に移ったとあるが、そのころ（大化元年〈六四五〉に蘇我本宗家は滅びている）、蘇我氏は衰亡しているから、こうした中央の政治状況の変化が、科野国造の本拠地の伊那から、水内へ移動した一因と考えられる。

畦地一号墳の近くの喬木村に、韓郷《からくに》（国）神社がある（戦時中、「韓」を「辛」に改めた）。南河内にも韓（辛）国神社があり（藤井寺市藤井寺一丁目）、百済系渡来氏族の長野氏が祀る長野神社は、現在韓国神社に合祀されている。このことからみても、座光寺（元善光寺）に居た渡来系氏族が、水内の長野氏の本拠地に、七世紀初頭に移したのであろう。韓国神社は、渡来系の藤（葛）井氏が祀るが、善光寺に藤井氏がかかわっていることは、「なぜ河内国に元善光寺があるか」「善光寺と渡来人」で述べる。

善光寺の本尊は、釈迦如来仏から阿弥陀三尊にかわっているが、阿弥陀信仰は七世紀後半にわが国に伝来している。藤井氏ら河内の文《あや》（書）氏系氏族の氏寺の西琳寺本尊は、「百済国所伝弥陀三軀之霊像」（『西琳寺流記』）であり、近くの長野郷にある元善光寺（小山善光寺）の本尊も、阿弥陀三尊だから、阿弥陀仏を信仰する河内の長野氏・藤井氏らと、信濃の善光寺の檀家の長野氏・藤井氏らが、善光寺の本尊を阿弥陀三尊にかえたのであろう。

善光寺と馬のかかわりは、「馬と科野国造」「なぜ元善光寺が河内にあるか」「善光寺と渡来人」で、くわしく述べるが、善光寺の創建には、中央政権の政策が反映している。そのことが、王権の仏教伝来伝承と強く結びつく縁起を生んだのであろう。

9

蘇我氏の独裁的権力は、半世紀余しかつづかず、大化元年（六四五）には、蘇我本宗家は滅びている。蘇我氏の権力が衰退したからといって、中央政権にとって、信濃の重要性が失なわれたわけではない。

信濃の馬の効力は、壬申の乱（六七二年）に、はっきりあらわれている。近江朝廷軍は、田辺小隅の活躍で、最初は大海人皇子（天武天皇）軍を敗走させている。水野祐は、田辺小隅の騎馬隊を近江朝廷がもっと重視し、活用していたら、近江朝廷側が勝利したとみているが（「高松塚古墳と騎馬民族征服説」『古墳と帰化人』所収、一九七二年、雄山閣出版）、田辺氏は南河内の誉田にいた渡来氏族で、信濃へ移住した南河内の渡来人とかかわっている。たぶん信濃産の馬を使った河内の騎馬隊を率いていたのであろう。

大海人軍は、近江軍とちがって、騎馬隊を有効に使って勝利している。そのことは、「馬と科野国造」で詳述するが、田辺小隅の騎馬隊を破ったのは、科野国造と始祖を同じにする多品治《ほむじ》の率いる、信濃の騎馬隊である。

壬申の乱で勝利して皇位についた天武天皇は、天武天皇十三年（六八四）二月に、信濃に都をつくろうとして、地形を調査させている。調査報告は四月になされているが、その結果、造都は無理とみて、同年十月、行宮を信濃につくることにして、準備のため官僚を派遣している。だが、翌年病気になり、朱鳥元年（六八六）九月に亡くなっているから、信濃の行宮計画も消えてしまった。

私は、天武天皇が、なぜ信濃に都城・行宮を造営しようとしたかについて、「天武天皇と信濃」で、二つの理由をあげた。一つは信濃の馬を重視したからであり、二つはその地理的位置である。こうした重視のうち、第一の理由は、五世紀後半の雄略天皇、六世紀代の物部氏、七世紀前半の蘇我氏らにもあった。しかし、天武天皇の場合は、壬申の乱の戦争体験で、馬の威力を痛感したから、なおさら馬産地の信濃への思い入れは強かった。

造都が無理とわかっても、あきらめずに行宮を作ろうとしたことからも、天皇の信濃への執着の強さがわかる。そのことは、天武天皇の皇后が後をついだ持統朝で、竜田の神と共にわざわざ信濃の諏訪と水内の神を祀っていることからも（持統天皇五年〈六九一〉八月）、推測できる。こうした信濃への関心は、天武・持統天皇の治世だけである。『日本書紀』の編者は、信濃について、

是《こ》の国は山高く谷幽《ふか》し。翠《あを》き嶺《たけ》万重《とほくかさな》れり。人、杖をつかひて升《のぼ》り難《がた》し。巌嶮《さが》しく、磴《かけはし》めぐりて、長《たか》き峯数千、馬なづみて進《ゆ》かず（景行天皇四十年是歳条）。

と書く。このような信濃観だから、天武天皇が信濃に都城・行宮を造営しようとした意図がつかめず、「蓋《けだ》し、束間《つかまの》温湯《ゆ》に幸《いでま》さむと擬《おも》ほすか」と、彼らなりの理由づけを付記している。温泉なら畿内にいくらでもあるし、「束間温湯」に比定されている浅間や美ケ原の温泉は、それほど薬効はないことからみても、この付記は『日本書紀』編者の想像である。だから、この付記から、天武朝の信濃の都城・行宮の候補地を、束間（筑摩）とするわけにはいかない。

都城・行宮の候補地がどこであれ、信濃古代史にとって、天武・持統天皇の信濃への強い関心は、無視できない。

10

諏訪の神が正史に登場するのは、持統天皇五年（六九一）八月の記事が最初である。次に正史に登場するのは『続日本後紀』の仁明天皇の承和九年（八四二）五月に、

信濃国諏方郡無位勲八等南方刀美神、従五位下を授く。

とある記事である。百五十年ほど無位なのだから、中央政権では忘れられていた。但し、「勲八等」になっているのは、諏訪大社の伝承に、坂上田村麻呂（七五八年～八一一年）の蝦夷征討に神威をあらわしたとあるから、そのための勲位であろう。勲位は武勲による。それにしても、勲八等は勲位の最下位であり、諏訪神が重視されていたとはいえない。

『古事記』は正史ではないが、諏訪の神として、建御名方命を登場させている。この神は、『古事記』のみに載るが、その『古事記』でも、大国主命の子でありながら、大国主命の神統譜に入っていない。こうした異常性と、諏訪に結びつけている特殊性からみても、この神は『古事記』編者の主観的意図による。『古事記』編者は科野国造と同族の多氏であるから、多氏が建御名方命を「飛び入り」で登場させたのであろう。

上社本宮境内のフネ古墳は五世紀中葉、上社前宮狐塚古墳は六世紀中葉とみられているが、ミシャグチ信仰圏の古墳は、善光寺平の将軍塚といわれる古墳を築いた勢力と同じ、土着の信濃人が被葬者であろう。科

野国造の勢力は、伊那から小県へ入ったが、途中の諏訪は通過地で、ようやく諏訪湖の西に拠点を築き、建御名方命を祭神とする神社をつくったのは、七世紀後半の天武・持統朝である。諏訪郡唯一の前方後円墳は、下社秋宮境内の青塚古墳だが、この古墳は七世紀末から八世紀初頭とみられていることも（藤森栄一『諏訪大社』一二三頁、一九六五年、中央公論美術出版）、裏づけになる。

青塚古墳の被葬者は、科野国造・下社大祝の金刺舎人ゆかりの人とみられているが、持統天皇五年に祀られた諏訪の神とは、金刺舎人が祭祀する建御名方命であろう。水内の神も同じ神とみられる。

『諏訪大明神画詞』に、明神（建御名方命）と洩矢（ミシャグチ神）とが争い、洩矢神が国譲りしたという伝承があるように、縄文時代からの古い信仰を守りぬいてきた諏訪人は、武力制圧を受けてようやく科野国造に屈しているのである。律令体制化に入って、大宝二年（七〇二）に、岐蘇山道が公道として開かれ、信濃はより以上に中央政権と密接になっても、諏訪人はなかなか科野国造の支配下に入らなかった。そこでもてあました科野国造は、科野国から諏訪を分離することを奏上し、中央政府は、養老五年（七二一）諏訪国を作り、犯罪人の流罪の地と定めている。十年後にまた信濃国に戻るが、信濃国で盛んな仏教信仰も、諏訪では受けいれられず、仏寺の遺跡ではっきりしたものは、鎌倉時代の永仁元年（一二九三）の上社普賢堂が最初である。信濃の各地に居住した渡来人も、諏訪だけには、まったくその痕跡がない。このことからみても、科野国造が、かたくなに古い信仰にこだわる諏訪人に、てこずっていたことがわかる。

持統天皇五年の諏訪神祭祀は、たぶん科野国造が諏訪へもちこんだ建御名方命祭祀であり、『古事記』の建御名方命の登場は、新しい諏訪神の宣伝の意味があったろう。しかし、その性格には、かたくなに国譲りしない古い諏訪神の反映がある。

こうした諏訪神の登場も、科野国造と同族の多氏の努力によるから、中央貴族の多氏が努力しなくなると、持統天皇五年以降は、単なる地方神にすぎなかった。

ところが、無位の諏訪神が、承和九年（八四二）に従五位にあがると、それ以後、一挙に位階があがり、二十五年後の貞観九年（八六七）には、建御名方命が従一位、八坂刀売命が正二位になっている。この急激の上昇が、諏訪郡人の金刺舎人貞長の宮廷内での努力の結果であることは、「諏訪大社と古代ヤマト王権」で詳述する。

貞長は下社大祝の金刺舎人にゆかりの人物で、太（多）朝臣になっているが、「建御名方命と多氏」で述べるように、太（多）朝臣入鹿は、平城天皇の時代（八〇六年～八〇九年）に、大和の大神《おおみわ》神社の神氏《みわ》に縁のある人物を、上社大祝にして、下社大祝と同じに世襲制にし、科野国造の金刺舎人の支配下に上社も置いている。このように、上・下社が金刺氏支配に入っていたことも、貞長が積極的に昇格運動をした理由でもあろう。

坂上田村麻呂の蝦夷征討に、諏訪神を積極的にもち出したのも、上社・下社を一対にさせた科野国造の意図によるものだろう。この一対化で、上社本宮の祭神が建御名方命となり、下社は八坂刀売命になったのだが、下社の神も科野国造に縁のある神である（「建御名方命と多氏」参照）。

諏訪郡には仏寺がないのは、諏訪信仰による。ところが、善光寺のある水内郡には、『延喜式』によれば、名神大社の建御名方富命彦神別神社が載る。「神別神社」とあるから、諏訪の建御名方富命を別けた神社の意である。この神社の所在ははっきりしないが、『神祇志料』『特選神名牒』『大日本史神祇志』『大日本地名辞書』『地理志料』は、すべて箱清水村善光寺域内年神堂にあてている。年神堂は諏訪社ともいうが、

『諏訪大明神画詞』（延文二年〈一三五七〉に、平安時代・鎌倉時代の古い記録を編纂したもの）には、「善光寺廊内」にある「善光寺別社」の諏訪社が建御名方富命彦別神社で、持統天皇五年の諏訪神・水内神とは、諏訪と水内の建御名方神を祀ったと記す。

水内郡にも金刺舎人がいるから、諏訪郡の金刺舎人の祀る建御名方神を、水内でも祀っていた。この諏訪と水内の建御名方神が、持統天皇が祭祀した信濃の神であろう。

科野国造は、善光寺の近くに信濃の神を鎮座させ、善光寺を信濃の神の神宮寺にした。つまり、建御名方神と阿弥陀三尊を、信濃の国の国造を加護する神仏として、位置づけたのである。

しかし、こうしたやり方は、縄文以来の信仰を守ってきた諏訪人には受け入れ難かったから、渡来人も諏訪には移住することができなかったのであろう。このような諏訪人の頑固さは、土着の信濃人の頑固さでもある。

山国の風土が、この地に住む人々の性格をつくったが、現在の長野県人に、縄文以来の信仰を継承しつづけるような頑固で保守的な面と、それと正反対な、進歩的・開明的性格がみられるのは、信濃に五世紀代から七世紀代まで、ぞくぞくと移住して来た渡来人（騎馬民族系渡来人）や、中央政権と直結した氏族の性格が、ミックスした面もあるのではないだろうか。

『令義解《りようのぎげ》』（律令の官撰注釈書。八三三年成立）の『職員令』の弾正台の条に、「信濃国の俗として、夫死なば、婦は即以《すなわちも》つて殉ず」とあり、すでになくなっているはずの殉死の習俗が、平安時代の信濃にはまだ残っていると、官撰書に書かれている。

三、四世紀まで殉死の習俗があり、その後この習俗をやめさせたことは、『日本書紀』（垂仁天皇二十八年条）に書かれているが、その後もつづいていたようだ。しかし、九世紀までつづいているのは特例である。東北アジアでは殉死の習俗が強く、『三国史記』の「高句麗本紀」（巻五・東川王）にも殉死の記事が載るが、「新羅本紀」の巻四・知証王十三年条（五〇二）に、いままでは国王が死ぬと、男女五人が殉死していたが、それを禁じたとある。国王の死についての殉死を禁じたのであって、夫の死に妻が殉じることは禁じていない。九世紀になっても、信濃国だけ、夫の死に妻が殉ずる習俗があったのは、渡来人の習俗が残っていたともいえるが、『令集解』の「職員令」の書く記事は、信濃国人の本来の性格に、渡来の高句麗人の習俗が影響して、平安時代の信濃国人は、他の列島の人々とは違った殉死の風習を伝えていたといえるのではないだろうか。

いずれにせよ、信濃の古代の歴史は、現在の長野県人の原点を示している。

第一章

信濃と古代ヤマト王権

国名「シナノ」と科野国造

「シナノ」という国名

「シナノ」という国名は、谷川士清《ことすが》（『日本書紀通証』）・本居宣長（『古事記』）の科《しな》の樹が多かったのでつけられたとみる説と、持統天皇のとき、信濃の諏訪と水内の風神を祀ったという『日本書紀』の記事と、風神級長戸辺《しなとべ》・級長津彦《しなづひこ》を関連させ、風神の「シナ」によるとみる吉田東伍（『大日本地名辞書』）の説。賀茂真淵（『冠辞考』）の、「その郡にも埴科、更級あり、波閇《はへ》科、妻科といふ神社もここに有ば、山国にて級坂《しなさか》あれば地の名となりけんをも思ひ合ふべし」と書く、「級坂」の多い地形による地名説がある。賀茂真淵説は、鹿持雅澄の『万葉集古義』、吉沢好謙の『信濃地名考』でも賛同している。一志茂樹監修の『長野県の地名』（『日本歴史地名大系20』）も、級坂説を採る。

だが、国名は「シナ野」で「坂」と「野」は地形上別である。だから、級坂説にも問題がある。「シナ」は段丘地形をいうので、相沢武雄は、長野県に多い、妻科《つましな》・穂科《ほしな》・埴科《はにしな》・更科《さらしな》・倉科《くらしな》・波閇科《はへしな》・明科《あかしな》・前科《さきしな》・仁科《にしな》・駄科《だしな》・蓼科《たてしな》など「シナ」のつく地名を検証し、河岸段丘が階層をなして作られる高低差を「シナ（階・科）」というと書く。そして、これらの地名のある土地の地形は、すべて河岸段丘か扇状地にあること

を例示している。(1)

真淵説は段丘を坂とみての説だが、相沢説は扇状地に力点をおくから、三角洲なども「シナ」とみている。扇状地は河川によって作られ、沼沢もある地形をいうから、信濃の枕詞「水(三)薦刈る」(『万葉集』巻二、九六・九七)からみても、段丘の坂(シナサカ)説より扇状地説のほうが合う(「水薦」は「ミスズ」または「ミコモ」と訓まれている)。

このような地形は信濃国だけではないのに、なぜ国名になったのだろうか。「シナ」のつく地名が多いことも一因だろうが、私はそれだけではないと推測している。

「シナ」のつく国名は、信濃以外に師長《しな》国がある(『旧事本紀』国造本紀)。「磯長」「科長」とも書かれる。この表記は風神の「級長戸《しなと》」「科戸《しなと》」と同じである。『古事記』は「級長津彦神」を「志那都比古神」と書くから、師長は「シ・ナガ」でなく「シナ」と読むのが正しい。師長国は相模国余綾《よろき》郡・足柄郡の範囲で、東は現在の平塚市の一部と大磯町、西は小田原市、北は秦野市・松田町の地域と推定されている。『和名抄』には、余綾郡に磯長郷が載る。磯長郷は神奈川県中郡二宮町と小田原市国府津一帯とする説があるが、どちらの比定地も相沢説の「シナ」が合う地形である。式内社で相模国二宮の川匂《かわわ》神社(二宮町山西)は、社伝によれば、磯長国造が祀る神社といわれている。

このように、「シナ」のつく国名は「国造本紀」によれば二国だが、「シナ」地名は河内にある。『日本書紀』が書く磯長陵(敏達天皇)、河内磯長陵(用明天皇)、大坂磯長陵(孝徳天皇)は、大阪府南河内郡太子町の磯長谷にあり、太子町山田には、式内社の科長神社がある。この地も、「シナ」地形である。

川匂神社・科長神社が風神級長戸辺・級長津彦を祭神にしているのは、川匂の場合は磯(師)長の地名、科長の場合は神社名によるが、風神の「級長戸《しなと》」「科戸《しなと》」は、風の吹き起るところの「息長戸《しなと》」と解されている。だが、「シナ」の地形も風の吹き起るところだから、地形の「シナ」と無関係とはいえない。なお、「シナ」は「品」と書かれ、種類、等級、差異を示す言葉にもなっている。階級の「階」も「級」も「シナ」と読まれているのは、どちらにも差異の意味があるからで、高低差・段差のある地形を「シナ」というのと共通している。

「シナ」地名と科野国造

「シナ」は地形用語だが、信濃・相模・河内の国名・地名は、単なる地形用語ではない。というのは、三つの地は関連性をもつからである。

師長国造は『旧事本紀』の「国造本紀」によれば、天津彦根命を祖とする建許呂《たけころ》命の子孫だが、天津彦根命は凡河内《おおしかわち》国造の祖である。凡河内とは、河内・摂津・和泉の三国の総称である。建許呂命は「国造本紀」によると、茨城国造・馬来田《まくた》（茨田）国造・須恵（末）国造の祖でもある。この国造の支配地は、茨城国造は現在の茨城県、馬来田・須恵国造は千葉県だが、三つの地名は凡河内国（大阪府）にある。茨城は茨木市、馬来田は茨田《まむた》郡（守口市・門真市の全域と枚方市・寝屋川市・大東市などの一部）、須恵は陶邑《すえ》（堺市）の地名による。

東国の建許呂命系国造と河内及び古代王権の関係は、拙稿「東国の国造と大和政権——建許呂命系譜と鹿島の神——」で詳述したが[2]、神奈川県の師長国磯長郷の地名も、他の建許呂命系国造の地名と同じに、科長神社のある河内の磯長谷の地名によると考えられる。

「国造本紀」は建許呂命を祖とする国造に磐城国造をあげるが、『古事記』では石（磐）城国造は神八井耳命を祖とする多氏系である。『古事記』「国造本紀」は、科野国造の祖も神八井耳命と記している。このように建許呂命と神八井耳命が重なっているのだから、建許呂命を祖とする師長国造と神八井耳命を祖とする科野国造も重なる。そのことは、茨城国造の例からも証される。

『常陸国風土記』には、茨城国造の建許呂命は登場しないが、「大臣《おおおみ》の族《ぞく》黒坂命」が賊を平定するとき、茨をもって城を造ったため「茨城」という地名が生れたと書かれている。「大」は「多」で、多臣の征服地が茨城である。だから、尾崎喜佐雄は、建許呂命を多氏系とみて、『常陸国風土記』（行方郡）に載る多氏の居住地大生《おう》里の建部《たけべ》遠許呂《をころ》命から派生した名が、建許呂命とみている[3]。大生里の大生神社は、『古事記』や「国造本紀」が、多臣や科野国造と同祖と書く、常陸仲（那珂）国造が祀る神社である。

このように、建許呂命は多氏系の傾向が強いから、『諏訪神氏系譜』は、茨城国造許々意《ここい》命が科野国造になったという伝承を載せている。こうした例からみても、建許呂命を祖とする師長国造と科野国造は無関係とはいえない。

相模の師（磯）長は、河内の科（磯）長を原郷にした地名とみられるが、師長国造の祖と科野国造の祖の重なりからみて、三つの「シナ」は、地形だけでなく人の関係でも結びつく。人の関係でみた場合、信濃と相模の「シナ」の原点は河内だから、河内と信濃の関係をみてみよう。

信濃の古墳と科野国造

信濃の最古の古墳は、四世紀中葉とみられる全長六六メートルの前方後方墳の弘法山古墳（松本市並柳）と、全長二〇メートルの円墳中山三六号墳（松本市中山仁能田山）である。次に四世紀末頃から全長一〇〇メートルの前方後円墳森将軍塚古墳（千曲市森大穴山）、全長九三メートルの前方後方墳川柳将軍塚古墳（長野市篠ノ井石川湯ノ入）が築造されている。

松本平の東縁と善光寺平の南縁の古墳につづいて、五世紀後半に入ると、天竜川下流域の飯田市竜丘地区に、全長六三・六メートルの兼清塚古墳（飯田市桐林）などを含めて、前方後円墳が三基築かれている。竜丘の地には、六世紀に入ると全長六七・五メートルの塚原二子塚古墳など、同規模の前方後円墳が五基築造されている。

松本平・善光寺平の古墳の葬法は変化せず、六世紀中葉までつづくが、これらの古墳の遺物と天竜川段丘の竜丘地区の古墳は異質である。竜丘の古墳は、人物埴輪が立てめぐらされ、横穴式石室である。副葬品も鍍金された馬鈴・馬鐸・雲珠《うず》・杏葉《ぎょうよう》・環鈴・辻金具・轡《くつわ》などを主とする飾り馬具や、眉庇付冑が出土している。

こうした副葬品をもつ被葬者を、藤森栄一は「六世紀ころ、信濃へ馬を持って入ってきた最初の人」と書き、これらの人は「馬飼いと同時に馬買いでもあった」と書く(4)。また別の論文では、「信濃でいちばん古い馬具をもち、しかもこれが鎧や墳形からいっても、大和直移入の文化だったとすれば、信濃またはさらに東

からの馬の中継者、つまり馬政長官といった性格の人々の文化だったであろう」とも書いている。(5)

桐原健も、「この地域の古墳築造氏族には多分に政治的な特権が与えられていたとみなければならない。何よりも、同地域が信濃の入口部にあるという点が重要で、美濃国から神坂峠越えで入ってきたところが下伊那郡阿智村で、飯田市竜丘はそれに接する地域である。かかる地域に古墳を築き得た氏族は、大和政権に直属する、国造氏族であったことだろう。生産力のあがらぬ地域であっても、信濃の入口を扼する地域であってみれば、大和政権は何としても信濃国造をこの地に定着させねばならず、それには政治的・経済的援助を惜しまなかった」と書いている。(6)

私も桐原説に基本的に賛成だが、信濃の天竜川下流域に入りこんだ大和王権と直結した氏族は、河内多氏系とみられる。

河内国志紀郡の志紀県主は、『新撰姓氏録』(河内国皇別)によれば、神八井耳命の後裔とあり、科野国造と同祖関係にある。貞観四年(八六二)二月二十三日条に、河内国志紀郡の志紀県主貞成ら三人が志紀宿禰《すくね》になったと書く『三代実録』は、この志紀宿禰についても、「神八井耳命の後にして、多朝臣と同祖なり」と書く。志紀郡に隣接する石川郡の紺口県主《こむくあがたぬし》(石川郡紺口郷が『和名抄』に載る)についても、『新撰姓氏録』(河内国皇別)は、神八井耳命の後裔で、科野国造らと同族と書く。

式内社の咸古《こむく》神社・咸古佐備《こむくさび》神社は、紺口県主が祀る神社で、咸古神社(富田林市龍泉)の祭神は神八井耳命である。『河内国名所図絵』によれば、咸古神社は龍泉寺境内にあって龍泉寺の鎮守社であったが、寛平六年(八九四)三月五日の「河内龍泉寺氏人等請文案」(『春日大社文書』)によれば、寺領山地一処は、「科長郷」に在ると記す。このように、科野国造と同祖の紺口県主の紺口郷と科長郷は関連がある。私は、河内の志紀県主・紺口県主などの多氏系氏族が、科野国造になったと考えている（くわしくは後述）。

この科野国造が、河内の「シナ」の地をヒントに、「シナ」の多い国なので国名を「シナノ」と命名したのであろう。

『風土記』や記・紀の地名の命名伝承の多くは、土着の人がつけたというより、外来の新統治者による命名伝承が多い。国名や郡名・郷名は、統治権力が行政上の必要からつけているから、土着の人達は、国名などには関心をもたなかったし、関係もなかった。関係があったのは統治者たちだから、彼らが出身地にかかわる地名を統治地につけたのが、「シナノ」という国名だろう。

雄略天皇と志幾大県主

科野国造が信濃へ入った時期は、雄略朝・倭王武の時代である。雄略朝が古代王権の画期であることは、岸俊男が詳述している(7)。

志紀県主・科野国造など県主・国造制については、三世紀から五世紀までが旧制の県主で、五世紀末から六世紀初めに、新制の国造が置かれたという見解がある。しかし、県主は畿内的なものだから、国造は四世紀末から五世紀初頭に、まず畿内王権の及ぶ地域から設置され、五世紀後半、特に雄略朝の頃、本格的な国造制が実施され、六世紀に入ってからも設置はつづいたとみるのが、一般的見解である。このように国造は段階的に設置されているが、本格的な設置は雄略朝とみられるから、科野国造もこの時期とみたい。

『日本書紀』雄略天皇十一年十月条の鳥養部《とりかいべ》の設置伝承に、信濃国と武蔵国の「直丁《つかへのよほろ》」の話が載る。直丁とは宿直の夜警者のことだが、日本古典文学大系本『日本書紀』頭注は、「子代名代の部の分布状況や宋書にみえる倭王武の上表文によれば、どちらも雄略天皇の時代に近い過去に、大和朝廷の勢力下に入ったらしい」と書く。武蔵国の稲荷山古墳出土のワカタケル大王を雄略天皇とみれば、この鉄剣銘は武蔵国とヤマト王権の密接なつながりを示す一例になることを、岸俊男は述べている。[7]

桐原健も、稲荷山古墳出土の鉄剣・馬具・三環鈴・三鈴杏葉などが、飯田市の古墳などから出土しており、こうした古墳の系統を引く妙前大塚から眉庇付冑が出土し、松島王墓・青塚・秋葉裏二子塚から武人や巫女の埴輪が出土することと、稲荷山古墳の外濠からも眉庇付冑を被った武人や鈴鏡をつけた巫女の埴輪が出土していることから、武蔵と信濃の古墳の遺物と、雄略紀の武蔵と信濃の直丁の記事は重なるとみる。[6]

『古事記』の雄略天皇の条に、次のような説話が載っている。

天皇は妻問《つまどい》（求婚）のため直越《ただしごえ》の道を通って河内の日下《くさか》へ行幸した。そのとき山の上から堅魚木《かつをき》を屋根にあげた志幾《しき》（紀・貴）大県主の家を見て、「宮殿と同じような家をつくるのはけしからん」と怒り、家を焼こうとする。志幾大県主は「なにも知らずに作ったのですから許して下さい」とあやまり、白い犬に布をかけ鈴をつけて献上して許されたという説話である。

志紀郡志紀郷に大県主の家があったとすれば、直越の道から見えるはずはないから、藤岡謙二郎は、生駒山麓の日下《くさか》から、「現在の南河内の国府の地に移ったものと考えられる」と推論し、雄略朝の頃には志幾大県主は日下地方（現在の東大阪市日下町とその周辺）に居たと推測する。[8] 井上薫は、「大県主の本拠を国府とすると、直越えから約一二キロメートル（三里）離れているが、望見したと物語られることによると大県主の勢力範囲が遠く北方にのびていたことが察せられる」と書く。[9] 私は藤岡説より井上説を採り、日下の近くまで志幾大県主の勢力範囲とみたい。志紀郡の北は大県郡だから、志幾大県主は志紀と大県の二つの郡を含んだ呼称である。

『新撰姓氏録』河内国神別は、大県主を凡河内忌寸《いみき》（旧国造）と同じ天津彦根命を祖とすると書くが、前述したように、凡河内氏系と多氏系は師長国造や茨城国造の祖先伝承では重なっている。また『多神宮注進状』によれば、大和の多神社と河内の大県郡の天照大神高座神社は「同体異名」とあり、多神社摂社の子部神社は、「大県主と凡河内造の祖天津彦根命」を祀ると書く。このような伝承からみても、凡河内氏系に入っている大県主は、本来は志幾大県主の一族か、一族ではなくても志幾大県主とかかわりをもっていたとみられる。

以上述べたように、日下から志紀の地に至る旧大和川流域を支配していた志幾大県主は、雄略天皇の宮殿と同じ堅魚木を載せた邸宅に住んでいるほどの権勢をもっていた。雄略天皇は、志幾大県主の白犬を「奇《く》しき物」（「奇しき」は珍だけでなく神聖の意もある）として、妻問《つまど》いの物に用いているように、志幾大県主が結納金を出しているのだから、雄略天皇と若日下部王（仁徳天皇の皇女）の縁をとりもったのは志幾大県主といえる。このように、志幾大県主は河内の権力者であることを、この説話は示している。

井上薫は、「南河内における県主の活動」で、南河内郡（旧志紀郡・石川郡・錦部郡）に所在する四世紀の古墳を築造した豪族として、多氏系の志紀県主・紺口県主をあげ、「紺口県主や志紀大県主の活動した仁徳朝は四世紀末から五世紀初頭の頃で、雄略朝は五世紀後半から六世紀初頭の期間であるが、その存在はさらに以前にさかのぼるものであり、五世紀においてこれら豪族勢力を母胎として、大和朝廷の権力が確立されるのである」と、述べている(9)。

この河内の県主勢力が、大和の三輪山南麓の長谷を本拠地とする雄略王権に完全に服属して、王権の命で信州入りしたと考えられる。

河内の多氏系氏族と飯田市の古墳

馬の伝承が『日本書紀』に最初に載るのは、雄略天皇九年七月条の河内国飛鳥戸《あすかべ》郡の人田辺史伯孫が、駿馬を見たとする伝承である。『和名抄』の安宿郡には「安須加倍《あすかべ》」と訓がある。安宿郡は志紀郡と石川をはさんで東西に並んでいる。石川上流が石川郡である。馬の伝承が雄略紀に載り、河内多氏の本拠地であることからみても、飯田市竜丘の古墳群の出土遺物との関連が無視できない。

安宿郡には駒ケ谷という地名がある（羽曳野市駒ケ谷）。聖徳太子が馬をとどめた故事から、この地名が生れたというが（『大阪府全志』）、田辺史伯孫の伝承からみて、馬飼の地であったためとみたほうがよいであろう。河内に馬飼部がいちばん多いことも、科野国造及び「シナノ」地名と河内の関係が推測できる。

文献には、倭・河内・菟野《うの》・娑羅々《さらら》・八坂など、地名を冠した馬飼部が載るが、河内馬飼部は勿論、菟野・娑羅々馬飼部も河内である。天武紀十二年九月二十三日条に、倭・河内馬飼造が連になったとあり、同年十月五日条に、娑羅々・菟野馬飼造が連になったとあるが、娑羅々は『和名抄』の河内国讃良郡（訓は「佐良良」）の「サララ」である。菟野は欽明紀二十三年七月条に、新羅使が帰国せず更荒《さらら》郡鸕鷀《う》野《の》邑《むら》に住みついたという「ウノ」である。『日本霊異記』に河内国更荒郡馬甘《うまかい》里と書く馬飼里は、サララ馬飼部かウノ馬飼部のどちらかの居住地である。また、『延喜式』左馬寮式の「飼戸《うまかいべ》」は、山城六、大和四十、河内百八、美濃三、尾張九で、河内が圧倒的に多い。

『新撰姓氏録』河内国諸蕃に、「佐良良連《さらら》、百済国の人、久米都彦《くめつひこ》自《よ》り出づ」とある。この「佐良良連」について、太田亮は、「娑羅々《さらら》馬飼部の伴造にして娑羅々馬飼連と云ふに同じ。即ち馬飼の二字を省きたるもの」と書いているが、[10]『新撰姓氏録』河内国皇別には、「江首 江人附 彦八井耳命の七世孫、来目津《くめつ》彦命の後なり」とあり、多氏系氏族に佐良良連の同族がいる。

吉井巌は、多氏系の江首も、佐良良連（娑羅々馬飼部）と同じ「帰化氏族」であったが、彦八井耳命に結びつけ、皇別氏族に転化したと推論している。[11]多氏系に入った「帰化氏族」が、馬飼部の伴造と同祖の百済系氏族であることからみても、飯田市の天竜川沿いの段丘に古墳を築いた河内多氏系氏族は、渡来系の人たちを伴っていたとみられる。

佐良良連（娑羅々馬飼部）と同じ蕃別から、皇別に入った江首は、彦八井耳命の後裔とあって、科野国造のように神八井耳命の後裔ではない。『新撰姓氏録』河内国皇別の尾張部も、神八井耳命の子の彦八井耳命の後裔とあるが、尾張部は尾張戸とも書く。「戸」は「朝鮮から渡来した人たちの集団」と岸俊男はみているが、[12]河内の尾張部の居住地からみても（「信濃の古代中央豪族」を参照）、尾張部（戸）も江首と共に百済系渡来氏族である。

また、河内国皇別の茨田宿禰についても、吉井巌は「茨田連の祖先伝承と茨田堤築造の物語」で、[11]神八井耳命でなく彦八井耳命の後裔とあるのは、天武天皇十三年に連から宿禰になった茨田氏でなく、天平年間に無姓から一挙に宿禰になった新興茨田氏とみて、この新興茨田氏も、江首や娑羅々馬飼連と同じ百済系渡来氏族とみている。

このように、河内の多氏系氏族は、彦八井耳命を祖とする茨田宿禰・江首・尾張部などと、神八井耳命を祖とする志紀県主・紺口県主・志紀首らがいる。たぶん、渡来系氏族が志紀県主と結びついた結果、「皇別」系譜をもつことになったのだろうが、本来の多氏系皇別氏族と区別する意味で、神八井耳命と彦八井耳命に分けたのであろう。だから、『古事記』は彦八井耳命は神八井耳命の弟とし、茨田連らを別系にしている。

また、『古事記』は河内の多氏系氏族をすべてカットしている。理由については拙著『古事記成立考』で詳述したので略すが(13)、河内多氏は渡来系民族も多氏同祖を称しているので、本来の河内多氏である志紀県主らも、意図して載せなかったのであろう。

いずれにしても、河内の渡来系馬飼氏族と多氏系渡来氏族が祖を同じにする伝承と、飯田市の科野国造系古墳の副葬品の豊富な馬具とは、なんらかの関係があると思われる。

大場磐雄は、飯田市座光寺の畦地一号古墳を科野国造の多氏の墓とみる。理由は、この古墳から、銀製垂飾付長鎖式耳飾が出土しているが、千葉県君津郡清川村(現・木更津市)の祇園大塚山古墳からも、同じ銀製長鎖式の耳飾が出土しており、この古墳の近くに、式内社の飫富《おふ》神社があるが、この神社は、「多臣一族の奉祀社」だから、祇園大塚山古墳の被葬者は、多氏とみられるからである(14)。

また、金製の三連長鎖式の耳飾は、神八井耳命を祖とする火(肥)君が国造になっている、熊本県玉名郡菊水町の江田船山古墳から出土していることも、例証としてあげている(14)。

これらの古墳から出土した銀製・金製の長鎖式耳飾は、倭国で作られた物でなく、朝鮮の王墓から出土する渡来物である。このことからも、多氏と渡来人の関係がうかがえる。座光寺の畦地一号古墳の近くの喬木村には韓郷《からくに》(国)神社がある。

江田船山古墳・祇園大塚山古墳は、五世紀末から六世紀初頭の築造とみられているが、祇園大塚山古墳のある上総国望陀郡は、訓は「末宇太《まうた》」とあり、前述した馬来田国造の馬来田であり、茨田である。『万葉集』巻二十（四三五九）に、上総国の茨田連沙弥麻呂の歌が載るが、彼は望陀（茨田）郡の人物である。『和名抄』には、望陀郡に飫富郷が載る。

祇園大塚山古墳は、銀製垂飾付長鎖式耳飾とともに、画文帯四仏四獣鏡・金銅製眉庇付冑も出土している。ところが畦地一号古墳の近くの飯田市上川路西の御猿堂古墳からも、同じ鏡が出土しており、金銅製眉庇付冑は飯田市松尾の妙前古墳からも発見されている。このように大塚山古墳の遺物で、特に全国的にも出土例の少ない耳飾・鏡・冑などが、飯田市の六世紀代の古墳からも出土していることや、茨田連が河内多氏であることからみても、飯田市の科野国造系の古墳の被葬者も、河内多氏とみられる。

画文帯四仏四獣鏡は、日本では六例（一例は仿製）だが、文様のちがいによって二種に分けられる。第一種は、飯田市の御猿堂古墳出土鏡と河内金銅輪寺旧蔵鏡と仿製の木更津市祇園大塚山古墳出土鏡である。第二種は、倉敷市王墓山古墳出土鏡と祇園大塚山古墳近くの祇園鶴巻古墳出土鏡と名古屋市出土鏡である。

河内の金銅輪寺は、明治四年（一八七一）に廃寺になっているが、大阪府羽曳野市駒ケ谷にあり、前述した河内馬飼部の本拠地であり、志紀県主・紺口県主の本拠地の中間地にある。金銅輪寺旧蔵鏡は、御猿堂古墳出土鏡が近くの開善寺蔵になっていることからみて、駒ケ谷または周辺の古墳から出土した鏡であろう。この鏡を使ってわが国で作られた踏返鏡が、上総の祇園大塚山古墳の鏡である。この仿製鏡を含む三例がすべて多氏にかかわる地であることからみても、信濃は河内多氏の志紀・紺口県主系、上総は河内多氏の茨田連系が、当時珍しい耳飾や冑を身につけ、貴重な画文帯四仏四獣鏡をもって、東国へ移住したと考えられる。

以上、さまざまな角度からみて、科野国造は河内多氏であり、彼らの出身地の「シナ」地名をヒントに、「シナ」の多い国の意で、国名「シナノ」をつけたと結論できる。

〔注〕

(1) 相沢武雄「地名・信濃考」『塩と信濃――ふるさと地名問答――』所収　一九八五年　信毎書籍出版センター
(2) 大和岩雄「東国の国造と大和政権――建許呂命系譜と鹿島の神――」『日本古代王権試論』所収　一九八一年　名著出版
(3) 尾崎喜佐雄「東国の国造」『続日本古代史論集・上巻』所収　一九七二年　吉川弘文館
(4) 藤森栄一『古道』一七二頁、一七四頁　一九六六年　学生社
(5) 藤森栄一『峠と路』一四四頁　一九七三年　学生社
(6) 桐原健「東山道における信濃」『続私の古代学ノート』一九八六年　信毎書籍出版センター
(7) 岸俊男「画期としての雄略朝」『日本政治社会史研究(上)』所収　一九八四年　塙書房
(8) 藤岡謙二郎「河内の国府」『大和川』所収　一九七二年　学生社
(9) 井上薫「南河内における県主の活動」『河内における古墳の調査』所収　一九六四年　大阪大学文学部国史研究室
(10) 太田亮『姓氏家系大辞典・第二巻』二七一三頁　一九三六年(一九六三年　角川書店復刻)
(11) 吉井巌「茨田連の祖先伝承と茨田堤築造の物語」『天皇の系譜と神話・二』一九七六年　塙書房
(12) 岸俊男「日本における『戸』の源流」『日本古代籍帳の研究』所収　一九七三年　塙書房
(13) 大和岩雄『古事記成立考』一〇九頁〜一一六頁　一九七五年　大和書房
(14) 大場磐雄「畦地古墳をめぐる南信古代文化の一考察」『考古学上から見た古氏族の研究』所収　一九七五年　永井出版企画

科野国造と馬

科野国造と馬背神

「国名『シナノ』と科野国造」で、科野国造は信濃入りをするときから、馬にかかわっていたことを述べたが、平安時代に入っても、『延喜式』によれば、左馬寮・右馬寮が直轄する御牧（官牧・勅旨牧）は、甲斐国三牧、武蔵国四牧、信濃国十六牧、上野国九牧の三十二牧で、信濃国が半数近くを占めている。

「阿蘇家略系図」（建久年間〈一一九〇年～九九年〉に阿蘇神社の阿蘇惟泰が記したものといわれている）の科野国造系譜に、

神八井耳命……金弓君（磯城島金刺大宮朝為舎人供奉依負金刺舎人直姓）―目古君（訳語田幸玉大宮朝為舎人供奉依負佗田直姓）

―伊閉古―老（伊那郡擬少領従六位下）―渟理（伊那郡大領正六位上 依田、穴水、深沢等先也）

麻背君 又曰五百足君 磯城島金刺大宮朝 復科野国造
百枝 諏訪郡領 諏訪大神大祝
乙兄子 一曰、乙名古 子孫相襲大祝
狭野 諏訪評督 諏訪大神大祝
隈志侶 称御衣木祝
倉足 諏訪評督 諏訪大神大祝
乙穎 一名神子、又云、熊古（後略）

とあり、欽明朝（磯城島金刺大宮朝）に金弓君が舎人として供奉して、「金刺舎人直」といわれたと書かれている。信濃国の金刺舎人については、次のような史料がある。

信濃国牧主当伊那郡大領、外従五位下勲六等金刺舎人八麻呂（『続日本紀』天平神護元年正月条）
信濃国水内郡人、女孺外従五位下金刺舎人若島（『続日本紀』宝亀三年正月条）
信濃国埴科郡大領、外従七位上金刺舎人正長（『三代実録』貞観四年三月条）
信濃国諏訪郡人、右近衛将監正六位上金刺舎人貞長（『三代実録』貞観五年九月条）

伊那・水内・埴科・諏訪に金刺舎人が居るが、系図にはそのうちの伊那と諏訪が載っている。信濃の郡の最高行政者が牧場管理長（牧主当）であることからみても、信濃の行政者の性格が推測できる（金刺舎人八麻呂が「信濃国牧主当伊那郡大領」であることは『類聚三代格』巻十八にも載る）。

欽明朝に舎人として供奉した金弓君の子の麻背君は科野国造だが、栗岩英治は『三代実録』に載る信濃の馬背神（貞観二年従五位下、同七年従四位上、同九年従三位）の「馬背」と「麻背」は同じで、「馬の脱出を防ぐ為め、厩口に横へ其背を制する棒を、今日でも俗に『ませ』と呼んで居るそれであらう」と推測している(1)。このように「牧主当」が居り、金刺宮（欽明天皇の宮）時代の科野国造が「麻（馬）背」と称することも、馬と科野国造の親近性を示唆している。

『三代実録』貞観二年（八六〇）二月五日条には、信濃国の正六位上馬背神と共に、無位の駒弓神も従五位下になっており、馬にかかわる神の授位も無視できない。

貞観九年（八六七）三月十一日に、信濃国正二位勲八等建御名方富命神が従一位、従二位八坂刀自命神が正二位、従四位上馬背神が従三位にあがっている。

貞観七年（八六五）から同十年（八六八）までの神社の授位をみると、『延喜式』の神名帳で名神大社に列している武蔵の氷川神社が従四位下（七年十二月二十一日）、伊予の大山積神社が正三位（八年三月七日）、近江の兵主神社が正四位上（九年二月二十七日）、出雲の佐陁《さだ》神社が正五位上（九年四月八日）、阿波の大麻比古神社が正五位上（九年四月二十三日）、上野国の貫前《ぬきさき》神社が従四位上、赤城神社・伊賀保神社が正五位下（九年六月二十日）、伊豆の三島神社が従三位（十年七月二十七日）、摂津の生田神社が従三位（十年十二月十六日）、但馬の出石神社が正五位下（十年十二月二十七日）であり、馬背神社の従三位は異例である。信濃の名神大社生島足島神社も、貞観元年（八五九）二月、正四位下まで昇った後は、ストップしている。

また、馬背神は従三位の位階をもちながら、『延喜式』の神名帳に記載されていないのも不思議である。貞観九年（八六七）から『延喜式』が完成した延長五年（九二七）の六十年間に、神社が消えてしまったわけではないだろう。

栗岩英治は、麻背君を神として祀ったのが馬背神とみて（麻背君は欽明朝の科野国造だから、馬背神の貞観年間より三百年前の人物）、麻背君の子が諏訪大社の大祝になっていることを根拠に、馬背神が諏訪大社の従属神だったから、『延喜式』の神名帳から漏れたと推測する。前述の貞観九年三月十一日の授位の記事も、諏訪神と共に馬背神が登場しているから、麻背神を神として祀ったかどうかは別として、諏訪大社の従属神だったから、神名帳から漏れたとみる栗岩説は認めてもよいだろう。

いずれにしても、金刺舎人を称する科野国造の祖が麻（馬）背君を名乗ることや、「牧主当」の伊那郡大領金刺舎人八麻呂の例からみても、馬と科野国造の関係は強い（馬背神社のある上田市浦野や駒弓神社のある長野市上松が、科野国造系の他田舎人・尾張部にかかわることは後述する）。

金刺舎人・他田舎人

科野国造が特に金刺舎人を称するのは、単なる舎人ではなく馬にかかわる舎人であったからであろう。欽明朝の大臣は蘇我馬子といい、馬子の甥を厩戸皇子（聖徳太子）といい、孫の入鹿は別名を鞍作という。馬子・厩戸・鞍作・馬養など、大豪族の中でも豪族のトップに立つ人物に、このような名がつけられ、皇子でも聖徳太子につけられているのは、馬が権力や高貴のシンボルであったことを示している。『日本書紀』の欽明天皇七年七月条に、

倭国の今来郡言《まう》さく、「五年の春に、川原民直宮《かはらたみあたひみや》、楼《たかや》に登りてみやる。乃ち良駒《よきこま》を見つ。影を睨《み》て高く鳴《いば》ゆ。軽く母の背を超《こ》ゆ。就《ゆ》きて買ひ取る。襲養《か》ふこと年兼《へ》ぬ。壮《さかり》に及《いた》りて鴻《おほとり》のごとくに騖《のぼ》り、龍《たつ》の

ごとく翥《ひひ》り、輩《ともがら》に別《こと》に群《たむら》を越えたり。服《の》り御《もち》ゐること随心《やすらか》に、馳《は》せ騖《うぐつ》くこと合度《ととのほ》れり。大内丘の谷を超え渡ること、十八丈（後略）」

とある。「影を睨て」から「馳せ騖くこと」までは、『文選』の「赭白馬賦」と「序」の文を使った文章である。

馬は当時貴重で神秘的な動物であたため、蘇我氏のトップの人物や聖徳太子に馬にかかわる名がつけられ、神秘的な馬の記事が、欽明紀に載っているのであろう。

『続日本紀』天平十年（七三八）一月一日条に、

信濃国より神馬を献《たてまつ》る。黒身にして白い髦《たてがみ》と尾あり。

とあり、「神馬」の献上も信州から行われている。

馬は神秘的な存在であっただけでなく、貴重な戦力であった。欽明朝では、百済と任那救援のために多くの兵馬を送っている。

欽明天皇七年一月　百済使節帰国に際して良馬七十匹船十隻を賜う。

欽明天皇十四年六月　内臣を百済に派遣し良馬二匹船二隻などを賜う。

欽明天皇十五年一月　内臣は百済王に「助軍一千、馬一百匹、船四十隻を遣わす」といった天皇の言葉を伝う。

欽明天皇十七年一月　百済王子恵、本国へ帰国により、兵仗良馬《つわものよきうま》を甚《はなはだ》大《おお》く賜う。

とある。これらの記述からも、戦力としての良馬の重要性がわかる。とすれば、良馬を育てる土地及び人を古代王権が重視するのは、当然である。特に欽明朝は国際関係が緊張状態にあり、良馬の必要が高まっていたときだから、科野国造の子弟の舎人勤番は、単なる地方豪族の子弟の舎人奉仕とちがって、馬とかかわっていたであろう。そのことが、他の国造とちがって、欽明天皇の居た「金刺宮」をとって金刺舎人を称した理由であろう。

欽明天皇の子の敏達天皇の他田宮《おさだ》にも、科野国造の子弟は、舎人として奉仕している。前述の系譜の「訳《お》語《さ》田《だ》幸玉《さきたま》大宮朝為舎人供奉」とある目古君がそれである。「佗田直」になったとあるが「佗」は「他」の誤写であり、「金刺舎人直」と同じに「他田舎人直」の「舎人」が落ちたのである。

他田舎人については、

信濃国小県郡跡目里他田舎人蝦夷（『日本霊異記』下巻第二十二）
国造小県郡他田舎人大島（『万葉集』巻二十・四四〇一、天平勝宝七年二月二十一日付の題詞）
信濃国筑摩郡大領外正七位上他田舎人国麻呂（『正倉院古裂銘文集成』天平勝宝四年十月付の調庸布墨書銘）
信濃国伊那郡人他田舎人千世売（『続日本紀』神護景雲二年六月条）
信濃国小県郡権小領他田舎人藤雄（『三代実録』貞観四年三月条）

などの文献例がある。小県・筑摩・伊那に他田舎人はいるが、欽明・敏達の父子二代に、天皇の側近に仕える舎人として奉仕し、特に天皇の宮号を冠した「金刺」「他田」舎人と称しているのは、古代王権にとって重要な馬に、科野国造がかかわっていたためであろう。

馬は権力を左右する力をもっている。章俊卿は「山堂群書後索」（兵門部・馬政総論）で、「天を行くには竜にしくものはないし、地上を行くには馬にまさるものはない。馬は用兵の根本であり、国の大用である」

と述べ、「馬政に三つある。第一は政府が牧畜を行う方法、第二は民間に馬を畜わせる方法、第三は戎狄即ち塞外民族から馬を買い入れる方法である」とも書く。第三は日本では不可能だが、第一、第二は実行した。その実行者が科野国造であった。

金刺・他田舎人は、科野国造の一族だけでなく、駿河国造の一族も名乗っている。関東へ入る官道は、東海道と東山道である。東海道は足柄峠（後に箱根峠）、東山道は碓氷峠を越えなくては関東へ入れない。アヅマノ国の名のおこりだという「あづまはや」を、ヤマトタケルが言った峠を、「足柄山」と『古事記』は書き、『日本書紀』は「碓日坂」と書くように、アヅマノ国の入口は、東海道の駿河、東山道の信濃であり、古代王権の東国経営にとって重要な位置にあった。だから、このような重要な場所に居る国造一族には、朝廷とのつながりの深いことを示す「金刺舎人」「他田舎人」という姓を、特に与えたのであろう。

但し、信濃はこうした地理上の重要性に、馬が加わっていたから、駿河以上に重視されたのである。

伊那から小県へ

わが国に乗馬および駄馬の風習が入ったのは、考古学上からみれば五世紀初頭で、古代日本の戦闘と交通に革命をもたらすほど、この風習が浸透したのは、六世紀以降といわれている。馬の伝承が載るのは雄略紀からで、九年七月条に河内国飛鳥戸郡の田辺史伯孫の駿馬の記事が載り、十三年九月条には甲斐の黒駒の記事が載る。これらの記述の事件は必ずしも雄略天皇の時代のこととはいえないが、後世のこととしても、雄略紀に載せているのは、五世紀後半の雄略天皇（倭王武）の時代に、馬が重視されたからであろう。

科野国造と馬の関係は、考古学上の遺物からも証される。そのことは「国名『シナノ』と科野国造」で述べたが、科野国造の進出時期も雄略朝以降である。

竜丘地区の古墳は、飯田市の川路・松尾・上郷・座光寺地区へと拡がり、更に上伊那郡箕輪町の全長五八メートルの松島王墓、諏訪郡下諏訪町の全長五七メートルの青塚古墳へと移っている。いずれも前方後円墳で松島王墓は六世紀代（前半説と後半説がある）、青塚は七世紀代（八世紀初頭まで下げる説もある）とみられている。青塚は諏訪大社下社の秋宮・春宮の中間点で、やや秋宮よりにあり、かつての下社境内の古墳だから、下社大祝の金刺舎人の墓と推定されている。「阿蘇家略系図」に、金弓君の子の長男目古君は伊那郡大領の祖、麻（馬）背君は諏訪評督（郡領）・諏訪大神大祝（この大祝は下社）になっているから、この系図と伊那・諏訪の古墳の所在は重なっている。

箕輪町松島の古墳を「王墓」というのは、『信濃奇勝録』が敏達天皇の皇子頼勝親王の墓と記しているからである。『日本書紀』には、敏達天皇の皇子に頼勝皇子の名はない。「頼勝」などという名は古代には少なく中世以降に多いから、中世後の創作だろうが、特に敏達天皇が登場しているのが問題である。伊那の郡領（大領・小領・擬小領のような郡の司政官）の祖である目古君は、敏達天皇の他田宮に奉仕したとある。前述したように伊那郡には、金刺舎人と共に他田舎人もいるから、王墓古墳の被葬者を、敏達朝（五七二年～五八五年）に舎人として仕え、「他田舎人直」を称した目古君と推定した場合、古墳の築造期とも、敏達天皇の皇子とする伝承とも合う（この古墳は盗掘にあってめぼしい遺物はないが、形象埴輪の断片が馬形埴輪であるように、馬とかかわっているから、副葬品にはたぶん馬具もあったろう）。

伊那・諏訪と同じ横穴式石室で、埴輪をめぐらしている前方後円墳に、上田市上田の二子塚古墳（全長四八メートル）がある。この古墳の築造期については、六世紀代と七世紀代の二説があるが、桐原健は飯田市や箕輪町の前方後円墳と同じ科野国造系にかかわる古墳とみている。(2)このような古墳の分布からみると、五世紀末から六世紀にかけて伊那郡、六世紀から七世紀にかけて、和田峠を越して小県郡へ、科野国造は進出したとみられる。

従三位という異例の授位をうけた馬背神社は、上田市浦野にある。明治十五年に長野県庁に提出した「馬背神社取調書控」には、「馬背神は建御名方命の御孫にて（中略）、東之宮は御魂の地、西之宮は居地の地たる故をもって東西両社に神霊を奉祭」とある。馬背は麻背（科野国造金刺舎人麻背君）だから、馬背神は諏訪神の従属神とする栗岩英治の説は前述したが、「馬背神社取調書控」でも、諏訪神の後裔神にしている。麻背君の子は諏訪評督、諏訪下社大祝だから（「阿蘇家略系譜」）、馬背神は諏訪下社大祝の科野国造系の金刺・他田舎人らが祀る神であろう。

小県郡には他田舎人蝦夷・国造他田舎人大島・権小領他田舎人藤雄などの名が、史料にみえるが、他田舎人蝦夷は「跡目里」の人である。跡目は『和名抄』の跡部郷のことである（くわしくは、「信濃の古代中央豪族」で書く）。馬背神社は跡部郷にあるから、他田舎人の祀った神社であろう。『延喜式』の信濃十六牧の塩原牧は、馬背神社の地にあった。(3)この付近には、馬越・駒ごめ・駒がた・駒鞍・牧寄・牧崎・ませ口などの地名がある。このように、他田舎人と馬背神社・塩原牧の関係からみても、小県郡に進出した科野国造系は馬にかかわっている。

科野国造と阿蘇国造

『和名抄』によれば、小県郡の跡目郷の東隣に安宗《あそ》郷がある。塩田平が安宗郷に比定されているが（『小県郡史』『上田市史』『上田小県誌』『信濃地名考』『日本地理志料』『大日本地名辞書』『長野県の地名〈日本歴史地名大系〉』）、塩田平は古代信濃の政治・文化の中心地であった。名神大社の生島足島神社も安宗郷にある。「アソ」は『古事記』や『旧事本紀』（「国造本紀」）で科野国造と同祖とある阿蘇君・阿蘇国造にかかわる。そのことは「阿蘇家略系譜」からも証される。

神八井耳命――彦八井耳命――武宇都彦命――武速前命――敷桁彦命（又曰武志貴多那比古命）

武五百建命（一曰健磐竜命　磯城瑞籬大宮朝定賜科野国造、肥後国阿蘇神社是也）――速甕玉命（母会知早雄命女　阿蘇比咩命瑞籬大宮朝定賜阿蘇国造、肥後国阿蘇郡手野坐国造神社是也）――健渟美命（同国造）……

武五百建命――健稲背命（科野国造　母同上）――健甕富命（科野国造）――女子（健隈照命妻）／健諸日古命（又曰健諸日別命　健隈照命育之）

武五百建命が磯城瑞籬大宮朝（崇神朝）に科野国造になったとあるのは、「国造本紀」（『旧事本紀』）に、

科野国造。瑞籬朝御世。神八井耳命孫武五百建命定賜国造。

とあるからである。阿蘇国造については、

阿蘇国造。瑞籬朝御世。火国造同祖。神八井耳命孫速瓶玉命定賜国造。

と「国造本紀」は書く。系図は「国造本紀」に合わせているが、科野国造の祖が阿蘇国造の父となっている系譜からみても、親近性がわかる。

『延喜式』神名帳によれば、阿蘇郡の三座は、建磐竜命神社名神大、阿蘇比咩神社、国造神社である。系図は武五百建命の別名は建磐竜命で、阿蘇神社（建磐竜命神社）の祭神と書き、阿蘇比咩神社の祭神を速甕（瓶）玉命の母とし、国造神社の祭神を速甕玉命とする。科野国造の祖は阿蘇神社の祭神になっており、科野国造の建稲背命は、父は阿蘇神、母は阿蘇比売神である。これは伝承にすぎないが、このような系譜が作られたのは、科野国造が阿蘇神社・阿蘇国と深い関係があったからであろう。科野国造にかかわるアソ郷と「阿蘇家略系譜」の科野国造の記事は重なっている。

また、武五百建命の父を敷桁彦命《しきたなひこ》とし、別名を武志貴多那比古命と書いているが、「シキ」は河内国志紀郡の志紀（貴）県主の「シキ」である。このような系譜からみても、志紀県主・阿蘇国造・科野国造の回路が推測できる。たぶん、志紀県主ら河内の多氏が阿蘇氏ら九州の多氏系氏族を率いて信濃入りしたことが、この系譜に反映しているのであろう。そのことを証する例が『常陸国風土記』に載る。

茨城の国の地名は大（多）臣の一族黒坂命が、茨で城を築いたのが地名になったと書き、同じ常陸多臣の祖の建借間命《たてかしま》が、「東の荒ぶる賊を平けむとして」、常陸に派遣されたとも書く。この建借間命の率いる軍兵

は、杵島曲《きしまふり》をうたっているが、この歌は『肥前国風土記』（逸文）に載る杵島山の歌だから、建借間命の率いた軍兵は九州の肥国の兵である。杵島曲《きしま》は鹿島曲《かしま》ともいうのは、「キ」が「カ」に転じたからで、建借間命という名にも肥国のイメージがある。『古事記』や『旧事本紀』の「国造本紀」は、火君（肥国造）も科野国造や阿蘇君（阿蘇国造）と同じに多臣と同祖と書く。『常陸国風土記』は建借間命は那珂《なか》国造の祖と書くが、『古事記』は常陸仲国造、道奥磐城国造も、意富（多）臣と同祖と書く。この那珂（仲）国造、磐城国造の比定地の茨城県・福島県に、肥国造支配地と共通する図柄の装飾古墳が多いので、大場磐雄は「東国に装飾古墳を残した人々」で、肥国造などの九州多氏系氏族を推定している(4)。

このように、常陸多氏（那珂国造は後に常陸国全域の常陸国造になっている）は肥国造、信濃多氏は阿蘇国造と、九州多氏系国造との結びつきでも、肥（火）国と阿蘇国にわかれている。たぶん、常陸の場合は有明海に臨む肥国の海人勢力（「キシマ」「カシマ」は船をつなぐ杭の意で港をいう）を多氏が率い、信濃の場合は山国阿蘇の山人勢力を率いたのであろう。

『日本書紀』は景行天皇の九州征討に、多臣の祖武諸木が随行して、征討に活躍したとある。この征討伝承に肥国も阿蘇国も入っている。景行紀の記述を史実とはいえないが、畿内王権が九州の諸豪族を服属させる過程で、畿内の多氏の配下に入った肥国・阿蘇国の軍兵が、東国征討に使われたのであろう。土着勢力がヤマト王権に服属して、王権の新しい征服地に尖兵として登場しているのは、元帝国がわが国への侵攻に、征服した高麗の軍兵を尖兵に使ったのと同じである。

五世紀後半の雄略天皇（倭王武）の頃の西征・東征が、景行天皇やヤマトタケルの伝承に重なったとみられるが（井上辰雄も、雄略朝の頃、阿蘇氏とヤマト朝廷との関係が強まったとみる(5)）、たぶん、雄略紀の志幾

（貴）大県主と雄略天皇の伝承からみて、景行紀の多臣の祖武諸木は、シキ大県主の出自で、シキタナヒコ命のことであろう。

シキタナヒコ命は、河内多氏を代表するシキ大県主を示す名と考えられるが、この河内多氏らが、阿蘇出身の軍兵を率いて信濃入りしたと考えられる。

そのことが、シキタナヒコの子の武五百建命（科野国造の祖）と建磐竜命（阿蘇神、阿蘇国造の祖）を同一人物とする「阿蘇家略系譜」になり、信濃国造の小県郡の本拠地にアソ郷がある理由であろう。

『日本書紀』宣化天皇元年五月条の筑紫那津宮家《みやけ》（屯倉）設置記事に、

朕、阿蘇乃君を遣して、加《また》、河内国の茨田郡の屯倉《みやけ》の穀を運ばしむ。蘇我大臣稲目宿禰は、尾張連を遣して、尾張国の屯倉《みやけ》の穀を運ばしむべし。物部大連麁鹿《あらか》火《ひ》は、新家連を遣はして、新家屯倉の穀を運ばしむべし。阿倍臣は伊賀臣を遣して、伊賀国の屯倉の穀を運ばしむべし。

とある。この記述を図示すると、

宣化天皇
- 阿蘇乃君 ― 茨田屯倉
- 蘇我大臣 ― 尾張連 ― 尾張屯倉
- 物部大臣 ― 新家連 ― 新家屯倉
- 阿倍臣 ― 伊賀臣 ― 伊賀屯倉

となり、阿蘇乃君（国造）は天皇に直結している。

雄略天皇から宣化天皇の時代の五世紀末から六世紀前半に、古代王権の力は地方にまで及び、屯倉の設置もすんでいるが、阿蘇君が天皇と直結しているのは、河内多氏との関係である。茨田屯倉は河内の茨田郡の屯倉だが、この地の茨田連は、「多朝臣同祖、神八井耳命の男彦《こ》八井耳命の後なり」と『新撰姓氏録』（右京皇別・山城国皇別）にある。茨田連小望の娘（或いは妹という）の関媛は、継体天皇の妃だが、阿蘇君が直結している宣化天皇は、継体天皇の皇子である。

宣化天皇―茨田連―阿蘇君という天皇直結は、科野国造が、欽明天皇・敏達天皇に直結する金刺・他田舎人を称するのと共通する。

築造期を五世紀末から六世紀初頭とする、上総の馬来田（茨田）国造にかかわる祇園大塚山古墳出土の画文帯四仏四獣鏡や銀製垂飾付長鎖式耳飾が、科野国造にかかわる飯田市の御猿堂古墳・畦地一号古墳からも出土していることは、「国名『シナノ』と科野国造」で述べたが、多氏系の科野国造―茨田連―阿蘇君に結びつくから、茨田（馬来田）国造と同じに建許呂命を祖とする茨城国造許々意命が、科野国造になったという伝承も生れたのであろう。

阿蘇君の本拠地の阿蘇草原も放牧に適した地であり、科野国造と阿蘇国造とのつながりは、馬の線からも結びつく。「阿蘇家略系譜」の阿蘇国造系譜には、

神八井耳命………馬甘――――川成――――千山

（馬甘）長谷朝倉大宮朝 穴穂都供奉、因負 穴穂部

（千山）金刺大宮朝供奉

とあり、阿蘇馬甘《うまかい》（飼）という名をもつ人物が、雄略朝（長谷朝倉大宮朝）に穴穂都に供奉している。穴穂

部は『日本書紀』によれば、雄略天皇十九年三月に設置された穴穂皇子（安康天皇）の名代部である。穴穂部造・穴穂部首などが文献に見えるが（『日本書紀』『新撰姓氏録』）、馬甘は国造の一族だから穴穂部直になったのである（国造系の姓《かばね》は一般に直と君）。

古代王権が本格的に信濃へ進出したのは雄略朝からと、私は「国名『シナノ』と科野国造」で書いたが、阿蘇氏は雄略朝に設置された穴穂部の伴造として、雄略朝から「供奉」した系譜をもつ。特に穴穂部直として「供奉」した人物が「馬甘（飼）」という名であることからみても、阿蘇氏と馬との関係は無視できない。その阿蘇氏が信濃にかかわっていることを示す一例が、小県郡の阿宗（蘇）郷という地名である。

馬と水内郡と科野国造

科野国造との関係で、天竜川水系の伊那郡の古墳と、下諏訪町から和田峠を越した小県郡について述べたが、千曲川水系についても、馬の関係で検証する必要がある。

岩崎卓也は、千曲川水系の古墳について、「五世紀の終わり頃に、中小規模の古墳がにわかにあちこちに出てまいります。それは今までの前方後円墳が集中した地域と必ずしも重なる部分ではありませんが、全く関係なしに出てくるものもあります。そして、それらの小さい規模の古墳に特徴的なのは、甲冑を出土する例が多いということです。もうひとつは、馬具を持っていることです。大型古墳は飾り馬具ですが、この中小の古墳には実用的な鉄製の馬具が入っています。その馬具には、朝鮮半島や、遠くシベリアにも見られるものもあります。馬具の型式が実に多様なのです。型式が一定していないのは、この頃、急速に馬を利用す

ることが広まった段階だったからというふうに考えております」と、述べている。(6)

天竜川水系と同じ時期に、従来の前方後円墳のあった地域と重ならず、まったく関係ない場所に、馬具をもった古墳が築かれているのは、飯田市と同じに、この地にも、新しく入ってきた集団があったことを推測させる。

森浩一は、「座談会　古代信濃と朝鮮をめぐって」で、「日本で馬が大量に必要になってきたのは五世紀以後ですね。五世紀と六世紀の間では古墳での馬具の出方などを見ても、六世紀というのは大変な数です。長野県だけでも桐原（健）さんに調べてもらったら、一四六ヶ所の古墳からすでに馬具が出ています。一県一国という単位では長野県が全国で一番多いでしょうね。そうすると長野にかぎらず全国的に馬の需要がふえているのは六世紀です。五世紀段階では河内・摂津あたりでも馬氏が馬飼をやっていますけれども、これは大和川やら淀川の川原で、そんなに面積は広くないんです。ところが馬の需要がふえてきて、同時にその頃になると渡来集団が各地に居住する。そして実際に馬が戦争その他に必要となる度合いがどんどんふえてくるという全国的な状況のなかで、信濃が政治的にも経済的にも重視されてきます。見方を変えれば、馬の文化が五、六世紀に入ってきて、変な言い方やけど、ある段階の大砲や鉄砲のように、日本の社会で重要な画期的な役割が出て来たことが、長野県へひじょうにたくさんの渡来集団が入ってくる一つの条件になったと思います」と、述べている。(7)

馬と馬具をもって新しく入ってきた集団は、渡来集団である。科野国造・阿蘇国造などの多氏系氏族は、これら渡来集団を率いて信濃入りをしたとみられる。水内郡の場合もその推測があてはまる。

河内馬飼部は河内国安宿（飛鳥戸）郡の駒ケ谷周辺に居た氏族とみられるが、駒ケ谷の在る賀美郷の北に隣接して尾張郷がある。ところが信濃の水内郡にも『和名抄』の尾張郷がある。河内の安宿郡尾張郷には訓がないが、信濃の場合、流布本には、「乎渡利部《をわりべ》」とある。長野市古牧に西尾張部、朝陽に北尾張部の地名があるから、尾張郷は本来は尾張部（戸）郷で、「安宿」と書いて「アスカベ」というのと同じである。河内の尾張郷も尾張部郷であることは、『姓氏録』河内国皇別に尾張部が載ることからも証される。

　この「べ」は本来「戸」で「部」ではない。「戸」は朝鮮渡来人を編戸制に組入れた呼称であることを、岸俊男は述べているが(8)、尾張部は尾張戸で、渡来系氏族であることは前述した（四四頁参照）。

　尾張部（戸）は「彦八井耳命の後なり」（河内国皇別）とあるから、多氏系である。しかし尾張部と同じ石川流域に居住する志紀県主・紺口県主は、同じ『新撰姓氏録』（河内国皇別）で、「神八井耳命の後なり」とある。祖を神八井耳命と彦八井耳命にわけているが、尾張部（戸）の祖が彦八井耳命を祖にしていることは、渡来系であることを示唆している（彦八井耳命系が渡来系であることは、四四頁参照）。また、信濃の尾張部が尾張戸であることは、尾張国山田郡の式内社に、尾張戸《おわりべ》神社（瀬戸市十軒町）があることからも証される。「国名『シナノ』と科野国造」で、河内の「シナガ」から国名「シナノ」地名が生れたと書いたが、河内の尾張（戸・部）郷の近くに科（磯）長郷があるのに対し、尾張戸神社の近くに品野郷があり、上・中・下の品野村があった（瀬戸市品野町・上品野町）。そして、信濃にも尾張郷があるのだから、この「オワリベ」は尾張戸であろう。また、尾張戸とシナガ（河内）・シナノ（尾張・信濃）の結びつきは、「シナノ」地名が河内の「シナガ」にかかわるとみる私説の徴証になる。

　河内の尾張部（戸）と同じに彦八井耳命を祖とする河内の江首は、河内の沙羅々（佐良々）馬飼連と祖が結びつく百済系渡来人であることは、前述した（四四頁参照）。安宿（飛鳥戸）郡に居た河内馬飼部も、たぶん渡来系氏族であろう。雄略紀の駿馬伝承にかかわる飛鳥戸郡の田辺史も、『姓氏録』では漢王の後とあり、渡来系氏族である。この伝承に登場する古市郡の書首は、百済の王仁後裔氏族だが、書首の同族に馬毗登《ひと》が居る（『続日本紀』天平神護元年十二月条、「毗登」は史または首の姓を天平勝宝九年から改めた姓。馬毗登は天平神護元年十二月から武生連になっている）。書首が王仁後裔氏族として「書」にかかわるように、馬に関係していたのが、馬毗登であろう。この馬氏（後の武生氏）も書（文）氏と同じ古市郡に居た（天平神護元年十二月条には、古市郡の馬毗登益人ら四十四人が武生連を賜ったとある）。

このような石川下流域の馬飼の伝統が、この地域に、平安時代になっても牧（会賀牧・福地牧）がある理由になっているから、この地出身の尾張部（戸）氏が、信濃の水内郡へ移住してきたのも、馬にかかわっていたからであろう。

水内の西尾張部は古牧村一帯をいうが、古牧という地名と共に、牧野という地名もある。この地は、『北山抄』に載る相原牧、『吾妻鏡』に載る吉田牧があった。吉田には駒沢という地名があり駒形神社がある。牧野の桐原神社の大祭は藁駒祭といい（二月八日）、参拝の氏子は神前でクジをひき、あたった人に藁で作った駒を与える。たぶん、馬が藁駒になったのだろう。

この尾張郷の西北の地附山に、貞観二年に従五位下の授位をうけた駒弓神社があり、山麓に湯谷古墳群がある（長野市徳間）。七基のうちの一号墳は径約一二メートルの円墳で、横穴式石室である。轡三点・鎖・鉸具・帯金具などの馬具が、銀象嵌が施された円頭柄頭や倒卵形の鍔をもった大刀、直刀五振・金環・銀環・瑪瑙製勾玉・ガラス小玉などと共に出土している。六世紀代の古墳だが、この古墳と尾張部（戸）氏とは無関係ではないだろう。

尾張郷の西隣は芋井郷だが、善光寺のある地を長野といい、河内の尾張部氏の近くに居た長野連が、信濃へ進出した地である。この長野氏については、「善光寺と渡来人」で詳述するが、湯谷古墳群は長野氏もかかわるとみられる。この古墳群には積石塚古墳があるが、この古墳群の近くの吉《よし》古墳群（長野市若槻）は、九八基の積石塚古墳がある（くわしくは一九八頁参照）。桐原健は、「積石塚と古牧と渡来氏族は三位一体」[9]といっているが、信濃は積石塚古墳の数が全国一である。

高井郡の大室牧のある大室古墳群（長野市松代町）には、約五〇〇基の積石塚古墳があるが、水内郡の積石塚古墳も、馬の飼育にかかわる氏族を被葬者にしているのだろう。長野氏や尾張部氏は善光寺に関与しているが、善光寺も馬とかかわる（一九八頁参照）。積石塚古墳と馬については、「信濃の高句麗人と積石塚古墳」で述べるので略すが、水内郡の馬にかかわる尾張部氏は、科野国造と同じ多氏系譜に入っている。

科野国造系の金刺舎人が水内郡に居たことは、水内郡人の金刺舎人若嶋の存在からも証される。桐原健は「女孺として若嶋を出仕させているからには、おそらく大領の位置にあったものと思われる」とみて、七、八世紀の水内郡の金刺舎人について、「水内郡八郷の冒頭に掲げられた芋井郷を本貫とし」、「彼等が水内郡南半部の裾花川水系の用水系を掌握していたと考えられること」から、このような「水利事情により芹田・尾張・古野などの水内郡南半の平坦部にも勢力を及ぼしていた」と、推論している。[10]この桐原説でも、尾張（部）郷は金刺舎人の勢力配置に入っているから、水内でも、馬と科野国造は関係が深い（水内の長野氏と馬と善光寺の関係は、「善光寺と渡来人」で詳述する）。

壬申の乱と信濃の騎兵

以上述べたように、信濃は古くから馬飼の中心地で牧が各地にあった。壬申の乱（六七二年）について記す『日本書紀』の天武天皇即位前紀に、「東山の軍を発せしむ」とあるが、「東山（道）の軍」とは、美濃・信濃の軍のことである。『釈日本紀』は、「私記曰、案二安斗智徳日記一云、令レ発信濃兵」と書く。安斗連智徳は大海人皇子（天武天皇）の舎人として壬申の乱で活躍しているから、「安斗智徳日記」は壬申の乱に関する日記であり、信憑性が高い。

馬背神社の在る小県郡跡部郷の跡（安斗・阿刀）部の伴造が安斗（部）連であるから、安斗連智徳と信濃とは無縁ではない。また、壬申の乱のとき、大海人皇子の命で最初に挙兵したのは、多臣品治で、科野国造と同族の多氏である。だから、桐原健は、多品治が「安斗智徳日記」に書かれている信濃の兵を募兵したと推測しており[11]、坂本太郎も、多品治は信濃の同族とつながりがあったとみている[12]。私は、この信濃の兵を騎兵とみる。壬申の乱の騎兵の使用について、水野祐は次のように書く。長いが全文を引用する。

壬申の乱に際して、大海人皇子の吉野脱出行の通報を受けた近江朝廷の軍議において、一人の宮廷の臣が、「作戦計画がおくれればそれだけ後手をとって不利である。いますぐ駿馬を集め、騎馬隊を編成して、大海人皇子の行路を追って急襲し、奇襲作戦をとるにしくはない」と建策進言した。まさに至当な作戦であり、もしこの作戦が採用され、時を移さず騎馬隊の奇襲を実現していたなら、未だ充分なる臨戦体制もなく、従う兵力も微々たるもので、山中の隘路を脱出していった大海人皇子一行は、ひとたまりもなく敗北してしまったはずである。しかるに近江朝廷の廟議はこの至上の作戦を採用せず、いたずらに官軍の兵力・物量をたのみ、堂々たる三軍を編成して、歩兵戦による正面作戦をとって、戦機を失い、かえって惨敗を喫している。これは当時の人びとがいかに騎馬戦に対する認識がうとかったかを如実に物語るものである。

このような騎馬隊作戦軽視の風潮の中で、全く不甲斐ない近江官軍の敗戦の連続のなかで、ひとり花々しい勝利を収めたのは、近江軍の別将田辺小隅の戦いぶりである。

前の騎馬隊奇襲作戦を建策した廷臣の名を記録に逸しているが、私はそれはおそらくこの田辺小隅であったと思う。彼はその姓から推して帰化人であり、田辺史の一族であろう。この氏は河内を本貫とし、田辺氏には有名な応神陵にまつわる土馬の伝説があり（『日本書紀』巻十四、雄略紀九年七月一日条）、馬との関係が深い。彼は味方の劣勢に業をにやしたか、別動隊の騎馬隊を率い、七月五日の夜半、倉歴の吉野方の陣営に奇襲をかけた。人馬にくちきをくわえさせ、人語と馬のいななきを断ち、隠密行動で鹿深山を越し、幟をまき、鼓をかかえて静かに進撃し、一挙に囲みを突破して陣営内に突撃し、「金」という合言葉を用いて敵味方を識別しながら、敵を切りくずし、守将田中臣足摩侶の軍をけちらして制勝している（『日本書紀』巻二十八）。これをみると田辺小隅は近江軍切っての智将であり、その活躍の原動力は、驍騎をもって編成した騎馬隊にあった。けれどもこれは日本の古代の歴史におけるほんの僅かな例にすぎないので、古代にあって騎馬隊の機動力を制した戦法は一般的に採用されていなかったことはわかろう[13]。

水野祐は近江軍のみで、大海人皇子軍の騎馬隊については述べていないが、大海人軍が勝利したのは、騎馬隊を活用したからである。

『日本書紀』の天武天皇即位前紀（天武天皇元年七月七日条、十三日条）は、倭京の戦いに負けた大海人軍の大伴吹負の救援に、置始菟《おきそめうさぎ》が「千余騎」を率いて倭京に向い、近江軍を破ったとある。倭京の戦いの勝敗をきめたのは騎馬隊である。直木孝次郎も、近江軍が敗けたのは、「大軍であったが、歩兵が主で騎兵との戦いに不慣れであったのではなかろうか。騎兵の集団的使用のいかんが勝敗を決したと考えられる」と書いている。(14)置始菟の率いる騎馬隊には「甲斐の勇者」（同七月二十三日条）が居るから、「安斗智徳日記」が記す信濃の兵も「千余騎」の中に居たとみられる。というより、ほとんどが信濃と甲斐の騎兵であったであろう。

大海人皇子は、六月二十二日、美濃国穴八磨郡（岐阜県安八郡と海津郡の一部）の湯沐令の多品治に、「当郡の兵を発《おこ》せ」という命令を伝え、品治は不破道（近江・美濃の国境にあり、畿内から東国へ向かう要路）を塞いでいる。七月二日条に、「天皇、紀臣阿閉麻呂・多臣品治・三輪君子首・置始連菟を遣して、数万の衆を率て、伊勢の大山より、越えて倭に向はしむ（中略）。別に多臣品治に命して、三千の衆を率て、莿萩野《たらの》に屯ましむ。田中臣足摩侶を遣して、倉歴《くらふ》道を守らしむ」とある。倉歴道を守っていた田中足摩侶が、水野祐が書く(13)田辺小隅の騎馬隊の襲撃を受けて敗けているのだが、勝に乗じた小隅の軍は、六日に莿萩野の多品治の軍を急襲している。だが「将軍多臣品治遮《た》へて、精兵を似《も》て追ひて撃《う》つ。小隅、独り免《まぬか》れて走《に》げぬ。以後、遂に、復来《またこ》ず」とある。多品治の軍が田辺小隅の騎馬隊に勝てたのは、河内の騎馬隊に対し信濃の騎馬隊を率いていたからであろう。精兵が騎馬隊だから、「追ひて撃つ」であり、歩兵だったら河内の騎馬隊を「追ふ」ことはできない。

「安斗智徳日記」の「信濃の兵」は騎馬の兵で、この騎兵が、多品治の率いる「三千の精兵」や、置始菟の率いる「千余騎」に含まれていたと考えられる。

このように壬申の乱で大海人皇子が勝利した一因に、信濃や甲斐の騎馬隊の活躍があった。水野祐のいう「騎馬隊の機動力を制した戦法」の重要性を即位した天武天皇は認識していたから、群卿の「細馬《よきうま》」を迹見《とみの》駅家《うまや》で競走させたり（天武天皇八年八月条）、大山位以下の乗る馬を、長柄の森で観閲し、騎射を行っている（同九年九月条）。これは、天武天皇八年二月に、二年後に馬を検校するから、そのため馬を調達して準備せよと詔している、その詔にもとづく準備行動である。二年後の同十年十月、軽の市で馬の検校を行っている。

このような馬の検校からみても、天武天皇十三年の陪都建設に信濃が選ばれ、調査官の三野王が派遣されたのは、馬の重要性の認識が一因とみられる（陪都に信濃が選ばれた理由は他にもある。くわしくは「天武天皇と信濃——なぜ信濃に都城・行宮を造営しようとしたか——」を参照）。

以上述べたように、古代の信濃と科野国造を論じる場合には、馬を無視することができない。

〔注〕

（1）栗岩英治「諏訪史考」『諏訪研究』所収　一九三〇年　諏訪教育会

（2）桐原健「〝東山道〟における信濃」『続私の古代学ノート』所収　一九八六年　信毎書籍出版センター

（3）黒坂周平・大井文雄「馬背神社」『日本の神々9』所収　一九八七年　白水社。「日本歴史地名大系20」『長野県の地名』二七四頁　一九七九年　平凡社

（4）大場磐雄「東国に装飾古墳を残した人々」『考古学上から見た古氏族の研究』所収　一九七五年　永井出版企画

（5）井上辰雄『火の国』二三三頁　一九七〇年　学生社

(6) 岩崎卓也「六世紀の東国古墳文化」『観音塚古墳の時代――六世紀後半の東国古墳文化――』所収 一九八九年 高崎市教育委員会
(7) 森浩一「座談会 古代信濃と朝鮮をめぐって」「日本のなかの朝鮮文化」三九号 一九七八年 朝鮮文化社
(8) 岸俊男「日本における『戸』の源流」『日本古代籍帳の研究』所収 一九七三年 塙書房
(9) 桐原健 注7前掲書座談会
(10) 桐原健「善光寺創建に係った氏族たち」『私の古代学ノート』所収 一九八三年 信毎書籍出版センター
(11) 桐原健『信濃』一八九頁 一九七一年 学生社
(12) 坂本太郎「古代史と信濃」『日本古代史叢考』所収 一九八三年 吉川弘文館
(13) 水野祐「高松塚古墳と騎馬民族征服説」『古墳と帰化人』所収 一九七二年 雄山閣出版
(14) 直木孝次郎『壬申の乱』一七七頁 一九六一年 塙書房

天武天皇と信濃

――なぜ信濃に都城・行宮を造営しようとしたか――

新城と新益京

『日本書紀』の天武天皇十三年（六八四）二月二十八日条に、

浄広肆広瀬王・小錦中大伴連安麻呂、及び判官・録事・陰陽師・工匠等を畿内に遣して、都つくるべき地を視占《み》しめたまふ。是の日に、三野王・小錦下采女臣筑羅等を信濃に遣して、地形を看しめたまふ。是の地に都つくらむとするか。

と、書かれている。

坂本太郎は、「都つくらむとするか」と、疑いをこめて説明をするのは、「書紀の編者にもこれが素直に受取れにくいものがあったからではあるまいか」と、書いている(1)。

天武天皇十三年二月二十八日の、畿内と信濃への造都調査のための派遣記事につづいて、三月九日条には、

天皇、京師に巡行《あり》きたまひて、宮室之地《みやどころ》を定めたまふ。

とある。

この記事について、北山茂夫は、「離宮を設けるために、土地をさがしたのではあるまいか。ここにいう

『宮室の地』が、藤原に相当するのではあるまいか。わたくしには、どうもそういう気がしてならないのである」（「持統天皇論」昭和三十二年）[2]と書き、岸俊男も、「天武がみずからが決定したという宮室の地こそ藤原宮であり、このとき藤原京のプランもできあがったが、宮の造営に着手する暇なく天武は崩じてしまった。そして持統即位とともに、天武の遺志をついで藤原の造営が具体的に進行しはじめた、というのが実情ではなかろうか」[3]と、書いている。私も同感である。『日本書紀』に書かれている、

天武天皇十三年　宮室の地決定のための行幸。
持統天皇四年　藤原の宮地視察のための行幸。
持統天皇六年　藤原の宮地の鎮祭と新宮の完成を、伊勢・大倭・住吉・紀伊の大宮に報告。
持統天皇八年　藤原宮へ遷宮。

は、一連のものなのである。

ところで、天武天皇五年是歳条に、

是年、新城に都つくらむとす。限の内の田園は、公私を問はず、皆耕さずして悉に荒れぬ。然れども遂に都つくらず。

とあり、天武天皇十一年三月一日条に、

小紫三野王及び宮内官大夫等に命して、新城に遣して、其の地形を見しむ。仍りて都つくらむとす。

とあり、同年同月十六日条に、

新城に幸す。

とある。

この「新城」について、日本古典文学大系『日本書紀（下）』（一九六五年）の頭注は、「奈良県大和郡山市新木」とする。北山茂夫・岸俊男も、前述の論文では、「新木」とし、地名とみているから、天武天皇十三年三月九日に、天武天皇が行幸した「宮室の地」と「新城」は、別の場所とみて、関連がある土地とは考えていない。

このように、地名とみていた「新城」について、岸俊男は昭和五十年発表の「都城と律令国家[4]」では、「従来は大和郡山市新木に比定する説が有力であったが、確たる根拠はなく、むしろ藤原京・平城京などの造都が古道と密接な関係のもとに設定されたことを考えると、成立は困難なようにおもう」と書き、『日本書紀』持統天皇三年九月条の、石上麻呂に筑紫の「新城を監」させた「新城」は、新説の大宰府都城であり、『続日本紀』神護景雲三年十月条の宣命にある「都城の大宮」は、新都平城京を意味するので、「『新城』は地名ではなく、新しい都城の意」と、考えを変えている。

そして、昭和五十九年発表の「難波宮と中国都城制[5]」では、『日本書紀』『続日本紀』では、「藤原宮」という表現はあっても、「藤原京」という表現はなく、「新益京」と書かれている点に注目して、「『新益《あらますのみやこ》京』は新たに益《ま》した都という意味でしょうから、そうなれば、やはりそれ以前に京と称すべきものがあって、それになんらかのかたちで新しく益されたのが藤原京であるということになると思います」と述べ「それ以前の京」を「倭京」とみて、「天武朝の『倭京』と持統・文武のいわゆる藤原京、つまり『新益京』とを一体化して考えてもいいのではないか、と思います。かえって両者を区別して考えていることが、問題を複雑にしているゆえんではないかとも思うのです」と、述べている。

問題は、岸俊男が述べている「倭京」と「新城」は、同じか、違うかである。天智紀六年八月条と壬申紀に「倭京」とあるのは、「近江京」に対してであることは、「近江京より倭京に至る」と記していることからも明らかである。また、壬申紀は、「古京」とも書くが、「古京」は、今の京としての「倭京」に対して「近江京」をいう。だから、壬申紀の「倭京」は、岸俊男が「新益京」と「一体化して考えてもいい」という「天武朝の倭京」とは別である。

岸俊男は、はっきり書いていないが、岸俊男のいう「天武朝の倭京」を、私は、天武五年条・十一年条の「新城」とみる。この新しい都城が、持統朝の「新益京」（藤原京）になったと考えている。

岸俊男は、『万葉集』巻十九の「壬申年之乱平定以後歌二首」と題詞にある、

大君は神にしませば赤駒のはらばふ田居を京師《みやこ》となしつ（巻十九・四二六〇）

大君は神にしませば水鳥の多集《すだ》く水沼を皇都《みやこ》となしつ（巻十九・四二六一）

について、「『京師』『皇都』も、これを単に宮室としての飛鳥浄御原宮と解することは、浄御原宮のあったと推定される当時の飛鳥中心部が、なお『赤駒のはらばふ田居』や『水鳥の多集く水沼』であったとみなければならないから無理と考えられ、やはり壬申の乱後において新しく飛鳥に『京』の建設されたことを讃えたものとみるのがよいのではなかろうか」と、書いている(5)。この『京』の建設は、「新城」の建設と考えられるから、

天武天皇五年　　新城造営計画（中止）
天武天皇十一年　新城造営開始のための調査と行幸
持統天皇五年　　新益京の鎮祭
持統天皇六年　　新益京の京路視察の行幸

は、一連のものであろう。

藤原京の範囲は、古道である中ツ道と下ツ道をそれぞれ東西の京極とするが、その間は平坦でなく、京の中央北寄りに位置する宮室の地も、東南隅と西北隅では、いまでも一二メートルの比高差がある。だから、藤原京のあったときにはもっと比高差があったとみられる。発掘調査によれば、宮の東辺部では建物の柱穴が浅くしか残っていないのは、都が平城京に移った後、田に造成するとき、さらに削平されたためである。このように東辺が高いのに対し、西辺は低湿地だから、東辺の土を削って盛土している。朝堂院趾の西縁が、西の地形の中で一段高いのも、盛土して造成したためである。

狩野久・木下正史は、『飛鳥藤原の都』(6)で、「右京の大部分は飛鳥川の左岸になるが、そこには氾濫の痕跡もあって、相当な低湿地だったろうから、右京が街区として完成したかどうかは別にしても、大規模な造成工事が必要だったにちがいない」と書いて、岸俊男があげる『万葉集』の歌(巻十九・四二六〇、四二六一)を、藤原京造営をうたった歌とみて、岸俊男と同じに、この歌を、天武五年の新城造営計画の地をうたった歌とは、みていない。

だが、この歌の題詞には、「壬申年之乱平定以後歌二首」とあり、壬申の乱が平定後まもなくの歌と、題詞は書いている。だから、天武五年の新城造営計画の地が、「水鳥のすだく水沼」の地で、持統朝の「新益京(藤原京)」と考えられる。

昭和五十二年の発掘調査のとき、太極殿北方の「宮域内朱雀大路」の東側溝の東に近接して、ほぼ南北に貫通している、幅六〜七メートル、深さ二メートルの大溝を検出した。この大溝について、加藤優・狩野久・木下正史(7)は、宮造営のために使用された運河とみているが、この大溝から約六十点の木簡が出土した。

年紀が記されているものに、「壬午年（天武天皇十一年）十月」「癸未年（同十二年）七月」「甲申年（同十三年）七月三日」の三点があり、別に同十四年正月に制定された、「進大肆」という爵位を記す木簡も、出土している。(8)

「壬午年十月」の木簡があることからみても、天武天皇十三年の宮室の地決定以前から、造営工事が進んでいたことがわかる。壬午年（天武天皇十一年）三月一日に、小紫三野王が、宮内官大夫等を率いて、「都つくらむ」として、新城の地形調査に入っている記事との関連で、この木簡は無視できない。同年三月十六日に、天武天皇は、新城に行幸しているが、「壬午年十月」の木簡が、すでに捨てられていることから、運河は行幸後つくられたのではなく、すでにできていたか、工事中であったかであろう。

ところで、この大溝の西に近接してつくられている「宮域内朱雀大路」の側溝は、壬午年（天武天皇十一年）の木簡の出土した大溝より前につくられているから、(7)小紫三野王の「新城」の地形調査（同年）以前に、すでに工事は開始されていたのであり、天武朝の「新城」が、持統朝の「新益京」であったことを証している。

北山茂夫は、岸俊男が「新城」は地名でなく、「新しい都城」の意とする論文を発表した後に書かれた著書『天武朝』(9)（一九七八年）でも、「新城」は、大和郡山市新木として、地名と考えている。だから、天武天皇十一年の「新城」の地形調査は、都つくりのためで、天武天皇も行幸したが、「それきりに終わってしまった。理由は明らかでない」と書き、天武天皇五年の「新城」の建設中止記事と同じに、解している。(10)

しかし、「新城」は地名ではないから、同五年に新城と定めた地の建設計画は、中絶の時期もあったが、同じ場所でつづいていたのである。その場所が、「赤駒のはらばう田居」や「水鳥のすだく水沼」の地であり、この地の造営は、浄御原律令の編纂が開始された前後の、天武天皇十一年の新城への行幸以降、本格的になったのである。

畿内と畿外の信濃の造都計画

「新城」は地名ではないから（「新木」という地名は、大和郡山市以外にもある）[11]、北山茂夫の天武天皇十一年の新城建設はなかったとする推論はあたらない。新城の建設が本格的にはじまったから、同年十二月十七日に、複都制の詔が出されたのである。その詔には、

凡そ都城・宮室、一処に非ず。必ず両参造らむ。故、先づ難波に都つくらむと欲ふ。是を以て、百寮の者、各往きて家地を請はれ。

とある。

天武天皇十二年の複都制の詔は、中国にモデルがある。唐では、首都長安のほかに、洛陽を陪都とする複都制がとられていた。だから、長安に匹敵する首都をつくろうとして、新しい都城（新城）造営を考えたのである。その造営が、天武天皇十一年から本格的にはじまったので、陪都造営も計画され、難波造営の詔が出たのである。

耳成山北方まで、新益京条坊地割に適合する東西と南北の道路の交差した遺溝が検出されたが、この遺溝は、新益京の京域外であるから、唐の長安に匹敵するものを造ろうとする、天武天皇の壮大な構想がうかがえる。

天武天皇は、朱鳥元年（六八六）に病気になり、同年九月九日に崩御しているが、前述の年紀を示す木簡は、天武天皇十一・十二・十三年の木簡と、同十四年（六八五）正月制定の爵位の記された木簡のみで、持統朝のものがない。だから、この木簡の年紀からも、天武天皇の崩御で造営工事は中止したと考えられる。そして、持統天皇の即位後、再開されたのである。

天武天皇は、大和と難波だけでなく、「凡そ都城・宮室、一処に非ず。必ず両参造らむ」と詔して、畿内・信濃に、造都計画をもっていた。

畿内については、大化改新の詔に、

凡そ畿内は、東は名墾《なばり》の横河より以来、南は紀伊の兄山《せのやま》より以来、西は赤石《あかし》の櫛淵《くしぶち》より以来、北は近江の狭狭波《ささなみ》の合坂山《あふさか》より以来を、畿内国《うちつくに》とす。

とある。しかし、大化改新によって畿内制が施行されたのではなく、天武朝からであることは、詔の文章や、その後の歴史的事実から、通説化している。

天武朝の畿内制は、大宝令・養老令の、大倭・河内・摂津・山背（城）の四カ国を畿内とする、国単位の畿内ではない。大化改新の詔にある、名墾の横河（三重県名賀郡の名張川）、紀伊の兄山（和歌山県伊都郡かつらぎ町の背山）、赤石の櫛淵（播磨国明石郡だが、「櫛淵」については不明、吉田東伍は摂津国と播磨国の境界、今の神戸市垂水区塩屋町付近を想定）、近江の狭狭波の合坂山（滋賀県の逢坂山）を、東西南北の地理的境界とする畿内国《うちつくに》をいう。

天武天皇四年（六七五）十月、諸王以下初位以上のものに武器を備えることを詔し、同五年（六七六）九月、王卿を「京及び畿内」に遣して、武装の状況を調べさせている。この天武天皇五年条に、初めて「京及び畿内」の表記が登場するが、この年「新城」の計画がたてられていることからみても、新城造営と京畿内制は、関連している。

天武天皇五年に、京畿内制が定められたことによって、畿内国《うちつくに》と畿外国《そとつくに》は、はっきり区別された。同年正月の条に、「凡そ国司を任《ま》けむことは、畿内及び陸奥・長門国を除《お》きて、以外は皆大山位より以下の人を任けよ」とあり、畿内とはっきり分けている。

また、同年四月の条では、「外国《とつくに》の人、進仕《つか》へまつらむと欲《おも》ふ者は、臣・連・伴造の子、及び国造の子をば聴《ゆる》せ。唯《ただ》し以下の庶人と雖《いへど》も、其の才能長しきのみは亦聴せ」と詔し、畿内国《うちつくに》に対し、「外国《とつくに》」として、名張川より、以東、逢坂山より以北、紀州背山より以南、明石より以西を、区別している。

だから、壬申の乱に功のあった大分君恵尺（天武天皇四年六月没）は「外小紫」、大分君稚見（同八年三月没）は「外小錦上」、村国連雄依（同五年七月没）は「外小紫」という、「外」のつく冠位を、亡くなったときに贈られている。大分君は九州の大分、村国連は美濃国の豪族で（『和名抄』に美濃国各務郡に「村国郷」がある）、外国《とつくに》の人だから、冠位も畿内の人に対して、「外」がつく。

天武天皇十一年に、天皇は新都に行幸し、首都の建設が本格化した同十二年には、陪都の建設をきめて、難波京の宅地班給の詔を出したから、同十三年には、首都・陪都以外の地での都城建設を計画し、調査のために、畿内国《うちつくに》へは広瀬王、外国《とつくに》の信濃へは三野王を、派遣した。

天武天皇十三年閏四月十一日の条には、

三野王等、信濃国の図《かた》を進《たてまつ》れり。

とある。そして、同十四年十月十日条に、

軽部朝臣足瀬・高田首新家・荒田尾連麻呂を信濃に遣して、行宮を造らしむ。蓋《けだ》し、束間《つかま》温湯《のゆ》に幸《いでま》さむと擬《おも》ほすか。

とあり、信濃の都城建設計画は、行宮建設計画に変更している。

では、畿内の都城建設計画はどうであろうか。信濃行宮建設計画の記事につづいて、

浄大肆泊瀬王・直広肆巨勢朝臣馬飼・判官より以下、幷せて二十人を以て、畿内の役《えだち》に任す。

とある。「畿内の役」について、日本古典文学大系の『日本書紀（下）』の頭注は、「都城の地を選ぶ事業か」と、書いている。天武天皇十三年の畿内と信濃への造都調査の派遣記事と、書き方が似ていること、信濃の行宮の記事につづいて書かれていることから、私も同意見である。

翌年になると、天武天皇は病気になり、九月に亡くなっているから、畿内の都城も、信濃の行宮も造られなかった。しかし、天武天皇が存命だったら、首都・陪都以外に、畿内のどこかと、信濃に、都城と行宮ができていたであろう。問題なのは、畿外国《そとつくに》の中で、特に信濃が選ばれたことである。

信濃造都の一要因

川崎庸之は、信濃造都について、

東国にたいする彼の親近感には一種特別なものがあったことが考えられてよいと思うわけであるが、しかしそれはただ彼の湯沐の邑がそこにあったとか、親しい舎人の幾人かがそこから来ていたというだけの理由にもとづくものであったかどうか、その点に問題あると思う。というのは、もっと積極的に東

国を制圧することにおいて、何かそこによりたしかな勝利のための条件をみたのではなかったかと思われるのであるが、いってみれば、東国の経営ということは、大化改新のそもそもの当初から、或いはもっと以前から、古代国家の基盤をととのえる意味では一つの重要な課題になっていたのではなかったかということである。[12]

と、書いている。北山茂夫も、

そこへ都を移すというのではなく、新しい都城をつくり、東国開拓の一大拠点たらしめようとの観点にたっての都なのである。西日本は、南島、九州の南部で、開拓の展望は大きくない。天武の眼光は東国とその以北に向けられていた、と想像したいのである。[13]

と、川崎説と同じ東国経営説である。

金井典美も、「蝦夷に対する大本営の性格を帯びる都城」を計画したのが、信濃の造都計画とみる。[14] しかし、東国経営の地は、信濃でなくてもいいのだから、信濃が特に選ばれた理由としては、説得力に欠ける。

坂本太郎は、信濃国に天武天皇が関心をもっていたため、特に信濃が選ばれたとみて、関心をもったのは「天皇が太子時代にもっていた美濃国の湯沐邑とその長官多臣品治との関係にもとづくのではないか」と推測して、次のように書く。[1]

湯沐は中宮や東宮の封戸として政府が与えている土地人民であり、授けられた貴人とは特殊の主従関係にも似たかかわり合いが生ずる。大海人皇子の美濃の湯沐は安八磨郡にあり、長官の多臣品治は皇子の腹心の臣であったらしい。皇子は吉野で挙兵を決意したとき、まず美濃の湯沐邑に行ってそこを根拠地としようとし、六月二十二日腹心の三人の使を多臣品治のところにやり、先ずその郡の兵を徴発し、ついで国司を動かして諸郡の兵をおこして不破関をふさぐことを命じた。（中略）品治はこの後伊賀にも転戦して近江朝廷軍を破る功績を立てた。天武十二年には伊賀王らと天下を巡行して諸国の境界を定める任に当り、持統天皇十年八月には直広壱の位と物を授けられ、初めより従いまつった功と堅く関を守ったこととを特別に褒められている。品治はこのような美濃に常住しており、のちに諸国を巡行する役にも当たった。美濃在任中その隣国に当る信濃の情報はいろいろ聞いて、その山川の秀麗なことにひそかにあこがれる所があったかも知れず、また実際に天下を巡行して信濃を訪れ、信濃の美しい山川が陪都にふさわしいと信じて、これを天皇に進言したから、天皇はそれを取上げる気持を起こしたのではなかろうか。天皇の信濃に対する関心の深さは、品治の媒介を考えることによって氷解できるのではないかと、私は考えるのである。

そして、「なお信濃は、国造家が多臣と同族の金刺舎人であり、多氏の同族は広く信濃に蔓延していたと推せられる点もある。（中略）品治の進言は、信濃在住の同族の支持を背景にしたものであったと考えられる」と、述べている。

坂本太郎の見解発表は、昭和五十四年（一九七九年）だが、私も信濃造都について、『日本古代試論』（一九七四年）でふれた（拙稿で「遷都」という表現を用いたのは誤り）。拙稿で多品治にもふれたが、信濃造都計画は、「美しい山川が陪都にふさわしい」という、長野県に別荘を造ろうとする現代人感覚に似た発想でなく、もっと現実的な理由を、拙稿で述べた。

都城計画は、前述したように、京畿内制の施行と重なっている。天武朝の畿内国は大宝令の畿内とちがって、国が基準になっていないことは、前述した。長山泰孝は「畿内制の成立」で、このような畿内国創設は、

「軍事的な防衛地域として、また官人供給地域として、国をこえて一体のものと考えられていたからであろう」と、書いているが[15]、京畿内制の施行された前後の天武天皇四年十月には、諸王・諸臣に武器を備えることを命じ、同五年九月には、王・卿を畿内に派遣し、武装の状況を調べている。そして、この年に新しい都城建設の計画がなされているのだから、都城建設には、軍事的な面があったと考えられる。

畿内と畿外の信濃に、都城を建設するため、広瀬王と三野王が派遣された天武天皇十三年という年には、文武の官人に武装と調練を課している（閏四月）。また、翌年の九月には、広瀬王や美努（三野）王らは、京畿内に派遣され、武器を調査している。こうした記事からみても、畿外の都城建設の地として、信濃が選ばれたのは、「美しい山川」があるだけではないだろう。

しかし、川崎・北山・金井らの、「東国経営」のための「大本営」的視点だけでは、理由としてあいまいである。私は、信濃の地が特に選ばれた理由として、馬をあげたい（『日本古代試論』[16]）。

『延喜式』左馬寮の御牧の条に、三十二の牧の名があがっているが、そのうち、信濃国十六、上野国九、武蔵国四、甲斐国三で、半数は信濃に集中している。

近江朝廷側で、ただ一人活躍している将軍に、田辺小隅がいる。水野祐は、田辺小隅の活躍は、騎馬隊を率いていたためとみて、理由として、「彼はその姓から推して帰化人であり、田辺史の一族であろう。この氏は河内を本貫として、田辺史には有名な応神陵にまつわる土馬の伝説（『日本書紀』巻十四、雄略天皇九年七月条）があり、馬との関係が深い」ことをあげる[17]。

田辺小隅は、田中足摩侶の夜営地を襲っているが、そのとき「梅《くちき》を御《く》み」と、壬申紀は書く。日本古典文学大系の『日本書紀（下）』の頭注は、「梅《くちき》は枚《ひら》に同じ。箸状のものを口に含ませ、進軍中の談話や馬の嘶きを防ぐ」と書くが、人間は話をするなと命じれば、「梅を御む」必要はないのだから、馬の嘶きを防ぐために用いたと思われる。とすれば、騎馬の兵がいたことが、推測できる。

この田辺小隅の軍は、田中足摩侶の軍を破ると、次に多品治の軍を攻撃しようとした。ところが、逆に「追ひ撃たれ」て、「小隅、独り免《まぬか》れて走《に》げぬ」とある。壬申紀は「三千の精兵」を将軍多品治が率いたと書くが、田辺小隅の軍を「追い撃った三千の精兵」の中に、騎兵が含まれていたであろう。

田中足摩侶は、伊賀の湯沐令《ゆのうなかし》だから、倉歴《くらふ》道（三重県伊賀市柘植から滋賀県甲賀市甲賀町油日へ抜ける、伊賀・近江国境の要路）を守ったのは、伊賀の兵だが、騎兵はいなかったか、少なかったため、田辺小隅の軍に破れたと思われる。

大海人皇子は、六月二十二日、美濃国安八磨郡（岐阜県安八郡と海津市の一部）の湯沐令の多品治に、「当郡の兵を発《おこ》せ」という知らせを、吉野から派遣した村国男依に、伝えさせている。その令を受けた品治は、不破道（近江・美濃の国境にあり、畿内から東国へ向かう要路）を塞いだ[18]。そして、七月二日、紀阿閉麻呂・三輪子首・置始菟と共に、倭京へ向い、七月五日、莿萩《たらの》野で田辺小隅の軍と戦っている。この倭京へ向った軍には、置始菟の率いる「千余騎」の騎馬隊が含まれていたのだから（倭京から敗走していた大伴吹負の軍は、墨坂で騎馬隊と合流し、再び倭京に攻め入り勝利をおさめた）、多品治の率いる「三千の精兵」に、騎馬隊がいなかったとはいえない。

置始菟の「千余騎」の中に、甲斐の勇者がいて、騎兵として活躍したと、壬申紀は書くが、信濃の兵が参加していたことを、『釈日本紀』は壬申の乱に参加した安斗智徳の日記を引用して、書いている。だから、多品治の率いる「三千の精兵」の中に、信濃の兵（甲斐の黒駒の例から騎兵）も参加していたであろう。桐原健は、多品治が、安斗智徳の日記に書かれている信濃の兵を募兵したと推測しているが、(19)坂本太郎も、多品治は、信濃の同族（国造家が多臣と同族の金刺舎人）とつながりがあったとみている。(1)

いずれにしても、壬申の乱で、大海人皇子の側の騎馬隊が、戦闘において勝利の要因になったことは、水野祐・直木孝次郎が述べている。(20)騎馬に長じていたのは、牧の所在地の人々である。とすれば、古代において、もっともすぐれた騎馬隊は、信濃の兵であった。

天武紀八年二月条に、二年後の天武天皇十年に馬を検校するから、そのための馬を調達して準備せよと詔し、同年十月、軽の市で「装束せる鞍馬《かざりうま》」を検校している。同年八月には、郡卿の「細馬《よきうま》」を迹《と》見駅家《みのうまや》で競走させ、それをみている。また、九年九月九日には、朝妻に行幸し、大山位以下の乗る馬を長柄の杜で観閲し、騎射を行っている。九月九日は、重陽の節句だが、十年十月の軽の市の鞍馬の検校も、小錦位以上は「皆樹の下に列《つらな》り坐《なべ》り」、大山位以下は、「皆親《みづか》ら乗り」、大路を「南より北に行く」とあるから、二年前から準備していた祭儀である。

馬は戦闘用だけでなく儀礼用にも重要だが、このような貴重な馬の生産地が、信濃である。このことが、畿外の中で特に信濃が選ばれた理由ではないかと、私は推測する。

章俊卿の『山堂群書後索』兵門部馬政総論に、「天を行くには竜にしくものはなく、地上を行くには馬にまさるものなし。馬は用兵の根本にして、国の大用なり」とある。古代では、馬の持つ軍事的威力が、勝敗を決した。そのことを、壬申の乱で痛感した天武天皇にとって、伊勢の地とは違った意味で、信濃の地は、現実的な神威の地であった。だから、伊勢神宮の重視と共に、信濃に、都城の建設を計画したと考えられる。

信濃に都城・行宮を造営した意図

信濃に派遣された三野王らは、二カ月余たって、信濃国の地図を上進している。それから一年半ほどたって、行宮造営のための派遣記事が載る。たぶん、都城建設が無理であることがわかって、行宮に変更したのであろう。それにしても、天武天皇の信濃への執着は、異常である。

行宮造営意図について、『日本書紀』は、「蓋《けだ》し、束間温湯《つかまのゆ》に幸《いでま》さむと擬《おも》ほすか」と書く。かつて、私は、この記事について、「信濃の束間の湯まで行こうとするのは、異常です。畿内及びその周辺にも湯治場はいくらでもあります」と述べたが、(21)「束間温湯」に擬せられている浅間や美ヶ原の温泉には、それほどの薬効はない。「束間温湯」は、坂本太郎も書くように、(1)『日本書紀』の編者が、なぜ、信濃に行宮をつくろうとしたのか、推測して書いた地名であり、天武天皇の意志とかかわりあうのは、「束間温湯」ではなく、「信濃行宮」である。

行宮造営は、都城造営とちがって、個人的意図が強いから、書紀編者も、束間の湯をもち出したのであろう。桐原健も、「案外、個人的な、精神面によるものかもしれない」とみているが、(22)その点で注目したいのが、吉野裕子の見解である。(23)

信濃は飛鳥から寅の方、東北になります。私は天武天皇は、火徳、火の君だと思うんです。陰陽五行での法則の中に三合ということがありますが、要するに火徳の君の天武天皇にとって、寅の方はご自分の生気なんです。だから晩年に非常に体力が衰えた時に、自分の生気として、どうしても信濃にもう一つ都を作って、自分の命を長らえようとしたのではないでしょうか。（中略）寅は非常に大事なんです。それともう一つは、諏訪湖は本土の中央です。すると天の中央が北極星とすれば、それに対応する地の中心は、信州です。だから天地同根説からいえば、信濃は大へんに重要な地です。

と述べている。また、

信濃造都と切り離せないのは、大和郡山の新城に使を遣わして都地としての地形をみさせておられることです。その年月日と方位ね。天武十一年に新城をみさせておられるが、天武十一年は壬午《みずのえうま》の年です。飛鳥からみると、そこは真北、つまり子の方です。だから時間で午、方位で子、ここに子午線が描かれるわけです。天武十三年は申の年です。信濃は寅の方ですから、方位で寅、時間で申です。この寅申の組合せは、非常に意味があって、申というのは水の生気、寅は火の生気です。やはりここで水と火、つまり陰陽のバランスがはかられている。天武十一年・十三年、これらの年の、時間と空間において、子午軸をとったり、寅申の関係をとったりしています。ですから、私は、やはりこれは呪術だと思うんです。

とも、述べている。

吉野裕子の「諏訪湖は本土の中央」とみての信濃重視は、賛成できない。当時、現在のような地図上の認識はなく、信濃は「東国」であって、中央は京であり畿内であった。また新城は、前述したような地名ではないから、大和郡山市新木が「新城」ではない。しかし、新しい都城としての建設地を、前述のように解釈すれば、新木と同じ方位にある。

『日本書紀』の天武天皇即位前紀に、「天文・遁甲に能し」と書かれているが、壬申の乱の時、伊賀の横河

（名張川）で、天武天皇は自ら式《ちく》をとって占術を行っており、天武天皇四年には占星台を建てている。信濃への関心は天皇のこの知識が無視できない（この問題については、拙著『天武天皇論（二）』所収の「天武天皇と道教」に詳述した[24]）。畿内と信濃への都城造営調査のために派遣された役人の中には、陰陽師も含まれている。

北山茂夫は、陪都建設のため畿内・信濃に「王を主席とする重い使者群を出している」が、「信濃への遣使には、陰陽師、工匠が欠けている」と、書いている[25]。しかし、『日本書紀』が、「是の日に、三野王・小錦下采女臣筑羅等を信濃に遣はし」と書く「是の日」は、前文の「浄広肆広瀬王・小錦中大伴連安麻呂、及び判官・録事・陰陽師・工匠等を畿内に遣し」た日だから、前文で書いた判官らを、後文で書く必要はないから、略して「等」にしたのである。もし判官以下を伴っていなかったら、地図は上進できなかったろう。畿内に派遣された広瀬王と同じに、信濃へも判官以下を率いた、「王を主席とする重い使者群」が、派遣されたと解すべきである。

「地形を見る」とは、現在の地形調査みたいなものでなく、陰陽師による方位観に立った適地選定であり（勿論工匠らは建設適地かどうかを、現地を見て技術的視点から判断したであろうが）、地図も、陰陽師的視点で利用する面があった。建築のための場所選定では、現在も、方位・家相など、陰陽五行の影響がみられるのだから、天文・遁甲に長じていた天武天皇が、造都の地として選び、造都が無理とわかっても、なお行宮を造ろうとした信濃への執着は、吉野裕子説の視点が、無視できない。

天武天皇十三年の都城調査のため、信濃へ派遣された三野王は、畿内へ派遣された広瀬王には、「浄広肆」という冠位がついているのに、なにも書かれていない。同行の采女臣筑羅は、「小錦下」とあるから、三野王の冠位欠落を、最初からの欠落とすれば、問題である。なぜなら、三野王は、壬申の乱のとき、筑紫大宰であった栗隈王の子の三野王と、宇陀の甘羅村で大海人皇子に従った、美濃（三野）王の、二人いるからである。

『日本書紀』の三野（美濃・弥努・美努）王の登場は、次の十例である。

一、甘羅村を過《す》ぐ（中略）美濃王を徴《め》す。乃ち参赴《まゐ》りて従いまつる（天武天皇元年六月二十四日条）

二、（前略）栗隈王の二の子、三野王・武家王、剣を佩《は》きて側に立ちて退くこと無し（同年六月二十六日条）

三、小紫美濃王・小錦下紀臣訶多麻呂を以て、高市大寺造る司に拝す（同二年十二月十七日条）

四、小紫美濃王・小錦下佐伯連広足を遣して、風神を龍田の立野に祠らしむ（同四年四月十日条）

五、天皇、大極殿に御して、川嶋皇子・忍壁皇子・広瀬王・竹田王・桑田王・三野王（中略）に詔し、帝紀及び上古の諸事を、記し定めしたまふ（同十年三月十七日）

六、小紫三野王及び宮内官大夫等に命して、新城に遣して、其の地形を見しむ。仍りて都つくらむとす（同十一年三月一日条）

七、浄広肆広瀬王、小錦中大伴連安麻呂、（中略）及び判官・録事・陰陽師・工匠等を畿内に遣して、都つくるべき地を視占しめたまふ。是の日に、三野王・小錦下采女臣筑羅等を信濃に遣して、地形を看《み》しめたまふ。是の地に都つくらむするか（同十三年二月二十八日条）

八、三野王等、信濃国の図を進《たてまつ》れり（同十三年閏四月十一日条）

九、宮処王・広瀬王・難波王・竹田王・弥努王を、京および畿内に遣して、各人人夫《おほみたから》の兵を検しめたまふ（同十四年九月十一日条）

十、浄広肆三野王を以て、筑紫大宰率に拝す〈持統天皇八年九月二十二日条〉

「小紫」のつく三野〈美濃〉王と「浄広肆」の三野王は別人だが、五・七・八・九の三野〈弥努〉王は、どちらかわからない。小紫三野王が天武十一年に造都調査に派遣されているので、信濃派遣の三野王も、小紫三野王とみられている〈日本古典文学大系『日本書紀（下）』頭注〉。

三野王は、王でありながら、小紫という諸臣の冠位である。だから、倉本一宏のように、壬申の乱後、王の養子になったので王名を名乗りながらも、冠位は諸王でなく諸臣であったとする見解もある〈倉本一宏も、信濃派遣の王は小紫三野王とみる〉(26)。小紫は後の従三位相当の高官である。しかし、七の場合は小紫の冠位が落ちている。五・九の場合は、他の王もついていないので、最初から記されていなかったのだろうが、七の場合は他の人物についているのに、三野王だけ欠落している。しかし、八の三野王にもついていないのだから、写本の欠落とは考えられない。三野王についていないのは、小紫三野王ときめかねたためであろう〈広瀬王の「浄広肆」も、天武天皇十四年正月からきめられた爵位で、同十三年のこの記事のときには「浄広肆」ではない〉。

このように、信濃派遣の三野王は、小紫三野王と断定できないが、通説のように、天武天皇十一年の造都調査のときの三野王が、小紫三野王だから、信濃造都の調査にも、小紫三野王が派遣されたとみる方が、妥当性がある。

信濃は南北に長い国だが、信濃の方位を陰陽五行の方位観でいえば、寅方位である。吉野裕子もいうように(23)、寅方位は、三合の理でいえば、「火は寅に生ず」で、火徳王天武の生気の地である。相生の理でも、寅方位は火徳王の生気の地になる。天武王朝が火徳であることは、拙稿「火徳王の漢帝国と天武天皇」(27)に詳述した。

火徳王の天武天皇がプランを建て、建設をはじめた新城（後の新益京）の宮地からの寅方位に、三輪山があるから、この山の生気（神霊）を受けるのにふさわしい地に、火徳王の宮室及び新しい都城を建設したとも、考えられる。

寅方位の三輪山の延長上には、伊賀・伊勢・尾張・美濃のそれぞれ一部（なぜか壬申の乱に関係ある土地ばかりである）が位置して、信濃に至るが、信濃が特に選ばれたのは、聖なる山としての寅方位の三輪山と重なったからであろう。坂本太郎のいう(1)「信濃の美しい山川」は、寅方位の視点から、有効性をもつ。

藤原宮の大極殿から、三輪山・香具山・畝傍山・耳成山の山頂が、寅・辰・申・子の方位に、ほぼ位置するのは、偶然ではない。天武天皇十三年三月、天皇が行幸して決めた「宮室之地」は、三輪山だけでなく、大和三山にもかかわる土地を選んだのである。

寅・卯・辰は、木気である。相生の理では「木生火」で、火気を生むのが木気だから、火徳王の生気である。この木気の寅・辰方位に、三輪山と香具山が位置し、卯方位には伊勢神宮がある。天武朝からの伊勢神宮の重視は、この視点からも無視できない。卯方位の伊勢重視の発想が、寅方位の信濃重視となり、信濃に都城（後に行宮）造営を考えたのであろう。

畝傍山は申方位だが、寅と申は、子と午と共に、陰陽五行の基本軸である。だから午方位に耳成山がある。藤原宮を中心として、子午軸の子は耳成山、午は天武・持統陵となり、寅申軸は三輪山と畝傍山となる。寅は木気（東・春）の生だから、旧暦正月の月とされ、冬至から夏至までをいい、申は金気（西・秋）の生で、夏至から冬至までをいう。寅も申も、ものごとのはじめとされるから、例えば諏訪大社の御柱祭も、寅年と申年に行われる。

冬至・夏至の陰陽五行の観点とは逆に、新城の宮室の位置からは、寅方位の三輪山に、夏至の朝日が昇り、夕日は畝傍山の申方位に落ちる。また、冬至の朝日は香具山の辰方位から昇る。日の御子としての天皇即位儀礼の大嘗祭が、冬至に行われるように、実際の冬至重視が、香具山重視となり、木気の香具山と三輪山は、天つ神と国つ神を代表する山となった。そして香具山は高天原の山と観念され、三輪山は出雲とイメージが重ねられたのであろう。だから三輪山とダブルイメージの信濃の神（建御名方神）も、出雲系の神に分類され、大神《おおみわ》の神（大物主神、またの名大国主神）の子とされたのであろう（大神神社には建御名方神も祀られており、『和名抄』には諏訪湖に美和郷が、「神名帖」には水内郡に美和神社がみえる）。

諏訪の神の『日本書紀』の登場は、持統天皇五年八月辛酉（二十三日）条の、

　使者を遣して、竜田風神、信濃の須波、水内等の神を祭らしむ。

である。

吉野裕子は、持統天皇五年の酉月（八月）辛酉（二十三日）の「酉《とり》」も「辛《かのと》」も金気で、相剋の理では、「木は金を剋す」から、木気の風神の折状のため、酉月辛酉日に竜田と信濃の風神を祀ったとみる(28)。この月日には、そのような意味があるのだろう。単に風神の折状のために、竜田の神や信濃の神を祀ったのではないだろう。

風が強いといえば、同じ寅方位でも毛野（群馬県）の方が強い。それなのに、竜田風神と共に信濃の神を祀ったのは、天武天皇の畿外における都城・行宮の造営計画地が、信濃であったためであろう。なぜなら、寅方位の信濃は木気で、火徳王天武の生気であったように、風神も木気で、相生の理では「木は火を生む」

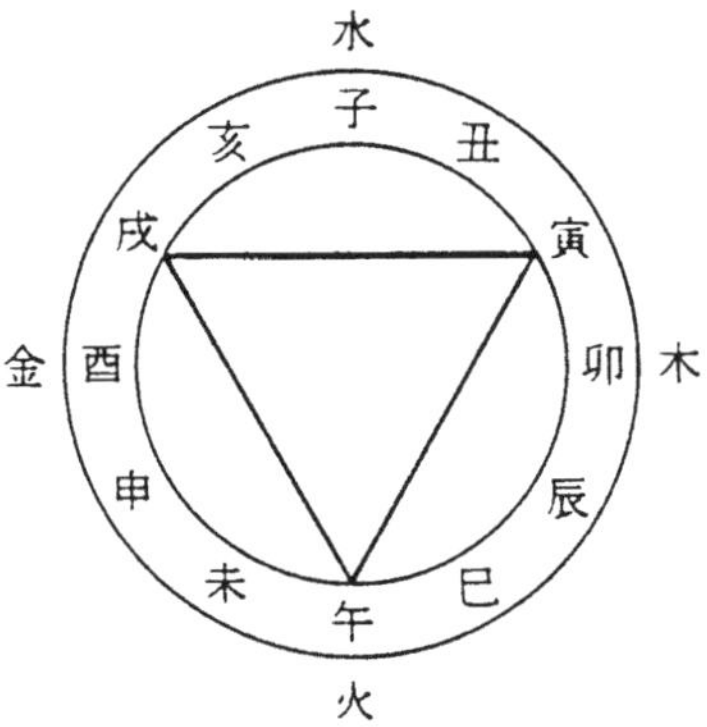

午の三合（火気の三合）
寅…生，午…旺，戌…墓．寅・午・戌の三支はすべて火となる．

で、天武の生気だからである。

この風神は竜田に祀られているが、竜田は新城の宮地からは亥の方位にある。三合の理では、図のように、寅・午・戌は火気・火徳の三合で、寅が生気、午が旺気、戌が墓気となるが、信濃（寅）、飛鳥（午）、竜田（戌）は、方位として、火気・火徳の三合であり、また、戌と辰（龍）は、子と午、寅と申と同じ、対局の軸である。

新益京の宮地は、竜田に対して辰方位であり、この延長線上に大官大寺があり、さらに吉野の宮滝がある。大官大寺は、竜田風神と対である。この大官大寺の造司も竜田の神を最初に祀ったのも、小紫三野（美濃）王である（新益京の大官大寺は、三野王が造司であった大官大寺を持統朝末年に移転したようである）。この三野王が、新城の造都や信濃の造都にもかかわっているのは、偶然とはいえない（信濃の場合は「小紫三野王」の「小紫」が欠けているが、小紫三野王のかかわった仕事からみて、信濃派遣の三野王も小紫三野王のようである）。

新城の地形を小紫三野王に見させたのは、前述したような新城の宮室の位置からみて、三野王が天武天皇と同じように、陰陽五行に長じていたからである。大官大寺の造司に任命されたのもそのためであろう。信濃の造都計画には宗教的意味があったから、三野王が派遣され、三野王が最初に祀った竜田の神と同じ意図で、信濃の神も祀られたのであろう。

古代の大建造物の造営には、宗教的意義がこめられている。天武天皇の信濃造都の発意には、東国経営という現実的意味もあったろうが、造都建設が無理とわかっても、行宮を造ろうとして、信濃に強く執着したのは、信濃の馬や信濃の山川への関心も勿論だが、信濃が、三輪山と共に、火徳王天武にとって、生気の地であったからと考えられる。

〔注〕

（1）坂本太郎「古代史と信濃」「信濃」三一巻九号　一九七九年。『日本古代史叢考』所収　一九八三年　吉川弘文館

（2）北山茂夫「持統天皇論」「立命館法学」一九巻二三号　一九五七年。『日本古代政治史の研究』所収　一九五九年　岩波書店

（3）岸俊男「飛鳥から平城へ」『古代の日本5　近畿』所収　一九七〇年　角川書店

（4）岸俊男「都城と律令国家」『岩波講座日本歴史2　古代2』所収　一九七五年　岩波書店

（5）岸俊男「難波宮と中国都城制」『難波京と古代の大阪』所収　一九八四年　学生社

（6）狩野久・木下正史『飛鳥藤原の都』一二九頁　一九八五年　岩波書店

（7）加藤優「藤原京と藤原宮」『発掘・奈良』所収　一九八四年　至文堂。狩野久・木下正史　注6前掲書　一二六頁

（8）奈良国立文化財研究所『藤原宮木簡・二』解説　一九八〇年

（9）北山茂夫『天武朝』二〇五頁　一九七八年　中央公論社

（10）中止の理由について、川崎庸之（『天武天皇』一三二頁　一九五二年　岩波書店）は、「この年は非常に不作であったため」とみている。五年五月七日条に、「下野国司奏《もう》さく『所部《くにのうち》の百姓、凶年に遇《よ》りて、飢ゑて子を売らむとす』」とあり、六月条に、「是《こ》の夏に、大きに旱《ひでり》す。使を四方に遣して、幣帛《みてぐら》を捧げて、諸の神祇に祈らしむ。亦諸の僧尼を請せて、三宝に祈らしむ。然れども雨ふらず。是に由りて、五穀登《みな》らず。百姓飢ゑ

す」とあるから、私も川崎説を採る。

(11) 「新城」を地名として大和郡山市の新木にあてるのは、たまたま似た地名があったにすぎない。田原本町にも新木があるので、伊藤真二はこの地を新城にしている(「陰陽五行思想の方位と天皇陵」「東アジアの古代文化」二四号　一九八〇年　大和書房)。伊藤真二は書いていないが、文献上の地名としては、田原本町の新木の方が古い。

(12) 川崎庸之『天武天皇』一一四頁　一九五二年　岩波書店

(13) 北山茂夫　注9前掲書　二〇八頁

(14) 金井典美「対談　天武天皇の時代」「東アジアの古代文化」一八号　一九七九年　大和書房

(15) 長山泰孝「畿内制の成立」『古代の日本5　近畿』所収　一九七〇年　角川書店

(16) 大和岩雄『日本古代試論』五二八頁〜五三八頁　一九七四年　大和書房

(17) 水野祐『古墳と帰化人』二六一頁　一九七二年　雄山閣出版

(18) 『日本書紀』持統天皇十年八月二十五日条に、「直広壱を以て、多臣品治に授けたまふ。并て物賜ふ。元より従ひたてまつれる功と、堅く関を守れる事を褒《ほ》美たまふとなり」と書かれている。「関」とは、不破の関である。

(19) 桐原健『信濃』一八九頁　一九七一年　学生社

(20) 水野祐　注17前掲書　二六一頁。直木孝次郎『壬申の乱』一七七頁　一九六一年　塙書房

(21) 金井典美　注14対談

(22) 桐原健「天武天皇と東間行宮」「東アジアの古代文化」四〇号　一九八四年　大和書房

(23) 吉野裕子　注14対談

(24) 大和岩雄「天武天皇と道教」『天武天皇論(二)』所収　一九八七年　大和書房

(25) 北山茂夫　注9前掲書　二〇七頁

(26) 倉本一宏「美濃王にみる乱世における地方豪族の出世の方法」「歴史読本」臨時増刊　一九八三年　新人物往

来社

（27）大和岩雄「火徳王の漢帝国と天武天皇」注24前掲書所収。天武天皇が自らを漢の高祖に擬していたことは、通説だが、高祖は「赤帝子」といい、漢王朝は「火徳」である。大友皇子の軍は「金」を相言葉にしたと、壬申紀は書くが、相剋の理では「火剋金」で火は金に剋《か》つ。火徳は色は赤、方位は午（南）である。大海人皇子の軍は、壬申の乱で、軍衣に赤色の印をつけ、赤旗をなびかせたと『記』『紀』『万葉集』は書く。大海人皇子が出家して吉野へ入った日も、壬申の挙兵の日も、午の日（壬午《みずのえうま》）である。壬《みずのえ》は水の兄《え》で水と火は、陰陽の対局である。このように壬申の乱についての火・赤・午のこだわりからみても、天武が火徳王であることがわかる。天武の崩御を年を「朱鳥」の年号にしたのも、火徳の色の赤（朱）にかかわらせたのである。改元の日も午の日（戊午《つちのえうま》）を選んでいる。戊は土の兄だが、相生の理では「火生土」である。天武の死は朱鳥元年九月九日だが、この日は丙午《ひのえうま》で、丙は火の兄で、火が重なっている。吉野裕子は、この日が重陽の節句だから、天武天皇の火徳に合わせて、この日を崩御日にしたとみている（「天武天皇崩御における呪術」『日本古代呪術』所収　一九七四年　大和書房）

天武・持統合葬陵も、藤原宮太極殿の午（南）方位にあり、天武の縁者の陵もこの方位にあるので、聖なるラインともいわれているが、このような火徳王へのかかわりの強さからみても、寅方位にある信濃への天武天皇の執着は、陰陽五行の視点から考える必要がある。

（28）吉野裕子『陰陽五行と日本の民俗』一五六頁　一九八三年　人文書院

諏訪大社と古代ヤマト王権

信濃の神と竜田風神の祭祀

『日本書紀』持統天皇五年八月二十三日条に、「使者を遣して、竜田風神、信濃の須波、水内等の神を祭らしむ」とある。この記事について宮地直一は、竜田風神は広瀬大忌神と共にこの年も例年のように四月と七月に祭られているにもかかわらず、さらに八月、信濃の神と共に三回目の祭祀が行われているので、理由として、「此歳は四月から六月にわたり陰雨止まず、頗る天候の調節を失した丶め畿内の諸寺をして誦経せしめ、又天下に大赦する等非常の御沙汰を見たので、是等の事情を綜合」して、この年の天候不順が原因と推測している。(1) 吉野裕子も宮地説を採る。(2)

問題は、なぜ信濃の神が竜田の神と共に祀られたかである。吉野裕子は、諏訪の地が国土の中央とみられていたことをあげるが、(2) 諏訪を国土の中央とする認識は、現在の日本地図を拡げてのものであって、当時、諏訪を中央とみた文献はまったくない。養老五年（七二一）六月、信濃国を分けて諏訪国がつくられたが〈天平三年〈七三一〉に廃止されている〉、諏訪国は「諸流配処」の辺境であった（『続日本紀』神亀元年〈七二四〉三月庚申条）。

宮地直一は「近畿の諸大社を擱いて、遥々と遠国の信濃」の辺境の神が祀られた理由について、「行宮の所在国たる事由が重きをなしたのではあるまいか」と推測する。[3]「行宮の所在国」とは、『日本書紀』天武天皇十四年十月十日条の、次のような記事を受けたものである。

軽部朝臣足瀬・高田首新家・荒田尾連麻呂を信濃に遣して、行宮を造らしむ。蓋《けだ》し、束間温湯に幸《いでま》さむと擬《おも》ほすか。

しかし、実は行宮造営の前に都城造営計画があった。天武天皇十三年二月二十八日条に、

三野王・小錦下采女臣筑羅等を信濃に遣して、地形を看《み》しめたまふ。是の地に都つくらむとするか。

とあり、同年閏四月十一日条には、

三野王等、信濃国の図《かた》を進《たてまつ》れり。

とある。

行宮は都城造営計画の延長上にある。このような天武天皇の信濃の地への執着が、持統天皇五年の信濃の神の祭祀になったことについては、「天武天皇と信濃――なぜ信濃に都城・行宮を造営しようとしたか――」に詳述したが、信濃の神の祭祀が信濃の都城・行宮計画の延長上にある以上、この祭祀は単なる思いつきではなく、持統朝の神祇政策によるものであろう。したがって、ここではまず、信濃の神と共に祀られた竜田風神の性格を検討する必要がある。

『日本書紀』の天武天皇四年四月十日条に、

小柴美濃王・小錦下佐伯連広足を遣して、風神を竜田の立野に祠らしむ。

とある（小柴美濃王は、信濃の都城造営調査に派遣された三野王と同一人物とみられる。なぜ同じ人が派遣された

かについては九四頁参照）。この記事は、前述の諏訪や水内の神を祀ったという記事とは性格を異にする。前述の記事では、いままで祀られていた諏訪と水内の神に持統天皇が使者を派遣したのだが、この記事では、使者を派遣して「竜田の立野」の地（奈良県生駒郡三郷町立野）に「風神」を新しく祀ったのであり、こうした書き方は、「風神」が中国の「風伯」の性格をもつ新しい神であったことによるものと思われる。
『風俗通儀』の「風伯」の項によれば、古代中国で風伯（風神）を丙戌《ひのえいぬ》の日に西北に祀ったのは、火は金に勝ち、木と為す相だからである。竜田立野は飛鳥の西北の位置にある。陰陽五行では、干支の「丙戌」は五行の「火」、方位の西北（戌亥）は「金」である。相剋の理では、「火剋金《かこくきん》」（火は金に剋《か》つ）、「金剋木《きんこくもく》」だから、「火は金に勝ち、木と為す相」なのである。「風」は九星の象意で「四緑木星」である。四緑木星の方位は辰巳（東南）で、易の「巽宮《そんきゅう》」にあたるが、巽宮に対する「乾宮《けんきゅう》」は、九星では「六白金星」、五行では「金」、方位は「戌亥」である。つまり、木気の風を鎮めるのが乾宮である（金剋木）。竜田風神祭の祝詞に「荒しき風」とある風神を鎮めるため、飛鳥の西北の竜田立野に風伯が祀られたと考えられる。

　風神を竜田立野に祀る記事につづいて、

　小錦中間人連《はしひとのむらじ》大蓋《おおふた》・大山中曽禰《そね》連韓犬《からいぬ》を遣して、大忌神を広瀬の河曲《かはわ》に祭らしむ。

とあるが、「広瀬の河曲」は大和川と飛鳥川・曽我川・高田川の合流地（奈良県北葛城郡河合町川合）で、飛鳥からの方局は北（丑・子・亥の方位）にあたり、気は水気である。すなわち「大忌神」は風神に対する水（河）伯である。易の八卦図では、竜田の神は風《ふう》・巽《そん》、広瀬の神は水（雨）・坎《かん》であり、風☴と水☵は、

という卦で、対だから、風伯（竜田）・水伯（広瀬）がセットで祀られたと考えられる。『延喜式』の広瀬大忌祭の祝詞や『令義解』の神祇令大忌祭によれば、広瀬の大忌祭は、山谷の水が「甘水《あまきみず》」となって水田をうるおし五穀を稔らせることを祈る祭であり、広瀬の神は水神・河神である。

三谷栄一も、竜田・広瀬の神の祭祀は「四年正月の占星台建設の思潮とは何らかの関係があるのではあるまいか」と書いているが(4)、前述した竜田立野や広瀬河曲の位置からして、占星台の建設と無関係ではなかろう。

以上述べたように、竜田・広瀬の祭祀は他の神社祭祀とやや発想を異にするが、この竜田風神の祭祀と共に行われた「須波」や「水内」の神の祭祀は、単に古くから信仰されていた信濃の神々を祀ったというだけではなく、陰陽五行思想の入った新しい神祇政策や風伯信仰にもとづくものであったと推測できる。

諏訪大社の風神祭祀

持統天皇五年に竜田の風神と共に祀られた信濃の神について、本居宣長は、須波の神を「神名帳」の諏訪郡「南方刀美神社二座名神大」、水内の神を水内郡「建御名方富命彦神別神社名神大」とみる（『古事記伝』）。この比定は通説化しているが、どちらも祭神は『古事記』の建御名方神だから、宣長は、建御名方神を風神とみる。金井典美は、同五年の記事の「水内等神」を写本の誤記とし、「信濃の須波の蛟《みづち》の神等を祭らしむ」と訓み、諏訪の蛟神（水神・蛇神）を祀ったとみる(5)。

この誤記説には賛成できない。諏訪と水内の二カ所に勅使を派遣したとみるべきだろう。『延喜式』に水内郡にも、諏訪の建御名方神を祀る名神大社が載るから、諏訪と水内の神を竜田の神と同じ風伯神として祀ったと、私は推測したい。

諏訪の建御名方神が風神とみられた例としては、文永・弘安役（元寇）に際し、大風によって敵船を沈めるために伊勢神宮の風宮と諏訪大社に勅使がたったことがあげられるが（『太平記』巻三十九）、伊勢の場合は内・外宮境内の風宮（内宮は「風日祈宮《かぜひのみのみや》」という）であるのに対し、諏訪大社の場合は本社そのものに祈願がなされている。

本居宣長は『古事記伝』で、諏訪神が風神である例として、源俊頼の「信濃なる岐蘇路《きそぢ》の桜咲にけり、風の祝《はふり》にすきまあらすな」という歌をあげ、この歌について、平安末期の藤原清輔の『袋冊（草）子』に書かれた、次の解説を載せている。

是は信濃ノ国はきはめて風早き所なれば、諏訪ノ明神の社に、風ノ祝と云物を置て、春の始メに深く物に籠居《コモリヰ》て祝して、百日の間尊重するなり。さて其年凡そ風静にて、農業のため吉なり。それにおのづからすきまもあり、日ノ光も見せつれば、風をさまらずと云《イフ》、其意なり。

御射山祭の古絵図（『諏訪史・第二巻後編』付録の第5図、神宮寺区蔵）では、諏訪大社の神官、いわゆる五官祝（神長官・禰宜大夫・権祝・擬祝・副祝）の穂屋より四倍ほど大きい穂屋が中央に描かれていて、「風祝御庵」と記されている。この絵図には大祝の庵がないから、大祝＝風祝とみてよかろう。金井典美は「御射山祭のさいは、大祝が風祭の性格をおびて神事を行なっていた」とみているが(6)、御射山祭の神木の近くで薙鎌が発見されていることからも、御射山祭には風祭の性格がある。

御射山祭は鎌倉幕府主催の祭であった。大祝を風祝としてこの祭が行われたのは、持統朝以来の官祭としての性格によるものであり、元寇のとき伊勢の風宮と共に勅使が派遣されたのも、風神＝諏訪神、風祝＝大祝とみてのことであろう。平安末期の風祝の歌や解説も、そのことを示している。

藤原清輔は、諏訪に「風祝」のいる理由として、「信濃国はきはめて風早き所」と書く。だが、宮地直一は、気象学者の藤原咲平の調査を引用し、前橋付近は平均風速が五・二メートルであるのに対し、松本付近は三・四メートルで、諏訪はもっと弱いから、風早き地ではないとする。にもかかわらず「風祝」がいることについて宮地は、上州などの風早き地の信仰が関東一円に拡がり、諏訪に入ったためとみるが、(7) 諏訪の信仰は、他へ普及することはあっても、他の地方の信仰を簡単に受け入れない頑固さがあった。したがって宮地説には賛成できないが、中央政権によるものなら受け入れざるをえなかったにちがいない。諏訪の神を竜田の風神と共に中央政権が祀るようになって、はじめて諏訪に風伯信仰が入ったと考えてよかろう。

諏訪大社では、春秋の遷座祭の行列の先頭に薙鎌《なぎかま》を持つ人物が二人立ち、六年に一度の御柱祭のときには御柱用材（神木）に薙鎌を打込む儀式をする（『綜合日本民俗語彙』）。また、古くは御柱祭の前年に信濃国中の末社に鉄製の薙鎌を贈る神事があった（今は近隣の上・下伊那郡の各神社が御柱祭の当年に薙鎌を譲り受けるだけとなっている）。『諏訪大明神画詞』にも薙鎌は御神宝の一つとして記されている。長野県には、諏訪大社の神宝の薙鎌を擬し、各自、家の鎌を竿の先に結びつけて屋根棟に立て、風を鎮める習俗があった（宮坂清通「諏訪上社御射山祭について」『古諏訪の祭祀と氏族』所収）。この薙鎌は風を薙ぐ（和《な》ぐ）ものと解されているが、なぜ鎌でなければならないのだろうか。

薙鎌は木に打ち込まれる。『綜合日本民俗語彙』（巻三）は薙鎌について、「信州諏訪の信仰に併う古くからの式で、木に鎌を打込むものである。時として老木の幹から異形の刃物が現れることがあるのはこのためである」と書く。金井典美も「風を和《な》く鎌」で、霧ヶ峯の旧御射山遺跡の薙鎌出土地は、古来ご神木として保護されてきた小梨の老木や石祠に近いあたりであったとし、こうした祭祀を忠実に残している例として、能登半島のつけ根にある羽咋市の近くの鎌宮諏訪神社をあげ、「神社といっても、御射山とおなじように、神域のなかに社殿らしいものは何もなく、ただ中央に空を覆いかくすように枝葉のうっそうと茂ったタブの老木が一本、標縄をめぐらせて祀られている。しかもこのご神木の幹には、鉄鎌が切先を外にして、至るところに打ちこまれ、古いものは樹皮がすっぽりと鎌の身を包んで、単なる突起に化しているものもあれば、尖端のみわずかにのぞかせているものもある」と、書いている(8)。

長野県北安曇郡小谷村は新潟県との県境にあるが、今でも諏訪大社の神職が薙鎌二振りを持ってその地におもむき、小谷旧七カ村の末社を総括する大宮諏訪神社に奉納、翌日、県境の末社の樹齢数百年を越える神木に薙鎌を打ち込む神事を行っている。

なぜこのような神事が行われるのであろうか。鎌については、風を切るという発想がある。「風切鎌」について『綜合日本民俗語彙』(巻一)は、「強風が吹いてくると、草刈鎌を屋根の上とか竿の先に縛りつける習俗。東北から中国地方にかけてひろく分布するが、こうすると風は弱まると伝え、鎌に血がついていたという故老談もある。強風を何者かのしわざと考えていたのである」と書くが、井本栄一は「風神考――ユーラシアの神話から――」で、「スコットランド高地人は風に向かってナイフを投げ、エストニア人は風を鎌で切りつける。ドイツ・スラヴ・エストニア人は風にナイフを投げかけると、ナイフは風の血で赤くなるという」と書く(9)。特に最後の話は、鎌に血がつくという古老談と共通している。

しかし、薙鎌を木に打ち込むということは、風を切るという世界共通の発想と異なっている。それは、この神事が風伯に対する陰陽五行の思想にもとづくものだからである。相剋の理では「金剋木」である。金気は金属、刃物であり、木は金気（斧・鋸）によって倒される。刃物のなかから特に鎌が選ばれたのは、風切鎌の習俗が古くからあったからであろう（長野県の風切鎌を屋根に立てる習俗は、諏訪大社の神宝の薙鎌を擬したものといわれているが、この習俗では、薙鎌神事の「金剋木」の思想は無視されているから、古い習俗を薙鎌神事に仮託したものである）。

金気は方位では西北である。飛鳥の西北にある法隆寺五重塔の相輪には、二本の鎌が差し込んである。塔も一種の柱であり、したがってこの場合、御柱の神木に薙鎌を打ち込むのと同じく、柱木を風神（風は木気）にみたてている。竜田の風神を天御柱命・国御柱命というのも、そのことを証している。この御柱命については、伊弉諾尊が地上の天照大神を「天柱《あめのみはしら》を以て天上にあぐ」（『日本書紀』）とある柱、すなわち天と地をつなぐ柱とみるのが通説だが、それが風神の名になっていることについては、天と地をつなぐ柱と天地の間を通う風神とが同じだからとする説（新井白石『古代通』）、天と地をつなぐ風がおこす竜巻を御柱命と名づけたとみる説（次田潤『祝詞講義』）などがある。

しかし、竜田風神祭の祝詞には、

天《あめ》の下の公民《おほみたから》の作り作る物を、悪しき風荒き水に相《あ》はせつつ、成したまはず傷《そこな》へるは、我が御名《みな》は天の御柱の命・国の御柱の命。

とある。御柱命はここでは、風害・水害をおこして公民の作物を傷ふ悪神（悪しき風）、荒風（荒き水）、つまり台風を意味している。台風は木気だから、柱に具象化されて神名となったのである。もちろん、柱が神の依代であることは、神の数を一柱・二柱ということから明らかだが、竜田風神の御柱命に限っては、陰陽五行の風が木気であるためと考えられる。

この風伯に勝つのは「金剋木」の金であり、だからこそ、飛鳥からみて金の方位（西北・戌亥）に風伯が祀られたのである。法隆寺の五重塔に鎌が差し込まれているように、竜田風神の御柱にも古くは鎌が打ち込まれていたかもしれない。神木の「御柱《おんはしら》」に薙鎌を打ち込む神事を伴う諏訪の御柱祭についても、竜田風神の「天御柱命・国御柱命」の視点から考えてみる必要があるのではなかろうか。もちろん、御柱祭にはいろいろな性格が入っているが（たとえば一本でなく四隅に四本立てる）、風伯信仰という視点は無視できないであろう。

持統天皇五年に竜田の風神と信濃の神を祀った月日は「酉《とり》月辛酉《かのととり》日」だが、「酉」は金気の正位、「辛」も十干の金気の正位だから、金気の最も旺んな（正位は生・旺・墓の三合の旺気）月と日が選ばれたことになる。そして、このような風鎮めの「金剋木」の思想によって勅使が派遣されている以上、諏訪の神の官祭は風伯祭祀であったにちがいない。

宮地直一は諏訪大社の風神祭祀について、「笠無神事の名の許に、国司祭と結んで、長く形式を保留していたところを見ると、文献上の徴証こそ甚だ薄弱であるとはいえ、曽ては威力を振って、実生活に深い交渉を繋ぎつつあった経過を想定しなければなるまい」と書いている。[1] しかし、「実生活に深い交渉を繋ぎつつあった」のではなく、事実はその逆であった。この神事は、『旧記』などによれば、国司が派遣した「行烈《きようれん》師《し》」によって行われていた。中世に入ると、地元の人々は本来「風無」であったのを「笠無」と呼ぶようになるが、「風」が「笠」になったのは、この祭が彼らの「実生活に深い交渉を繋」いでいなかったからであろう。風神祭祀はあくまでも国司の祭祀であり、諏訪人の祭祀ではなかったのである。

このような官祭のときだけ風神祭祀が行われたのは、鎌倉幕府主催の官祭御射山祭の大祝の穂屋が「風祝御庵」と呼ばれたことからも証される。しかし天正年間（一五七三年〜九二年）の御射山祭の古図には「昔、風祝御庵」とあり、官祭でなくなると共に「風祝」もなくなったことがわかる。薙鎌だけが官祭の風神祭祀の名残りとして今も残っているのは、風切鎌の習俗と同化したからであろう。

天武・持統天皇と信濃

風神を竜田立野に祀ったのも、薙鎌を木に打ち込むのも、陰陽五行の「金剋木」の風鎮めの呪術であることは前述したが、一方この相剋の理には「火剋金」がある。竜田立野が「金」なら、方位として飛鳥は「火」である。

天武王朝が「火徳」であることは別に書いたが[10]、天武天皇が自らを漢の高祖に擬していたことは通説である。高祖は「赤帝子」と呼ばれ、漢王朝は「火徳」である。大友皇子の軍は「金」を相言葉にしたと壬申紀は書くが、相剋の理において火は金に剋《か》つ。火徳の色は赤、方位は午（南）だから、壬申の乱に際して大海人皇子の軍は、軍衣に赤色の印をつけ、赤旗をなびかせた（『古事記』『日本書紀』『万葉集』）。また大海人皇子が出家して吉野に入った日も、壬申の乱の挙兵の日も、午の日（壬午《みずのえうま》）である。壬申の乱における、このような火・赤・午へのこだわりからみても、天武天皇が火徳王を自認していたことがわかる。

天武天皇の崩御の年を「朱鳥」の年号にしたのも、火徳の色の赤（朱）とのかかわりからであり、改元の日も午の日（戊午《つちのえうま》）が選ばれている。戊は「土の兄《つちのえ》」だが、相生の理では「火生土」となる。また、天武・持統合葬陵も藤原宮大極殿の午（南）方位に造営され、天武天皇の縁者の陵も、この方位に造られた。いわゆる「聖なるライン」の成立である。そして、このような火徳王へのかかわりの強さからみても、信濃への天武天皇の執着は、陰陽五行の視点から考える必要がある。

三合の理では、午（火気・火徳・火星）の三合は、九四頁の図のように、寅が生気、午が旺気、戌が墓気となり、寅・午・戌はすべて火気・火徳となる。信濃の方位も同じ火気の寅であり、火徳王の生気である（午の旺気は飛鳥、戌の墓気は竜田である）。

すべての生物および事象、つまり森羅万象は、生まれ、旺《さか》んに生き、死ぬ。始めがなければ旺んはなく、旺んには終わりがある。こうした生・旺・墓は輪廻《りんね》であり、終わりは始めだと観念されている。

天武天皇の最終的な都城計画は、持統天皇によって新益（藤原）京として完成した。この宮の大極殿の寅方位に三輪山があるが、その延長線は伊賀・伊勢・尾張・美濃の一部（なぜか壬申の乱にゆかりの地ばかりである）を通って信濃に至る。易の八卦では、この方位は「山《さん》」だから「山」にふさわしい土地として信濃が重視されたものと思われる。景行紀には、

> 日本武尊、信濃に進入《いでま》しぬ。是《こ》の国は、山高く谷幽《ふか》し。翠《あを》き嶺万重《たけとほくかさな》れり。人杖をつかひて升《のぼ》り難《がた》し。巌嶮《さが》しく磴《かけはし》めぐりて、長《たか》き峯数千、馬なづみて進《ゆ》かず。然《しか》るに日本武尊、烟を披《わ》け、霧を凌《しの》ぎて、遥《はるか》に大山《みたけ》を径《わた》りたまふ。

とある。このような信濃の地は、吉野に住んでいたことのある天武・持統天皇にとってまさに神仙境であったかもしれない（私は『日本古代試論』では、天武天皇の側近で壬申の乱のときまっさきに美濃から挙兵した多品《おおのほむ》治《じ》が、信濃国造と同族であることや、壬申の乱での信濃の騎兵の活躍などから、天皇は信濃に関心をもち、都を信

濃につくろうと計画したと推定したが、坂本太郎も『日本古代史叢考』で、多品治や同族の信濃の国造や金刺氏と、天武天皇の関係を推測している。たしかに、こうした人間関係も無視できないが、それだけでなく、信濃の地の呪術性も加えるべきだと思う)。

『日本書紀』の天武天皇即位前紀に、天皇は「天文・遁甲《どんかふ》に能《よ》し」と書かれているが、壬申の乱のとき天武は伊賀の横河(名張川)で自ら式《ちく》をとって占術を行っており、天武天皇四年には占星台を建てている。信濃への関心については天皇のこの知識が無視できない(「天武天皇と道教」の問題については、拙著『天武天皇論(一)』に書いた(10))。畿内と信濃への都城造営調査のため、天武天皇十三年二月に派遣された役人のなかには、陰陽師が含まれている(信濃派遣記事は、前文の畿内派遣記事をうけているため、判官以下を略している。だが信濃の地形を見て地図を提出しているのだから、陰陽師は当然参加していたはずである。当時の地形調査や地図は、陰陽五行による適地の調査であった)。

火徳王朝のために天武天皇によって計画・造営された新しい都城(藤原京)の位置からみて、信濃国にあたる生気の地は、大和国では三輪山だが、この地も易の「山《さん》」である。この事実からも、三輪と信濃は重なる。大和における午(火気)の三合は、三輪山(生)、藤原宮(旺)、竜田立野(墓)である。しかし、三合の理だけで新しい都城の地がきめられたわけではない。

相生の理では「木生火」で、木気は火気・火徳にとって生気になるが、この方位は寅・卯・辰である。寅は三輪山、卯は伊勢神宮、辰は香具山である。香具山に「天」がつけられ「天香具山」と呼ばれ、高天原と観念されたのは、藤原京大極殿からみて冬至の朝日の昇る方位にあたるからだが(天皇の即位儀礼も中国の皇帝の祭天儀礼も冬至に行われる)、新たに天香具山が登場したため、本来三輪山にあった「天地諸神及天皇霊」（『日本書紀』敏達天皇十年二月条）のうち、「天」の諸神は天香具山、「天皇霊」は伊勢神宮（内宮）に分離し（『日本書紀』は三輪山麓の磯城宮、『倭姫命世記』は三輪山頂に祀っていた皇祖神を倭姫が伊勢へ遷したと書く）、三輪山は「地」の諸神の山となった。

信濃の神は、この三輪山の神の神格と、天武朝で新しく祀られた竜田・広瀬の神の神格を付与された神として、持統天皇五年に勅使派遣を受けることになったのであろう。三合の理でいえば、戌方位の竜田の神と共に、寅方位にある三輪の神を祀ればよかったにもかかわらず、わざわざ信濃の神を祀ったのは、信濃が伊勢と一対のものとして意識されたからであろう。それは、信濃の神を祭祀した翌年、天皇が伊勢に行幸していることからも推測できる。

この伊勢行幸に対しては、三輪高市麻呂が農繁期を理由に中止を諫言している。最初は文書と口頭で抗議したが、聞き入れられないため、次には冠を天皇に返上して反対した。時期が農繁期直前の旧暦三月上旬だから、反対の理由として一見筋は通っているが、一人だけの激しい反対だったことからみて、本心は「天地諸神及天皇霊」の三輪山の祭祀を無視して伊勢行幸を決行することへの反対だったにちがいない。しかしこのような反対をおしきって天皇は行幸を決行した。それは天つ神・国つ神の代表神として天照大神・大国主神の神名を創出した机上プランの神統譜にもとづいて、新しい神祇政策を実行するためであり、同時に、持統天皇と天照大神の一体化を意図したものであった。

信濃は伊勢の対だから、新しい神統譜において信濃の神は三輪の神（大物主神は新しくつくられた大国主神の別名とされた）の子ということになっている。このような信濃の位置づけは、火徳王朝のための造都の位置と無関係ではない（天武朝の新しい都城の地形調査を行ったのは、竜田立野の風神を最初に祀り信濃の都城調査をした小柴美濃〈三野〉王である)。しかし平城京へ遷都したあとは、信濃は特別の意味をもたなくなった。だから『日本書紀』の編者は、信濃に都城・行宮を造営しようとした意図がつかめなかった。彼らにとっての信濃は「山高く谷幽《ふか》い」異境でしかなかったから、彼らなりの理由づけを、「蓋《けだ》し、束間温湯に幸さむとおもほすか」と、付記したのであろう。

諏訪神の神階昇位の理由

『日本書紀』の持統天皇五年八月二十三日条の、竜田風神と諏訪・水内の神の祭祀は、王権祭祀に影響を与えた陰陽五行思想の風伯信仰による祭祀記事である。

竜田風神祭祀は、天武紀・持統紀のみに異常なほど記されているのは、天武・持統天皇の個人的意図が強い祭祀だったからである。その延長上に信濃の諏訪と水内の神の祭祀が行われた。しかし、持統天皇の死と共に、信濃の神は忘れられていった。

諏訪神重視は一過性のものであったから、仁明天皇の承和九年(八四二)五月に、南方刀美神が従五位下の位階をうけるまで、諏訪神は「無位」であった。同じ年に陸奥国柴田郡の大高山神(宮城県柴田郡大河原町の大高山神社)が、やはり無位から従五位下になっていることからみても、諏訪神は持統朝の官祭以降は、無視されていたのである。

陸奥の大高山神については、その後叙任の記事はみあたらないが、諏訪大社は、承和九年(八四二)十月に八坂刀売神が無位から従五位下となり、嘉祥三年(八五〇)には南方刀美神・八坂刀売神がともに従五位上、仁寿元年（八五一）従三位、貞観元年（八五九）正月に建御名方富命が従二位、八坂刀売命が正三位、さらに同年二月には正二位と従二位に上り、貞観九年（八六七）に従一位と正二位、天慶三年（九四〇）に正一位と従一位、承保元年（一〇七四）には八坂刀売神も正一位となっている。

嘉祥三年（八五〇）に従五位下になって、翌年一挙に従三位、さらに、貞観九年（八六七）には従一位まで、南方刀美（建御名方富）命はあがっている。この十七年間の急激な神位の上昇は、異例である。理由は、この時期に、宮廷に仕えていた科野国造の一族で、諏訪郡出身の金刺舎人貞長が、神位をあげるのに活躍したからであろう。

『三代実録』貞観五年（八六三）九月五日条に、

信濃国諏方郡人右近衛将監正六位上金刺舎人貞長、賜㆓姓太朝臣㆒是神八井耳之苗裔也。

とある。右近衛将監の役は、宮廷でも天皇の近習であり、故郷の諏訪神の位階をあげるための活動に、好適の役職である。

貞観元年正月二十七日の『三代実録』に、

信濃国正三位勲八等建御名方富命神従二位。従三位建御名方富命前八坂刀売命神正三位。

とあるが、この日に神階があがった他の神社とくらべてみよう。

大和では、従一位に大神《おおみわ》大物主神、大和《おおやまと》大国魂神、石上神、高鴨神。従二位に葛木一言主神などが載るが、持統天皇五年に諏訪の神と共に勅使が派遣された竜田神は従三位で、諏訪のヒメ神の正三位より低い。大和の多氏の氏神、多坐弥志理都比古《みしりつひこ》神も、従三位である。

地方では、従一位は、越前の気比神と能登の気多神で、正二位に、近江の比叡神（日吉神社）、若狭の若狭比古神、肥後の健磐竜命神（阿蘇神社）が載り、諏訪神と同じ従二位には、尾張の熱田神、若狭の若狭比咩神、筑前の田心姫神・湍津姫神・市杵島姫神（宗像神社）、筑後の高良玉垂命神が載る。

そして一カ月後の二月一日に、従一位の大神《おおみわ》大物主神のみ正一位にあがり、二月十一日には、建御名方富命神が正二位、八坂刀売命神が従二位にあがっている。三輪の神と諏訪の神のみが、昇位しているのである。特に二月十一日には、諏訪神と共に、「信濃国従五位下宝宅神従五位上」とある。この神の所在は不明だが、信濃の神のみが昇位していることも、注目される。

『三代実録』の貞観四年三月二十日条に、

信濃国埴科郡大領外従七位上金刺舎人正長。小県郡権少領外正八位下他田舎人藤雄等、並授㆓借外従五位下㆒。

とある。この破格の昇位も、金刺舎人貞長の運動によると考えられる。貞長と正長は、兄弟かもしれない。貞長は、『三代実録』貞観八年正月七日条に、「太朝臣貞長、外従五位下」とあり、貞観九年正月条には、「外従五位下太朝臣貞長、為㆓参河介㆒」とある。貞観十一年四月二十三日条には、

外従五位下太朝臣貞長為㆓参河介㆒、貞長、九年正月任㆓参河介㆒。以㆓母憂㆒去㆑職。今詔起㆑之。

とある。

貞長は、「諏訪郡人」とあり、地方出身だから、官位に「外」がつく。だから、母の病気で職を去って、京都へ戻ったのでなく、母の居る諏訪へ帰ったのであろう。

彼は、母の病気で、中央で得た官職まで辞すほどだから、故郷への愛着は強かっただろう。例えば、貞観八年二月二日条に、

信濃国伊奈郡寂光寺、筑摩郡錦織寺、更級郡安養寺、埴科郡屋代寺、佐久郡妙楽寺、並預二之定額一。とある。定額寺《じょうがく》は、大寺・国分寺などの官寺に準ずる寺で、国司が修造の責任をもつ格式の高い寺である。この定額寺にするため運動したのも、貞長だろう。貞長の参河介の任官は、信濃の寺が定額寺になった翌年で、この頃彼は、右近衛将監であった。

諏訪神とヤマト王権とのつながりは、天武・持統朝の次は、清和天皇の貞観年間である。天武・持統朝のときは多朝臣品治、清和朝では太朝臣（金刺舎人）貞長が、信濃と宮廷とを結ぶパイプ役を果したのであろう。

諏訪の建御名方神が登場するのは、『古事記』のみである。この『古事記』も、太朝臣安万侶編と序文にあるように、太（多）氏がかかわっている。だから、太氏が諏訪の神を宣伝するため書き入れたのであり（タケミナカタについては「建御名方命と多氏」で詳述する）、信濃及び諏訪の神と、古代ヤマト王権の結びつきは、太（多）氏をぬきには語れない。

〔注〕

（1）宮地直一『諏訪史・第二巻前編』一八四頁　一九三一年　信濃教育会諏訪部会
（2）吉野裕子『陰陽五行と日本の民俗』一五五頁　一九八三年　人文書院
（3）宮地直一　注1前掲書　一八三頁
（4）三谷栄一「竜田・広瀬の神の性格」『古事記成立の研究』所収　一九八〇年　有精堂
（5）金井典美「聖地『諏訪』の神と信仰」『諏訪信仰史』所収　一九八二年　名著出版
（6）金井典美『御射山』一九五頁　一九六八年　学生社

（7）宮地直一　注1前掲書　四二頁〜四三頁
（8）金井典美「風を和《な》ぐ鎌」「アルプ」一八四号　一九七五年　創文社
（9）井本英一「風神考――ユーラシアの神話から――」『境界祭祀空間』所収　一九八五年　河出版社
（10）大和岩雄「火徳王の漢帝国と天武天皇」『天武天皇論（二）』所収　一九八七年　大和書房

信濃の古代中央豪族
――物部氏・大伴氏・蘇我氏――

長野連と芹田物部

古代ヤマト王権の信濃進出に、大連《おおむらじ》の物部氏は無視できない。

『日本書紀』の雄略天皇十三年三月条に、

餌香《えか》の長野邑を以《も》て、物部目大連に賜ふ。

とある。

この地は大阪府藤井寺市国府・惣社一帯に比定されているが、藤井寺市国府には、式内大社の志貴（紀）県主神社があり、惣社明神といわれており、志貴県主神社から西南一キロほどに、式内社の長野神社がある。物部目が賜った長野邑は、河内多氏の志紀県主の本拠地でもある。仲哀天皇の長野陵、允恭天皇の長野原陵は、志紀県主の居る志紀郡の長野で、長野陵は藤井寺市のミサンザイ古墳、長野原陵は同市の市野山古墳に比定されている。

この長野の地名は、長野県の元になった善光寺がある長野郷に移ってきている。「イナ」の地名がイナ部にかかわるように（くわしくは「『イナ』の地名と『イナ部』」参照）、「ナガノ」は長野連にかかわる。河内の長野神社は長野連が祭祀している。『新撰姓氏録』河内国諸蕃の長野連は、魏の司空王昶を祖とする忠意の後裔とあるから、河内の長野に居た渡来系氏族である。右京諸蕃の長野連は、周霊王の太子晋を祖とする忠意の後裔とあり、どちらも中国からの渡来とするが、朝鮮から渡来した秦氏が、始祖を秦始皇帝に結びつけたように、忠意を祖とする朝鮮からの渡来氏族が、河内と右京に分かれて、それぞれ中国人を祖とする系譜を作ったのである。

「長野」地名は、『和名抄』の水内郡芋井郷内にあるが、芋井郷の東に隣接する尾張郷は、前述（六四頁参照）するように、河内の長野のある志紀郡と石川を挟んで隣接する安宿郡の尾張郷から移住して来ている。だから、長野氏と尾張部氏は、一緒に信濃へ進出したのである。尾張部氏も多氏系に入っているが、本来は渡来系氏族であり（六四頁参照）、長野氏と共通する。長野氏も河内多氏の志紀県主の地に居り、科野国造の多氏系氏族とかかわっている。この長野の地を支配していたのが、物部目だから、五世紀後半から六世紀の河内の志紀郡長野の支配構成は、物部氏——志紀県主氏——長野氏であり、尾張部氏も物部氏——志紀県主の配下にいたと考えられる。

物部氏がかかわることは、尾張部氏の居た尾張郷、長野連の居た芋井郷に隣接して芹田郷があることからもいえる。芹田《せむた》は千田《せんた》荘といわれ、現在の長野市の市街地の犀《さい》川北岸に千田という地名があり、中千田・上千田という小字名を残している。『日本地理志料』『大日本地名辞書』『長野県の地名』は、この千田を中心とした犀川右岸東南寄りの沖積地一帯を比定している。太田亮は、芹田郷は「芹田物部と縁故あるか」と書いているが、(1)『旧事本紀』（天神本紀）は、物部氏の始祖饒速日命に随行した天物部二十五部の中に、芹田物部を載せているから、芹田郷にかかわる芹田物部も、長野邑を所領地にしていた物部目大連の配下にいた氏族であろう。

芹田物部と同じ天物部二十五部の中に、肩（交）野物部が居る。『新撰姓氏録』に載る肩野連・物部肩野連は、肩野物部の伴造だが、これらの氏族が祀っていたのが、式内社の片野神社である。片野神社の神領をわけて創建されたのが、山田村（現・枚方市）の山田神社だと、『山之上神社縁起』（山田神社を山之上神社という）は書く。この山田は、『和名抄』の河内国交野郡山田郷だが、『新撰姓氏録』の右京・河内国諸蕃の山田宿禰の本貫地を、太田亮は山田郷に比定している。[2] 右京・河内の長野連は、どちらも「山田宿禰と同じ祖、忠意の後なり」と書く。ということは、長野氏・山田氏が、物部氏の配下の氏族だったので、物部領の長野邑や交野の山田郷に居たのであろう。

山田氏の本貫地を交野の山田とみるのは、『和名抄』に山田郷が載るからだが、私は石川郡の山田に居た山田氏が、交野郡の山田に移ったとみる。和田萃は『日本書紀』に載る安閑天皇の皇后春日山田皇女の名は、旧石川郡山田村春日の「春日山田」に比定している。[3] 山田村は現在太子町に入っているが、この和田説を加藤謙吉は認めて、蘇我倉山田石川麻呂の名は、河内国石川郡山田郷の「山田石川」とみる。だから彼が自害した山田寺のある大和の山田は、「本貫である河内の山田の地名を移したもの」と推論している。[4] なお、石川郡の山田が古い地名である例証として、『法王帝説』の大宝（七〇一年〜七〇四年）以前成立とみられている「五天皇略年譜」の条に載る「川内《かわち》志《し》奈《な》我《が》山田」をあげる。この地は現在の大阪府南河内郡太子町山田だが、この地は「シナノ」地名の原点の「シナガ」の地で、科長神社がある。

山田のある磯長谷は、河内の蘇我氏の本拠地であるが、加藤謙吉が詳述するように、[5] 蘇我氏が大和からこの地に進出したのは、大伴金村失脚後の六世紀中葉から後半である。大伴金村を失脚に追いこんだのは、大連の物部尾輿だが、それを助けたのは大臣の蘇我稲目である。尾輿の娘太媛は稲目の長男馬子の妻であり、この時期は、物部・蘇我両氏は親近関係にあった。だから、物部氏系氏族の居た磯長谷にも蘇我氏系が居住するようになり、六世紀末に物部本宗家が滅びた後は、磯長谷を含めた石川流域は、蘇我氏の支配下に入ったのである。

山田氏の本貫地石川郡山田の形浦山（旧山田村春日）は、天武朝廷に仕えた采女竹良（羅）の墓所だから、犯し穢すことを禁じるという、持統天皇三年十二月二十五日の日付のある「采女氏塋域碑《えいいきひ》」が、江戸時代中期以前に出土している。太田亮は、この塋域碑の出土からみて、采女氏の「本貫地か」と書いているが[2]、采女朝臣は『新撰姓氏録』（右京神別）には、物部氏（石上朝臣）と同祖とあるから、物部氏が居たことの一証になる。采女筑羅は、天武天皇十三年二月二十八日条に、信濃に都を造るための地形調査に、三野王と共に派遣されている。

朝鮮から渡来した忠意を祖とする一族のうち、石川流域の磯長谷の山田に住んだのが本家で、下流の長野に分家が住み、それぞれの地名を姓名にしたのが山田宿禰・長野連と考えられるが、彼らが住んだ石川及び支流域の長野・山田の地は、物部氏の所領地で、河内多氏の志紀県主・紺口県主の本貫地でもあるから、伊那の猪名部氏・弓良氏と同じに（この両氏が、物部氏系であることは、「『イナ』の地名と『イナ部』」で詳述する）、物部氏・多氏と結びついて、水内に進出し、居住地を長野と称した。そのとき多氏系の尾張部氏や芹田物部も進出し、千曲川の西岸に住みついたのであろう。

なお、大連の物部目が雄略天皇から賜ったという「餌香《えか》の長野邑」の地は、物部本宗家が滅びるまで、物部氏の河内の重要拠点であった。大和川と石川が合流する石川下流域を、餌香（恵我）川という。この地は河内から大和へ入る要衝の地で、餌香市ともいう（『日本書紀』顕宗即位前紀）。この要衝の地を物部氏が管掌していたから、物部守屋はこの地で蘇我馬子らの討伐軍と戦っている。『日本書紀』崇峻即位前紀は「餌香川原に斬《ころ》されたる人有り。計《かぞ》ふるに将《まさ》に数百なり」と書く。守屋が討たれて物部本宗家が滅びるまで（用明二年〈五八七〉）、志紀郡長野郷の地は、物部氏の支配下にあったのだから、それ以前に信濃へ移住している長野氏は、物部氏によって信濃へ移住したのであり、芹田物部も長野氏と共に移って来たのだろう。

小県郡跡部郷のアト部氏と物部氏

『旧事本紀』の「天神本紀」によれば、芹田物部は、物部氏の始祖饒速日命の天降りのとき供奉した天物部二十五部の中に入っているが、饒速日命の乗った天磐船の船長・梶取・船子について、

船長　跡部首等祖天津羽原
梶取　阿刀造等祖大麻良
船子　為奈部等祖天都赤星

とあり（船子は、他に倭鍛師・笠縫・曽々笠縫等祖を載せる）、伊那のイナ部も入っている。

ところで、船長の跡部首の跡部も、信濃に居る。科野国造と同祖の阿蘇君の小県郡阿宗郷に隣接して跡部郷がある。『小県郡史』は現小県郡青木村の当郷または丸子町とし、『上田市史』は現上田市の西部・室賀・浦里から青木村の一帯を推定している。『長野県の地名』も、ほぼ『上田市史』の推定を採っている。跡部は阿刀（斗）部とも書き、梶取の阿刀造も跡部の伴造である。『新撰姓氏録』も、阿刀連・阿刀造は物部連

と同祖とある。

跡（阿刀）部の船長・梶取という伝承は、大和川の運行にかかわっていたためである。そのことは、亀井輝一郎が「大和川と物部氏」で、特にアト氏と大和川の関係を重視して詳述している。(6)私も、黒岩重吾と共著の『藤ノ木古墳と六世紀』で、斑鳩とアト氏の関係を詳述した。(7)

こうした職掌のアト氏だから、物部本宗家も特に重視したのであろう。物部守屋は、蘇我馬子との戦いの前に、河内の「阿都《あと》に退《しりぞ》きて人を集聚《あつ》む」と『日本書紀』（用明天皇二年四月二日条）は書き、「阿都《あと》は大連の別業《なりどころ》の在る所の地の名なり」と注している。この阿都は『和名抄』の河内国渋川郡跡部郷（八尾市）で式内社の跡部神社がある（八尾市跡部本町）。神社の東南約一キロの地に守屋の首塚があるのは、『日本書紀』によれば、この地で守屋が討れたためである。そばの小池は守屋首洗いの池と称されている。

守屋の軍はこの「アト」の地だけでなく、もう一つの「アト」の地で戦っている。数百の屍があったという「餌香川原」（長野郷）の対岸の安堂（柏原市安堂町）である。長野郷が物部氏の支配下の地であったのだから、対岸も支配地でなければ大和川の交通はおさえられない。このアト・ナガノの地は、河内から大和へ入る交通の要衝で餌香市といい、河内国府の所在地であった（他のアト地も、八尾の跡部は旧大和川の下流でかつての河内湖の近くにあり、大和の阿堵の地は、『藤ノ木古墳と六世紀』で述べたように、他の河川との合流地の桑市・椿〈海柘榴〉市にあった）。

河内のアト・ナガノ地名がセットなのは、アト氏・ナガノ氏が河川の運行と工事管理にかかわることからもいえる。この地名が、科野国造の行政地の塩田平と、善光寺の所在地にあることは、無視できない。

『日本霊異記』（下巻、第二十二）に信濃国小県郡跡目里の他田舎人《おさだとねり》蝦夷《えびす》の因果応報物語が載る。跡目は跡部の転である。「部」が「目」に転じた例として、池田末則は、奈良県生駒郡安堵村大字笠目は笠部、大和高田市大字勝目は勝部、当地の跡目は跡部、『和名抄』の三河国谷部《はせべ》郷が橋目、相模国渭辺《あまべ》郷が沼目、陸前国余戸《すべ》が余目になっていることをあげる。[8] 他田舎人については、『万葉集』（巻二十・四四〇一）に「国造小県郡他田舎人大島」が載り、科野国造にかかわる。『三代実録』貞観四年（八六二）三月二十日条に、小県郡権少領外正八位下他田舎人藤雄らが外従五位下になったとある。跡目（部）里の他田舎人蝦夷について『日本霊異記』が、「多に財《さわ》宝に富む」と書いているのも、国造の一族で地元の権力者だったからであろう。

　このように、小県郡の跡部は、物部氏系と多氏系にかかわっているのは、伊那郡のイナ部、水内郡の長野氏と共通する。

　貞観九年（八六七）に従三位の神階を受けた馬背神社も、跡部郷にあり、塩原牧の所在地であることからも、跡部は馬にもかかわっている。

小県郡阿宗郷のアソ氏と物部氏

　跡部郷の隣の阿宗（蘇）郷の地名にかかわる阿蘇氏も、物部氏にかかわる。「阿蘇家略系譜」によると、阿蘇国造の直系の武凝人《むぎと》乃君《のきみ》について「軽島豊明大宮朝、為宇治部舎人供奉、因負宇治部公姓」とあり、角足に「阿蘇評督、朱鳥二年二月為評督、改賜姓宇治宿禰」とある。宇治部を軽島豊明大宮朝（応神朝）とするのは、応神天皇の皇子宇治稚郎子《うじのわきいらつこ》（宇遅能和紀郎子）の名代部とみてのことであろう。『日本書紀』に菟道《うじ》（宇治）連が天武天皇十三年（六八四）十二月に、宿禰姓を賜っているから、この記述より後の朱鳥二年（六八七）二月に、宇治宿禰に改姓したと記したのであろう。

宇治宿禰について、『新撰姓氏録』（山城国神別）は、「饒速日命の六世孫、伊香我色雄命《いかがしこを》の後なり」とあるから、阿蘇国造は多氏系の系譜をもつ一方で、物部氏系に系譜をつないでいる。

また、『新撰姓氏録』（和泉国神別）は、阿刀連と宇治部連は、「神饒速日命の六世孫、伊香我色雄命の後なり」と書く。このアト氏のアトベ郷と、ウジベの阿蘇氏のアソ郷が、小県郡では、隣接しているのだから、アソ郷の阿蘇氏と隣のアト部氏が、無関係とはいえない。

なお、猪名部造・為名部首も、後述するように、伊香我色雄命の後裔とあるから、信濃のイナ部はアト部ともかかわる物部氏系とみられる。

『旧事本紀』（「天孫本紀」）は、伊香我色雄命の子の多弁宿禰命を、宇治部連・交野連等の祖と書き、また物部目大連の子の竹連公を、肩野連・宇遅部連等の祖と書き、二つの伝承を載せているが、史実からすると後説を採るべきであろう。物部目大連の所有となったイナ部の伴造が伊香我色雄を祖とするように、物部目の活躍した雄略朝か、直後の五世紀末から六世紀初頭に、宇治（遅）部という御名代部が、物部氏の配下に入ったのが、後説の伝承となり、それが伊香我色雄に結びつけられたのであろう。

阿蘇国造家の本流が宇治部公であるように、武凝人乃君の弟、味吹乃君の系統の馬甘について、「長谷朝倉大宮朝為穴穂部供奉、因負穴穂部直姓」とある（「阿蘇家略系譜」）。穴穂部は『日本書紀』雄略天皇十九年三月条に、「詔して穴穂部を置く」とあるから、雄略朝（長谷朝倉大宮朝）に「穴穂部供奉」と書いたのである。穴穂部は穴穂皇子（安康天皇）の御名代部だが、穴穂は穴太・孔王と書く。『新撰姓氏録』（未定雑姓、河内国）に、孔王部首が載り、「穴穂天皇の後なり」とあるが、この孔王部首の本拠地は、河内国若江郡穴太邑（八尾市穴太）に比定されている。この地は物部氏の河内の本拠地である。穴穂（穴太・孔王）部が物部氏にかかわるから、穴穂部皇子を物部守屋が敏達天皇の後継者に擁立したことは、拙稿(9)で詳述した。

以上述べたように、阿蘇氏の系譜に載る宇治部・穴穂部は、物部氏系だが、一方では、阿蘇君は科野国造と祖を同じにする。このように阿宗郷の阿蘇氏も物部氏と多氏にかかわっている。

『続日本紀』養老七年（七二三）二月条に、常陸国那賀郡大領として、「宇治部直荒山」の名がみえる。この宇治部直は、那珂（賀）国造がなったとみて、例証として那珂国造と同じ多氏系の阿蘇国造が宇治部公であることを、『水戸市史』は栗田寛の説などを紹介して述べている。(10)「直」「公（君）」は、国造の姓だから（阿蘇国造系は前述したように穴穂部直であり、金刺舎人も金刺舎人直と書く）、那珂国造氏が宇治部直になったのだろう。志水正司も、「六、七世紀の常総地方」で、大領宇治部直を多氏系の那珂国造の後身とみている。(11)

太田亮・大場磐雄は、ヤマト王権の常陸から磐城への進出は、多氏系と物部氏系がセットになっているとみているが、(12)鹿島神宮・香取神宮も、中臣・藤原氏に祭祀権を奪われる前は、物部氏と多氏が祭祀権をもっていた。(13)このような関係は九州でもみられる。『日本書紀』の景行天皇の九州征討伝承では、多臣の祖武諸木と物部君の祖夏花が活躍している。

志紀（貴）県主は『新撰姓氏録』によれば、河内と大和と和泉に居る。河内は前述したように多氏系、大和は物部氏系である（『姓氏録』は志貴連と書くが式内社の志貴県主神社を祭祀する）。和泉の場合は志紀県主が多氏系、志貴県主が物部氏系で、志紀と志貴に書き分けて区別している。この「シキ」の例からみても、両氏の重層性が推測できる。

筑摩郡山家郷の物部氏

正倉院が所蔵する調庸白布一巻に、

信濃国筑摩郡山家郷戸主物部東人、戸口小長谷部尼麻呂、調并庸壱端長四丈二尺、広二尺四寸

主当国医師大初位上威上連柑足
郡司大領外正七位上他田舎人国麻呂

天平勝宝四年十月

という墨書銘がある。

山家郷について、『長野県の地名』は、

「和名抄」高山寺本に「山家」と記し、訓を欠く。流布本に「也末無倍」と訓じているので、「やまむべ」と称していたことがわかる。信濃には小県郡にも「山家郷」があるが、これは高山寺本・流布本ともに「也末加」と訓じており、また諏訪郡の「山鹿郷」も「也末加」「也万加」としてあるので「やまか」であることにおいて一致する。この筑摩郡の「山家郷」だけが「やまんべ」と読ませているのは、「古事記」応神記に「此の御世に、海部、山部、山守部、伊勢部を定め賜ひき」とあるのに顧み、松本市弘法山古墳が長野県最古の古墳であり、大和朝廷から派遣された将軍として信濃の開発にあたった大伴氏の墓に比定されていることから、おそらく、それにからめてのものとみたい。

と書いている。(14) 山家郷を大伴氏にかかわるとみるが、この見解は無理である。

まず、応神天皇そのものの実在性が問題であり、応神記の記述は史実とは認められない。また、四世紀中

葉とされる弘法山古墳を、大伴氏の墓に比定することも、古代史の常識からいって成り立たない。この筆者は、神武東征伝承の大伴氏のイメージで、「大和朝廷から派遣された将軍」にしたてているが、四世紀中葉に大和朝廷から派遣されて、信濃の開発にあたったとするのは、空想の域を出ない。山家郷に物部氏が居るのだから、物部氏にかかわる。

『和名抄』の大和国平群郡夜麻郷には山部連がいる。この地は法隆寺のある斑鳩の地だが、法隆寺に献納された命過幡（死後浄土へ行くのを願って行われる命過幡燈法のための幡）の斉明天皇七年（六六一）・天智天皇二年（六六三）の年紀のある幡や、年紀不明の幡に、「山部」「山部連」とある。岸俊男は、命過幡に書かれている山部・山部連は、五世紀後半から夜麻郷に居た氏族とみている。[15]

しかし、『新撰姓氏録』には、山部・山部連は載っていない。岸俊男は、『日本霊異記』（上巻、第四）に、法林（輪）寺の東北の隅（夜麻郷の北端）に、「守部山」があると記すが、この「守部」は「山守部」で、夜麻郷の山部は山守部であったとみる。[15]私もこの説を採る。夜麻郷の南の境の大和川の対岸に、山守郷がある。『新撰姓氏録』（山城国神別）に宇治山守連が載る。山守部連でないのは、延暦四年に「山部」を「山」に改めよという勅令が出たため（『続日本紀』）、「部」をとったからである。山守連について、「饒速日命の六世の孫、伊香我色雄命の後なり」と『姓氏録』は書くから、小県郡の跡部や宇治部と同じである。筑摩の山部（家）郷に物部氏がいるのは、山部・山守部が、物部氏系であったからである。

『和名抄』は、伊勢国員弁《いなべ》郡野（耶）麻郷を載せるが、員弁は猪名部である。新羅系のイナ部が物部氏系に入っていることは、「『イナ』の地名と『イナ部』」で述べるが、同じ物部氏系でも、猪名部造、猪名部首は、山守部と同じに伊香我色雄命の後とある。このイナ部の居住するイナ部郡にヤマ郷があるのだから、このヤマ郷の居住者も、大和のヤマ郷と同じに山守部である。
信濃の場合、山部の「部」を「家」に改めた点で、「部」を取った大和や伊勢の山守部とはちがうが、たぶん、信濃の山守部も、イナ部の統率氏族である物部氏が管掌した「部」であったろう。しかし、物部氏の信濃進出は、五世紀後半以前にもっていくことは無理だから、弘法山古墳の被葬者を、物部氏にするわけにはいかない。

物部氏と諏訪

伊那郡のイナ部やテラ公、水内郡のナガノ連などの渡来氏族が、物部氏系系譜や物部氏と結びつきが強いこと、水内に芹田物部の芹田郷があること。また、物部氏系の跡部、山守部にかかわる地名が、筑摩郡や小県郡にあることからみても、物部氏と信濃のかかわりが推測できる。『神長守矢氏系譜』の武麿の添書に、次のように書かれている。

三十一代用明天皇御宇物部守屋大連、為国殞身河内国渋川館児孫逃匿葦原或逃、亡長子雄君入美濃、次子武麿入于信濃洲羽来弖娶神氏女嗣長職。

この記述は、物部氏の家記『旧事本紀』の「天孫本紀」に載る物部麻佐良連公について、

泊瀬列城宮御宇天皇（武烈天皇）御世、為二大連一奉レ斎二神宮一。須羽直女子妹古為レ妻生二二児一。

とあるのをヒントに、守矢氏と物部守屋を重ねて創作した記述であろう。しかし、このような伝承が生れたのは、信濃と物部氏とのかかわりの深さも原因であろう。

須羽直について、金井典美は、「直」は多く国造の姓《かばね》だから、「須羽国造」のこととみるが、(16)須羽国造が存在していたかどうか、文献上定かでない。しかし、国造でなくても、土着氏族は「直」の姓をもつ。物部氏が信濃とかかわること、武烈朝は五世紀の末で、古代ヤマト王権の信濃進出の時期と重なることからみても、須羽直は諏訪にかかわるだろう。「天孫本紀」の「奉レ斎二神宮一」は、石上神宮だが、『新抄格勅符』によると、石上神宮の神戸八十戸は、信濃五十戸、大和二十戸、備前十戸で、信濃が一番多い。このことも、物部氏と信濃の関係を示している。

なお、『三代実録』貞観九年三月十一日条に、高井郡人の物部連善常が、信濃から山城国へ本貫地を移したとあるから、高井郡にも物部氏はいた。

文献上の信濃の大伴氏

『日本書紀』の武烈天皇三年十一月条に、

　大伴室屋《むろや》大連に詔して、「信濃国の男丁《よほろ》を発《おこ》して、城を水派邑《みまたのむら》に作れ」とのたまふ。仍《よ》りて城上《きのへ》と曰《い》ふ。

とある。「男丁」は、官に徴発され使役される役丁《えきてい》のことをいう。「水派邑」「城上」は『和名抄』の大和国広瀬郡城戸《きのへ》郷（奈良県北葛城郡広陵町）に比定されている（写本に「城の像《かたち》」とあるが、『書紀集解』は「像」を後世の攙入とみる。私も集解の説を採る）。『万葉集』はこの地を「木上《きのへ》」と書く。

大伴室屋大連は、『日本書紀』の允恭天皇十一年三月条が初見で、雄略天皇のとき、物部目と共に大連になったとあるから、武烈紀に登場するのはおかしい。武烈天皇の大連は、室屋の孫の大伴金村と『日本書紀』は書くから、金村の誤記か、雄略紀の記述がまちがって武烈紀にまぎれこんだかの、どちらかであろう。雄略紀の十一年十月条に、信濃国と武蔵国の「直丁《つかえよほろ》」のことが記されているから、私は後者を採りたい。

　ヤマト王権の信濃への進出は、雄略朝（倭王武）の頃と私はみるが、その主力の多氏・物部氏と別に、大伴氏も信濃にかかわっていたことを示唆するのが、この記述である。

『日本霊異記』（下巻、第二十三）に、信濃国小県郡嬢里《をむな》の大伴連忍勝が載る。『和名抄』は童女郷と書き、高山寺本は「乎无奈」、流布本は「乎無奈」と訓んでいる。現在の小県郡東部町と上田市神川東岸を併せた地域に比定する点では、諸説は一致している。

『延喜式』の神名帳には、佐久郡に大伴神社が載る。北佐久郡望月町にある大伴神社だが、この地は平安時代の望月牧の所在地である。佐久郡には五世紀代の古墳がなく、六世紀後半にならないと出現しないから、大伴神社が大伴氏にかかわるとしても、六世紀後半に、信濃の大伴氏は佐久へ進出したのであって、それ以前は小県郡にいたのであろう。

　栗岩英治は、「佐久郡に大伴神社があり、和名抄に伊那郡伴野郷（神稲村中心）があり、吾妻鏡に、伊那と佐久に伴野庄があります。平城天皇の御諱が大伴であったので、大伴を皆伴としたといふ点から見ると、大伴之郷大伴の庄が、伴野郷伴野庄となったものでありませう」と書いている[17]。この説を宮地直一らも引用しているので[18]、『長野県の地名』（『日本歴史地名大系20』）の伊那郡伴野郷の項でも、伴野氏は、「おそらく大伴氏の系譜から出たものであろう」と書いているが[19]、この見解は成り立たない。

『和名抄』『吾妻鏡』の郷名・庄名で、助詞の「ノ」を野と表記する例は皆無である。大伴之郷（庄）の大伴が伴になったとすれば、伴郷（庄）と書かれるべきである。例証も示さず「伴野」を「大伴之」と解する説には、賛成しかねる。

また、大伴神社は望月庄にあって伴野庄にはないのだから、大伴は伴野ではない。地理的位置を無視し、大伴神社と伴野庄が佐久郡にあるという、ただそれだけの理由で、大伴＝伴野とし、このような見解に立って、伊那郡の伴野郷も大伴氏にかかわるとするのは、推論の拡大解釈である。

栗岩説は長野県の郷土史家の間では定説化しているので、『長野県の地名』の筆者たちも、その説を受け入れているが、栗岩英治は、前述の文章につづけて、「北安曇郡八坂村藤尾の観音像の胎内銘には、治承三年に、仁科盛家の名及び其妻女大伴氏を記してあり、諏訪御符札古書によると、東筑摩郡の村井氏、平瀬氏、和田氏等は皆大伴であり、穂高神社の造営目録其他によると、此神社に奉仕の人たちにも、実質は仁科氏でありながら姓を大伴と称してゐたやうである」と、書いている[17]。

だから、前述したような、弘法山古墳の被葬者を、大伴氏とするような説も生れるのである。

弘法山古墳の被葬者を大伴氏とする説が成り立たないことは、前述（一二五頁）したが、栗岩英治のあげる文献はすべて中世以降のものである。一志茂樹が考証するように[20]、渡来系氏族の辛犬甘《からいぬかい》氏の分系の細萱・村井両氏が、平安朝になって「伴氏」を称したのである。細萱氏は平安時代末期に仁科氏と関係を結んだから、仁科氏関係に「伴」「大伴」の名が登場するのであって、このような例をもって、大伴氏が古くから筑摩郡・安曇郡に居たとはいえない。

一志茂樹は、辛犬甘氏は「安曇氏に附されたもの」とみて、「安曇氏の衰微のあとを承けて、漸次辛犬甘氏に出た犬甘氏が勃興した」と推論しているが[20]、安曇氏は直接大伴氏とは関係ない。むしろ物部氏と関係がある。

このように、大伴氏とかかわらない辛犬甘氏が、伴氏が称したのは、宮城十二門を守る氏族に、県犬甘（養）氏・若犬甘氏、海犬甘氏などの犬甘氏が居り、大伴氏も十二門の一つ（朱雀門）を警護しているから、安曇氏から離れて独自性を主張するため、平安時代に入って、伴氏を名乗ったのであろう。または、辛犬甘氏が小県郡の大伴氏となんらかの関係があって、そのために称したとも考えられる（辛犬甘氏が大伴を名乗った理由については、「穂高神社と安曇氏」の項も参照）。

いずれにしても、大伴氏が筑摩郡・安曇郡に居たという実証はない。信濃における大伴氏は、小県郡を本拠に佐久郡に及んだとみるのが、文献上の結論である。

蘇我氏と崇賀郷

『和名抄』の筑摩郡に崇賀郷が載る。訓は「曽加」である。仁和三年（八八七）の『多武峰略記』に、「信濃国筑摩郡蘇我郷」とある。この郷は、木曽郡楢川村から、現在の塩尻市の旧宗賀村・旧洗馬村と、東筑摩郡朝日村あたりが、比定されている。

この地への蘇我氏の進出を、加藤謙吉は、『蘇我氏と大和王権』で、「六世紀末から七世紀にかけて」と書く[21]。理由は、全国各地のソガ部・ソガ郷が、物部氏の所領または物部氏と縁のある土地に、物部本宗家が滅びた用明天皇二年（五八七）以降に、設置されているからである。

拙稿『斑鳩の氏族と藤ノ木古墳』で、藤ノ木古墳のある斑鳩は、物部氏系氏族（坂戸物部・坂戸造・山部連・新家連）の居た地で、物部本宗家が滅びた後、蘇我氏の所領になったこと。斑鳩の法隆寺がもつ各地の所領は、ほとんど旧物部領であったことを書いたが、加藤謙吉は、崇賀郷と称する以前の六世紀代に、この地に関係あった氏族として物部氏を想定している(4)。

大伴氏が信濃へ進出したのも、馬であったろう。大伴氏が軍事氏族であることからみても、馬とのかかわりは無視できない。佐久の大伴神社のある望月は、望月牧のあった地である。大伴氏は、物部氏が河内の渡来系氏族をおさえて、河内の馬飼部を支配下においていたように、大和の馬飼集団の倭漢氏を支配下においていたが、欽明天皇元年に大連の大伴金村は失脚したので、欽明朝・敏達朝になると、大連の物部尾輿、大臣の蘇我稲目が実権を握った。したがって、欽明天皇の金刺宮、敏達天皇の他田宮に、舎人として奉仕して、金刺舎人・他田舎人と称した科野国造は、大伴氏でなく、物部氏か蘇我氏のどちらかと結びついていたのである。

私は、十五年前に書いた『日本古代試論』では、物部氏と信濃の結びつきの強さを理解していなかったので、蘇我氏と結びついて金刺・他田舎人になったとみたが(22)、この見解は改め、物部氏とみる。

大伴氏の配下にあった倭漢氏集団も、欽明朝以降蘇我氏の配下に入っている。科野国造の本拠地の一つであった河内の石川流域の氏族及び渡来人も、物部本宗家が滅びた後、蘇我氏と結びついており、磯長谷は河内の蘇我氏の本拠地の一つになったから、科野国造も、当然、物部本宗家滅亡後は、蘇我氏と結びついたであろう。その過程で崇賀郷ができたと考えられる。

大連・大臣などを歴任した古代の大豪族、物部・大伴・蘇我氏が、すべて信濃とかかわっていることは、後に、天武天皇が信濃に都をつくろうとしたことと結びついており、古代ヤマト王権が、いかに信濃の地を重視していたかを示している。

〔注〕

（1）太田亮『信濃』一八四頁　一九二四年　磯部甲陽堂
（2）太田亮『河内』三〇〇頁　一九二五年　磯部甲陽堂
（3）和田萃「横大路とその周辺」「古代文化」一八五号　一九七四年　古代学協会
（4）加藤謙吉『蘇我氏と大和王権』六頁　一九八三年　吉川弘文館
（5）加藤謙吉　注4前掲書　一〇四頁
（6）亀井輝一郎「大和川と物部氏」『日本書紀研究』第九冊所収　一九七六年　塙書房
（7）黒岩重吾・大和岩雄『藤ノ木古墳と六世紀』一九八九年　大和書房
（8）池田末則『奈良県史・地名』二四〇頁　一九八五年　名著出版
（9）大和岩雄「六世紀と藤ノ木古墳の被葬者」注7前掲書所収
（10）『水戸市史』上巻　一七七頁〜一七八頁　一九六三年
（11）志水正司「六、七世紀の常総地方」「史学」四三巻一・二号
（12）太田亮「多・物部二氏の奥州経営と鹿島・香取社」『日本古代史新研究』所収　一九二八年　磯部甲陽堂。大場磐雄「東国に装飾古墳を残した人々」『考古学上から見た古氏族の研究』所収　一九七五年　永井出版企画
（13）大和岩雄「鹿島神宮」「香取神宮」『神社と古代王権祭祀』所収　一九八九年　白水社
（14）「日本歴史地名大系20」『長野県の地名』四七頁　一九七九年　平凡社
（15）岸俊男「古代の画期雄略朝からの展望」『日本の古代6』所収　中央公論社
（16）金井典美「諏訪大明神絵詞の写本と系統」『諏訪信仰史』所収　一九八二年　名著出版
（17）栗岩英治「穂高神社の研究」「信濃教育」六三三号　一九三九年　信濃教育会

(18) 宮地直一『安曇族文化の信仰的象徴』七二頁～七三頁　一九四九年　穂高神社社務所
(19)「日本歴史地名大系20」『長野県の地名』四四頁　一九七九年　平凡社
(20) 一志茂樹「信濃上代の一有力氏族――犬甘氏について――」「信濃」第三次、三巻五号　一九五一年　信濃史学会
(21) 加藤謙吉　注4前掲書　二八八頁
(22) 大和岩雄『日本古代試論』五三二頁、五三五頁～五三六頁　一九七四年　大和書房

第二章

信濃と渡来人

百済国の高級官僚科野氏

百済の科野氏

『日本書紀』継体天皇十年九月十四日条に、

百済、灼莫古《やくまくこ》将軍・日本《やまと》の斯那奴阿比多《しなのあひた》を遣して、高麗《こま》の使安定等に副《そ》へて、来朝《まうき》て好を結ぶ。

とある。欽明天皇五年二月条には、

百済、施徳《せとく》馬武《めむ》・施徳高文屋《かうぶんをく》・施徳斯那奴次酒《ししゆ》等を、任那に使として遣す。

とある。「施徳」は百済の官位十六位の八位で、斯那奴阿比多とちがって、次酒は百済の官僚になっている。欽明天皇六年五月条に、「施徳次酒等を遣して表上《ふみたてまつ》る」とあるから、任那へ行った翌年には、大和へ来ている。

欽明天皇十四年正月十二日条に、

百済、上部徳率《しやうほうとくそち》科野次酒・杆率礼塞敦《かんそちらいそくとん》等を遣して、軍兵を乞う。

とある。「上部」は民戸を、上・中・下、前・後・東・西・南・北に分けた部の名称だが、「斯那奴」は「科野」と書かれ、次酒は八位の施徳から、四位の徳率に昇進している。

同年八月七日条には、

　百済、上部奈率《なそち》科野新羅《しらき》・下部《かほう》固徳《ことく》汶休帯山《もんきうたいせん》等を遣して、表上《ふみたてまつ》る。

とあり（「奈率」は六位の位階）、次酒とは別の科野氏が、使者として派遣されている。三人の科野（志那奴）氏のうち、次酒・新羅は百済官僚だが、阿比多はちがう。

欽明天皇十一年二月十日条に、

　使を遣して百済に詔して百済本記に云はく、三月十二日辛酉に、日本の使人阿比多、三つの舟を率いて、都下に来り至るといふ曰《のたま》はく。

とあり、同年四月一日条に

　百済に在《はべ》る日本《やまと》の王人《みつかひ》、方《まさ》に還《かへ》らむとす。百済本記に云はく、四月一日庚辰に、日本の阿比多還るといふ

とあり、このときの日本の使者を『日本書紀』の編者は『百済本記』に載る日本の使人阿比多とする。この阿比多は、継体天皇十年の日本の斯那奴阿比多と、坂本太郎は推論するが[1]、私もそう思う。

阿比多は百済の官位をもたず、『百済本記』が「日本」を特に冠することからみて（継体天皇十年の記事も、坂本太郎は「百済本記の文をそのまま採ったものであることは明らかである」と、書いている）[1]、百済官僚の科野氏と区別して、『百済本記』は書いたのだろう。

『続日本紀』天平宝字五年（七六一）三月十五日条に、百済人科野友麻呂ら二人に清田造を賜ったとあり、天平神護二年（七六六）三月十七日条に、右京人従七位上科野石弓が石橋連を賜ったとあるが、石弓も友麻呂らと同じに、百済人の科野氏であろう。天平十五年（七四三）から天平神護元年（七六五）の間の正倉院文書に、経師の信濃浜足、科野虫麻呂の名がみえるが、彼らも、友麻呂らと同じ百済人で、百済官僚の科野氏の後裔であろう。

坂本太郎は、欽明紀の科野氏を信濃人とみるが、[1]なぜ百済で特に信濃人が活躍したかについてはふれていない。しかし、後に書かれた論考では、[2]「六世紀における信濃人の百済における活躍から察すると、信濃は余程早くから大和朝廷の支配下に入り、朝鮮半島の人々とも接触する機会をもったらしい。考古学者の研究によると、東筑摩郡坂井村の安坂将軍塚、須坂市の鎧塚一号墳などは方形の積石塚で帰化人の墳墓である様相が濃い。これらは五世紀代のものらしいが、六世紀になると、こうした積石塚はきわめて多くなり、現在わかっているだけでも八百五十基もあるという。その分布の中心は千曲川下流東岸の下高井・上高井・埴科三郡であるという(『長野県の歴史』昭和四十九年四月刊)。積石塚が果して帰化系の人々の墳墓とすると、信濃にはかなり古くから朝鮮半島からの帰化人が定住し繁衍したと見てよい。百済で活躍した阿比多や次酒などという人の出現した素地は早くから熟していたといえるのである。これは信濃が険峻な山国であるけれど、東山道の枢要な通路として、早くから大和朝と密接な関係をもち、日本国に重きをなしたことを示すものである」と、書いている。だが、これ以上はふれていないので、信濃の古代史の解明のためにも、私見を述べる。

斯那奴阿比多について

科野氏と同じ倭国人(まだ日本国ではない)で百済官僚になっている人物は、他にもいる。欽明紀には、紀臣奈率弥麻沙《みまさ》・物部施徳麻奇牟《まがむ》・物部連奈率用奇多《ようがた》・許勢奈率奇麻《がま》・物部奈率奇非《がひ》・上部奈率物部烏《かく》の名が載る。紀臣弥麻沙について、『日本書紀』(欽明天皇二年七月条)は、「蓋《けだ》し是紀臣の、韓の婦を娶《と》りて生める所、因《よ》りて百済に留《とどま》りて、奈率《なそち》と為れる者なり、未《いま》だ其の父を詳にせず。他《あたし》も皆此《これ》に効《なら》へ」と注しているから、これら倭系百済高級官僚は、倭人と百済人の間に生れた在百済倭人で、父の紀氏・物部氏・許勢氏の姓を名乗ったのである。とすれば、科野次酒・科野新羅の父は、倭人の科野氏であろう。

科野（斯那奴）阿比多は倭人であり、科野次酒・新羅のような百済官僚ではない。しかし、百済王の命で高句麗の送使になっている。だから坂本太郎は、継体天皇十年「以前から百済に住み、百済に信任せられていた」人物で、「百済の側に立って百済の代弁をする役割をつとめた」とみる。[1] そして、次のようにも書いている。

> 任那日本府の使臣として、百済と交渉をもった者に、河内直・吉備臣・的臣などがあり、日本の使としてしばしば百済に渡った者に、内臣・津守連などがある。これらの人は百済の官位はもらっていないから、あくまで日本朝廷の臣であるが、長く半島に滞在したり、たえず半島人と交渉したりしている間に、おのずからかの地と深い因縁を結ぶようになったのであろう。現地の女子をめとって子を儲けたのも、こういう人たちであったと思われる。また、ここにあげたのは、りっぱな姓をもった高級官吏であるが、かれらの下には多くの随員があったはずである。その随員たちの場合、事態は一そう自由に発展しやすかったであろう。斯那奴阿比多とは、そういう随員のひとりではなかったかと、私は想像するのである。

坂本太郎は、阿比多と次酒・新羅の間には血縁関係はないとみるが、随員とすれば、斯那奴阿比多は「一そう自由に発展しやすかった」のだから、百済の女性との間に「子を儲けた」可能性は高い。次酒・新羅の父を阿比多とみることも可能だ。坂本説のように血縁関係のない別々の信濃人とみるより、信濃人でもなんらかの血縁・親戚関係にあった人物と、私はみたい。国名は行政にかかわる人以外には普及しておらず、ポピュラーな呼称ではなかったから、信濃人であっても限定される。

斯那奴阿比多を任那日本府の使臣の随員と坂本太郎はみるが、例示している使臣はすべて欽明紀に登場している氏族である。阿比多は欽明朝では、三つの舟を率いた使臣の長（日本の王人《みつかい》）として百済に派遣され、帰国にあたって、百済の聖明王から「高麗の奴」七口を贈られたが、六口が欽明天皇、一口が阿比多であった（欽明天皇十一年四月一日条）。この記述からみても欽明朝に、任那や百済に派遣された使臣の随員ではない。私は、継体朝の使臣の随員とみる。

継体天皇十年以前に百済に派遣された使臣で『日本書紀』に載るのは、継体天皇六年四月の穂積臣押山と、同九年二月の物部連父根（至々）である。押山は七年六月に、百済の姐弥《さみ》文貴《もんくい》将軍・州利即爾《つりそに》将軍らと共に帰国しているが、文貴将軍は九年二月に、物部連父根と一緒に百済へ帰っている。送使の物部氏は「舟師五百」を率いて半島に渡り、滞沙《たさ》江（全羅南道と慶尚北道の境、蟾津江口《せんしんこう》）に居たが、四月に伴跛《はへ》国（任那北部の代表的勢力、慶尚北道星州付近）の兵に攻められ、江口外の汶慕羅《もんもら》島に逃げ、十年五月己汶《こもん》（蟾津江流域の地で、継体紀七年十一月条に、己汶・滞沙が百済領になったとある）から百済の扶余に入っている。この年の九月、物部連父根は帰国しているから、斯那奴阿比多はどちらかの随員であろう。とすると、九年二月に渡ったとすると期間があまりにも短いから、穂積臣押山の随員とみるべきであろう。

穂積臣押山は哆唎（全羅南道栄山江東岸の地方）国守とあるから、単なる百済派遣使者ではない。押山の随員とすれば、阿比多は朝鮮語を話せたので、百済王と哆唎国守との間の交渉にあたった人物であろう。押山は百済王から賄賂を受けたという噂があったと、『日本書紀』（継体天皇六年十二月条）は書くが、間に阿比多が居たのかもしれない。だから、七年に押山が帰国しても彼は百済にとどまり、十年九月に高句麗の安定の送使として、「百済の側に立って百済の代弁をする役割」をつとめるために、百済王から派遣されたのであろう。

在百済の倭人二世でなく、倭人で百済側の使者になっているのは、斯那奴阿比多のみである。だから、阿比多にはわざわざ「日本」と冠している（「日本」はこの時期には国号として使われていたわけでない。原史料に「倭」とあったのを「日本」に『書紀』編者が改めたのである）。このことからみても、随員とすれば、穂積臣押山の随員と考えられる。

穂積臣は物部連と同族だが、「信濃の古代中央豪族」で述べたように、物部氏系氏族と信濃は関係が深い。倭系百済官僚八人のうち四人は物部氏、二人が科野氏であることからみても、穂積臣押山と物部連父根の朝鮮派遣のときに随行した人たちと、百済の女性との間に生れた子が、欽明紀の倭系百済官僚と考えられる。

科野氏と伊勢の物部氏・多氏の関係

継体朝の「斯那奴」と名乗る人物が、信濃とかかわるとすれば、六世紀初頭には「シナノ」といわれていたと考えられる。「シナノ」地名が河内の石川流域の「シナガ」とかかわり、石川流域には朝鮮渡来人の多いことは、「国名『シナノ』と科野国造」で詳述した。

特に百済系渡来人が多いが、この石川流域の渡来人が信濃の地へ移住したのは、五世紀後半とみられるから、斯那奴阿比多が信濃の人であったとしても、信濃へ移住した渡来人とかかわる人物であったろう。だから、朝鮮語も話せたとみられる。

渡来人との関係では河内だが、穂積臣押山、物部連父根（至々）との関係では伊勢とかかわる。父根について、『日本書紀』（継体天皇二十三年三月条）は物部伊勢連父根と書き、伊勢の物部氏である。押山の帰国に同行した百済の文貴将軍は、父根と一緒に朝鮮へ戻っており、押山と父根は物部氏系の使者として一体化している。だから、穂積氏も伊勢にいた。朝明郡に式内社の穂積神社がある。ところが、穂積神社の祭祀氏族の船木氏は、『古事記』が科野国造と同族と書く伊勢船木直の後裔である。

伊勢と信濃の密接な事実については、「『イナ』の地名と『イナ部』」「建御名方命と多氏」でも述べるが、『伊勢国風土記』（逸文）では、伊勢の国神伊勢津彦は信濃へ移ったと書くから、本居宣長は『古事記伝』で建御名方神と重ねている。伊勢の国神の信濃の移住伝承は、伊勢人の信濃移住を下敷にしている。

『和名抄』によれば、郷名で信濃と伊勢は共通する例が多い。例示すると次の六例がある（上が信濃、下が伊勢）。

伊那郡―員弁郡
麻績《おみ》郷（伊那郡・筑摩郡〈更級郡〉）―麻績郷（多気郡）
山家《やまべ》郷（筑摩郡）―耶摩《やま》郷（員弁郡）
跡部郷（小県郡）―跡部郷（安濃郡）
海部郷（小県郡）―海部郷（河曲郡）
刑部《おさかべ》郷（佐久郡）―刑部郷（三重郡）

これらの地名の多くは、「部」の設置によってつけられた名が多いから、すべて、人の移住によるなどというつもりはないが、部の名のすべてが物部氏にかかわっていること（イナ部・山部・跡部・刑部）からみて、人の移動によって地名が共通になったと考えられる。そのことが、『伊勢国風土記』で書く伊勢津彦の信濃国への移住伝承となったのであろう。

物部氏と直接関係のない麻績郷の神麻績氏にしても、伊勢の麻績氏は物部氏と関係があるから、物部氏の家記の『旧事本紀』（「天孫本紀」）では、天孫降臨供奉の三十二神の中に、伊勢の神麻績連の祖の八坂彦命が入っている。宮地直一は、諏訪大社のヒメ神八坂刀売命について、『和名抄』に信濃と伊勢に麻績郷があること、伊勢の麻績郷の神麻績氏の祖八坂彦命と八坂刀売命の共通性から、八坂刀売を八坂彦の後裔とする説は、「単なる神名の共通による学者の臆説たるに止まらないで、相当合理的根拠を有するといひ得る」と述べている(3)。

物部氏だけでなく、信濃と伊勢の多氏も結びついている。伊勢の多氏について、『古事記』は伊勢船木直をあげる。式内社の穂積神社のある朝明郡には太神社がある。現在は石部神社に合祀されているが（四日市市朝明町）、合祀前は旧朝明郡東大鐘村大坪（四日市市大鐘町大坪）にあった。神八井耳命を主神とし神職は船木氏であったが、古くから諏訪大明神といわれていた（『特選神名牒』）。

諏訪大社下社の大祝の金刺舎人や科野国造も多氏系氏族だから、『神社検録』は、「諏訪大明神ト唱フルハ太朝臣ノ氏祖ヲ奉祀スル社ナルコトヲ判決スヘシ、社地古色アリテ千歳ノ旧祠タルコト炳然タリ」と書く。

天平二十年（七四八）の正倉院文書に、「伊勢国朝明郡葦田郷戸主船木臣東君」とあり、船木氏は朝明郡が本拠地だが、朝明郡の太神社以外に、朝明郡の式内社の耳常神社・耳利神社も船木氏が祭祀している。『神社検録』が引用する寛永十八年（一六四一）の古文書によれば、伊勢船木直の後裔の船木氏が、上之宮

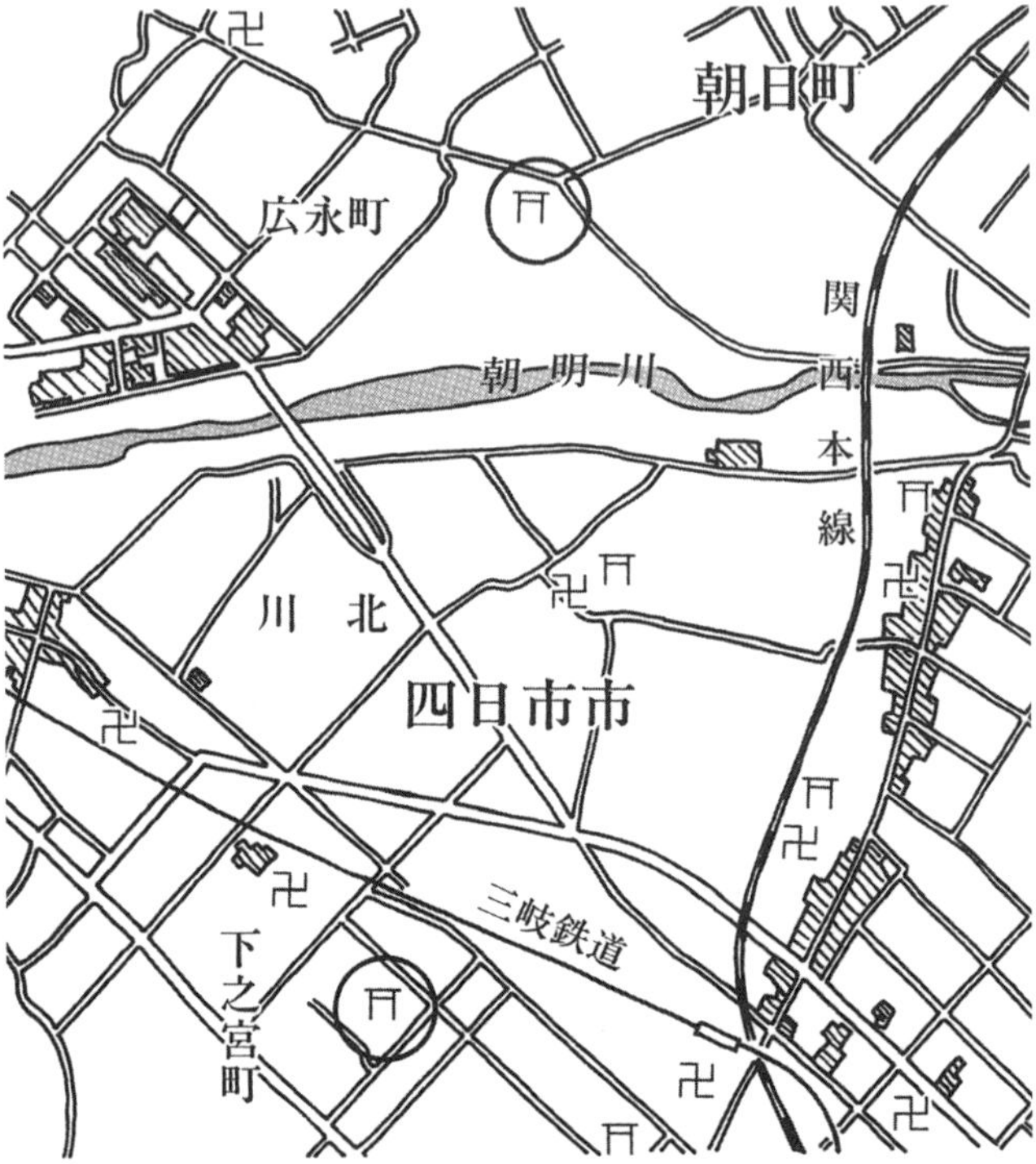

上之宮・下之宮位置関係図

の川島大明神耳利神社と、下之宮の春日大明神耳常神社の神職であったと書いているが、川島大明神の享保五年（一七二〇）八月の社殿造営の記文には、「奉造営穂積神社社殿」とあり、耳利神社が穂積神社になっている。『吾妻鏡』に載る穂積庄にある式内社だから、川島大明神が耳利神社から穂積神社に変更され、神職はそのまま船木氏が奉仕した。但し耳利神社は耳常神社に合祀された（耳利・耳常の両社とも、祭神は船木直や科野国造らの祖神八井耳命だったからである）。

このように穂積神社（祭神は物部氏・穂積氏らの祖饒速日命と伊香我色許男命）と、科野国造の祖の神八井耳命を祀る耳利神社は重なり、川島大明神は耳利・穂積のどちらかの神社であり、上之宮（川島大明神）と下之宮の位置は、地図のような関係にあり（朝明川の北の広永町の神社が上之宮、南の下之宮町の神社が下之宮）、穂積庄は伊勢多氏の地盤と重なっていることは、穂積臣押山・物部伊勢連父根・科野氏の関係から無視できない。

穂積臣押山・物部伊勢連父根は、伊勢の穂積氏・物部氏らを率いて朝鮮出兵に参加しているのだから、船木氏の参加も考えられる。斯那奴阿比多ら信濃人は、馬との関係で伊勢の多氏系・物部氏系氏族と共に朝鮮に渡ったと推測できる。朝明郡の太神社が諏訪大明神といわれているのも、信濃との回路を示唆している。

*

以上述べたように、百済官僚の科野氏について検証した結果も、科野国造も善光寺・諏訪大社を論じるときの土地（河内・伊勢）や、氏族（多氏系と物部氏系）が登場するから、斯那奴阿比多や百済の高級官僚科野次酒・新羅は、坂本太郎のいう単なる信濃人ではないだろう。古代ヤマト王権の方針で信濃入りし、信濃の行政権をにぎっていた氏族と、深く結びついていたと考えられる。行政の便宜上つけられ、一般化していない「シナノ」という国名を、六世紀初頭に氏名にしていたことからみても、王権と結びついていた信濃人とみられる。

〔注〕
（1）坂本太郎「古代信濃人の百済における活躍」『古典と歴史』所収　一九七二年　吉川弘文館
（2）坂本太郎「古代歴史と信濃」『日本古代史叢考』所収　一九八三年　吉川弘文館
（3）宮地直一『諏訪史・第二巻後編』二〇頁　一九三七年　信濃教育会諏訪部会

「イナ」の地名と「イナ部」

「イナ部」と「イナ部」氏の信濃移住

「イナ」は「イネ（稲）」が転じた地名とみる説などがあるが、江戸時代以前から伊那部村があり（後に東・西の伊那部村に分かれ、現在伊那市の大字に伊那部がある）、「イナ部《べ》」というから、「イネ」の転とはいえない。猪は「ヰ」、伊は「イ」だから、猪名は伊那にならないという批判があるが、猪甘首が祀る石見国那賀郡の神社は伊甘神社と書き（『延喜式』神名帳）、平安時代には「猪」は「伊」になっている。また、神名帳に載る摂津国豊島郡の猪名部氏が祀る為那津比古神社（大阪府箕面市石丸）の近くに稲村（箕面市稲）があり、為（猪）名から稲へ転じている。かつての猪名県に入る能勢町（大阪府豊能郡）稲地も、江戸時代は伊那地村といい、猪名→伊那→稲と変っている。このような諸例からみても、猪名部→伊那部である。まして、「イナ部」といい「部」がついていることからみても、「イナ」の地名は猪名部による。

「部」は支配者が民衆を統治しやすいように編成した集団である。この集団に職掌名（鍛冶部・服部）や豪族名・地名をつけているが、「イナ部」の「イナ」は、新羅（古代朝鮮の国名）から来た大工の集団が住みついた土地の名である。『日本書紀』によると、武庫（尼崎市）の港に停泊中の新羅の船から出火して、港に集まっていた船の多くを焼いたので、新羅王が造船のために「能《よ》き匠者《たくみ》」を派遣したとある。この港は、神崎川と武庫川の河口にあるが、神崎川の上流を猪（為）名川という。『万葉集』（巻十六）にも、「猪名川」の名がみえ、『日本書紀』に「猪名県《あがた》」が載る。猪名県には、「イナ」の神の意のイナツヒコ・ヒメの二神を祀る為那津比古神社がある。この「イナ」の地に、新羅から来た木工技術者たちが住みついて、「イナ部」の祖になったと、『日本書紀』（応神天皇三十一年八月条）は書いている。

「イナ部」が、すぐれた大工技術者であることは、次の話からうかがえる。

『日本書紀』（雄略天皇十三年九月条）に、木工の韋那部真根《まね》が、石を台にして斧で木材を削っていたが、一日中削っていても、誤って刃を傷つけることはなかったので、天皇が「いつも石に誤ってあてることはないのか」と聞くと、真根は「けっして誤ることはありません」と答えた。そこで天皇は、自分に奉仕する若い女性たちを裸にし、ふんどしだけをつけて相撲をとらせた。それを見た真根は、誤って刃を傷つけてしまった。その失敗を天皇は責めて、「お前は軽々しい答えをして、私をあなどった」といい、殺そうとした。そのとき、仲間の工匠たちが、真根のような工匠を殺すのは惜しいという歌をうたったので、殺すのをやめたとある。

この「能《よ》き匠者《たくみ》」は、摂津の「イナ」からストレートに信濃に移住したのではない。中継地として伊勢がある。

伊勢にはイナ部郡がある。今は「員弁郡《いなべ》」と書かれている。イナ部郡を流れる川を員弁川といい、神名帳には猪名部神社が載る（三重県員弁郡東員町）。ところが、摂津の地名や神社名は「イナ部」ではない。理由は、朝鮮から渡来した木工技術者たちが住みつく前から、「イナ」の地名はあったからだが、伊勢の地は、

「イナ」の地に居住していた木工技術者の渡来人集団の「イナ部」が、摂津から移住して住んだ地だから、「イナ」でなく「イナ部」なのである。この伊勢の「イナ部」が信濃へ移住したのだから、伊那郡も本来は伊勢と同じに、「伊那部郡」であったろう。

伊勢の「イナ部」は、伊勢から三河へ移り、そこから天竜川を北上している。豊川の河口付近に「伊奈」という地名があり（愛知県宝飯郡小坂井町伊奈）、明治二年に、この付近に「伊奈県」が設置されている。この地のイナ部たちは、さらに豊川をさかのぼり、現在の佐久間ダム付近から天竜川をさかのぼったのである。伊勢の「イナ部」は、天竜川をさかのぼっただけでなく、伊豆半島に渡り、那賀川の河口付近から上流に住みついている。河口の静岡県賀茂郡松崎町江奈の近くに、神名帳に載る伊那上神社、伊那下神社があるが、これもイナベ神社である。

伊豆の伊那上・下神社は、現在の江奈の付近にあり、「イナ」が「エナ」に転じているから、美濃の恵奈（恵那とも書く）郡も無視できない。恵奈郡と信濃の伊那郡との境（岐阜県中津川市と長野県下伊那郡阿智村）に恵那山があり、山麓に神名帳に載る恵奈神社がある。現在は胞衣《えな》の意に解されているが、伊勢のイナ部郡から木曽川をさかのぼればエナ郡に至るから、この地へも「イナ部」が入ったともみられる。だが、「イナ」地名がまったくみられないから、伊勢・三河・信濃・伊豆の地名は、「イナ部」の居住によってつけられた地名といえるが、美濃の場合は保留にしておく。

イナ部の信濃移住の時期

ところで、信濃へ「イナ部」が入ったのはいつ頃だろうか。それはイナ地方の古墳の築造期から推測できる。

飯田市竜丘の古墳群が、伊那谷の最古の古墳群だが、この古墳群の被葬者は、五世紀後半に信濃入りし、竜丘から松尾・毛賀・座光寺と、天竜川を北上し、前方後円墳や円墳を築いている。

伊那郡の郡家（現在の地方事務所、郡の政治の中心地）の所在地として有力なのは、飯田市座光寺である。この地には六〇基近い古墳（高岡古墳群四三基、新井原古墳群一五基）があり、弥生時代中期から平安時代までの遺跡の恒川《ごんが》遺跡からは、六世紀から七世紀の居住址が一一〇軒以上も発見されている。高岡古墳群の盟主的古墳は唯一の前方後円墳（全長七二メートル）の高岡一号墳だが、六世紀代に築造されたものであり、他の多くの古墳も、住居址と同じ六〜七世紀の円墳である。主要古墳の出土物に、馬具や畿内的要素の強い副葬品や、朝鮮系遺物があることからみても、新しい文化をもってきた人たちの墳墓とみられる。

高岡一号墳の被葬者は、伊那郡の大領で、科野国造の金刺舎人氏と推定する説があるが、諏訪神宮の下社の大祝《おおはふり》も金刺舎人氏である。上社の大祝が最高祭祀者の性格が強いのに対し、下社の大祝は最高政治権力者の性格が強い。天竜川をさかのぼって諏訪湖にまで至った金刺舎人氏が、下社を建てたとみて、藤森栄一は、下社秋宮の旧境内にある七世紀前後の前方後円墳の青塚を、下社大祝の金刺舎人氏の墓と推定している。だから、信濃から「遠州へ抜ける旧街道に金刺街道といわれた古道名が残り、また浜名湖に残る金刺という地名などは、かつての天竜筋の通商文化の名残りかもしれない」とみて、科野国造の祖の信濃入りの畿内集団を、信濃の馬を大和朝廷と直結して扱う「産馬商《マーチャント》人的な勢力」とみている。(1)

だが、金刺・他田「舎人」と称していることからみて、「産馬」を扱う「商人」ではないだろう。そのことは「馬と科野国造」で書いたが、「イナ部」の信濃入りは、飯田市の古墳の築造期からみて、上限は五世紀の末に近い後半であろう。

「イナ部」は新羅からの渡来人だが、高岡古墳群に属す六世紀代の畦地一号墳（円墳）からは、新羅の王都慶州の古墳から出土している銀製長鎖式垂飾付耳飾と瓜二つの耳飾が出土している。

イナ部とテラ公と物部氏

『新撰姓氏録』（左京神別）は、「猪名部造、伊香我色男命《いかがしこを》の後なり」とある。『三代実録』貞観十二年二月十九日条に、「参議従三位春澄朝臣善縄薨。（中略）左京人也。本姓猪名部造。為二伊勢国員弁《いなべ》郡人一」とあるから、『姓氏録』の左京の猪名部造は、伊勢のイナ部の伴造である。私は、伊那郡のイナ部は伊勢のイナ部につながると書いたが、『日本書紀』（応神天皇三十一年八月条）が書くように、猪名部の祖は新羅王が貢上した船工・木工である。彼らが物部氏の管掌下にあったので、伴造の猪名部造は物部氏の祖の伊香我色男に系譜をつなげたのであろう。

『日本書紀』の雄略天皇十三年九月条に、木工韋那部真根を「物部に付《さづ》く」とあり、同十八年八月条には、物部菟代が所有していた猪名部を、天皇が菟代から奪って物部目に与えたと書く。この雄略紀の記述をみても、イナ部が物部氏の管掌氏族であったことがわかる。雄略朝の大連の物部目は、雄略天皇が信頼していた重臣であり寵臣で、天皇から、河内の「長野邑」を賜ったと、『日本書紀』の雄略紀は書く。この地は、科野国造になった河内多氏の本拠地でもある。このことからみて、五世紀末の信濃進出には、ヤマト王権の中枢にいた物部目大連の意向も考えられる。

雄略天皇十二年十月条に、木工闘鶏《つげ》御田を「物部に付《さづ》く」とある。この闘鶏御田について「一本《あるふみ》に猪名部御田と云ふは、蓋《けだ》し誤なり」と『日本書紀』は書く。闘鶏と猪名部が木工であり、どちらも物部に付けられていることが、混同の原因になっているのだろうが、闘鶏（都祁）国造は、科野国造と同じに神八井耳命を祖とする（『古事記』）多氏系である（闘鶏国は大和国山辺郡の都介《つげ》野高原一帯をいう。闘鶏については拙稿「大和の鶏林・闘鶏の国」で詳述した[2]）。

猪名部は、猪名川流域に居たが、猪名川は摂津国の豊島《てしま》郡・川辺郡の境界を流れる。『延喜式』神名帳の豊島郡の条に載る為那郡都比古神社の所在地が、仁徳紀に載る猪名県の中心地だが、『延喜式』に載る豊島牧は、この神社の西方にあたる。このあたりにも猪名部が居たと思われるが、豊島《てしま》連も居た。ところが、豊島連について、『新撰姓氏録』（摂津国皇別）は「多朝臣と同じ祖、彦八井耳命の後なり」と書く。このように、イナ部とかかわる伝承・地名の地に、多氏系氏族が居ることと、科野国造が多氏系氏族であることは無関係ではないだろう。つまり、イナ部と科野国造の祖は、一緒に信濃入りをしていることを示しており、信濃進出には、五世紀後半から六世紀後半まで、大連としてヤマト朝廷の実権をにぎっていた、物部氏の積極的意図がうかがえる（物部氏系氏族が信濃に多いことは、「信濃の古代中央豪族」で述べた）。

イナ部は伊那市の旧東・西伊那部村の地域だが、天竜川を挟んで東に隣接して旧手良村（伊那市手良）がある。『和名抄』の諏訪郡弖良《てら》郷にあたる。テラ郷については、現伊那市の天竜川東岸の手良・福島地区を中心とする地域とする説（『下伊那郡史』）、同じ地域を南東に拡大して三峰川までとし、東は藤沢谷まで包括していたとみる説（『上伊那郡史』）などがあるが、『長野県の地名』は、天竜川の西岸の旧伊那町地籍まで弖良郷の範囲であったとする説を紹介している。[3] この説だと、伊那部と重なる。

この旧手良村大字中坪には、大百済毛《くだらけ》・小百済毛という地名があり、『長野県の地名』は、この地名は「百済の帰化人によって開発されたという伝承もある」と書いているが、[4]『新撰姓氏録』（未定雑姓、右京）に、「弖良公《てらきみ》　百済国主《こにきし》　意里都解《おりつげ》の四世孫、秦羅君《しんらきみ》の後なり」とあるから、「百済毛」の地名は弖良公とかかわる。

佐伯有清は「弖良の氏名は寺とも書き、あるいは仏寺のことを司る治部省玄蕃寮の前身に関係する寺人の伴造氏族」と推定しているが、[5]『続日本紀』の和銅七年六月十四日条に、「寺人の姓は、本是れ物部の族なり」とあり、弖良は物部氏ともかかわっている。

猪名部と同じに、弖良公につながる百済系渡来人が、物部氏の関係で、猪名部の住む土地の近くに居住していたのであろう。

『新撰姓氏録』は、為奈部首について、「伊香我色乎命の六世孫、金連の後なり」（摂津国未定雑姓）と、「百済国の人、中津波手自《よ》り出づ」（摂津国諸蕃）の二つを記す。『旧事本紀』（「天孫本紀」）は、金連を物部目の弟または子と記すから、物部目にイナ部を付けたと書く雄略紀の記事と関連する。しかし、同じ摂津国のイナ部首に百済系が居ることは、百済系のテラ氏も物部氏とかかわっていたことを示唆する。

いずれにしても、伊那郡の「イナ」地名は、渡来氏族のイナ部氏によることは確かである。

〔注〕

(1)藤森栄一「信濃の古墳」『遥かなる信濃』所収　一九七〇年　学生社

(2)大和岩雄「大和の鶏林・闘鶏の国」『日本文化と朝鮮・第3集』所収　一九七五年　新人物往来社

(3)「日本歴史地名大系47」『長野県の地名』四四頁　一九七九年　平凡社

(4)注3前掲書　四二八頁

(5)佐伯有清『新撰姓氏録の研究　考証篇　第六』五〇頁　一九八三年　吉川弘文館

信濃の高句麗人と積石塚古墳

文献に載る信濃の高句麗人と安坂古墳群

『続日本紀』延暦八年（七八九）五月二十九日条に、

　信濃筑摩郡人、外小初位下後部牛養・無位宗守豊人等、賜二姓田河造一。

とあり、『日本後紀』延暦十六年（七九七）三月十七日条に、

　信濃国人、外従八位下前部綱麻呂、賜二姓安坂一。

とあり、延暦十八年（七九九）十二月四日条に、

　信濃国人、外従六位下卦婁真老・後部黒足・前部黒麻呂・前部佐根人・下部奈弖麻呂・前部秋足。小県郡人、無位上部豊人・下部文代・高麗家継・高麗継楯・前部貞麻呂・上部色布知等言。弖等失高麗人也。小治田《推古》・飛鳥《舒明》二朝廷時節、帰化来朝。自レ爾以還。累世平民。未レ改二本号一。伏望依二去天平勝宝九歳四月四日勅一、改二蕃姓一者。賜二真老等姓須々岐、黒足等姓豊岡、黒麻呂姓村上、秋足等姓篠井、豊人等姓玉川、文代等姓清岡、家継等姓御井、貞麻呂姓朝治、色布知姓玉井一。

とある。

「去る天平勝宝九歳（七五七）四月四日勅」とは、「其れ高麗・百済・新羅の人等の久しく聖化を慕ひて来りて我が俗に附《つ》き、志《こころ》に姓《かばね》を給はらむことを願ふものには、悉《ことごと》に之《これ》を聴許す。其れ戸籍の記に姓及族《うがら》の字無きは、理に於きて穏《おだや》かならず。宜《よろ》しく為に改正すべし」（『続日本紀』）とある勅令のことをいう。

延暦八年と延暦十六年・十八年の賜姓には違いがある。八年の場合は「造《みやつこ》」というカバネを賜っているのに、十六年・十八年の場合にはそれがない。十八年の北信・中信地区の高句麗人の多くの賜姓は、十六年の賜姓のキッカケになっている。後部氏が安坂氏になったので、天平勝宝九年の勅をもち出して、信濃の各地の高句麗人が、十六年三月以降に改姓を願い出て、それが十八年暮に許可されたのであろう。そのキッカケになった安坂氏は、東筑摩郡坂井村安坂に居た高句麗系氏族である。

この安坂には、積石塚の安坂古墳群がある。この古墳群については、大場磐雄・一志茂樹・原嘉藤らの「長野県東筑摩郡坂井村安坂積石塚の調査（一）・（二）」に詳細は載るが、(1)高句麗の「前部」を名乗る人たちがこの地に居たことからみて、この積石塚は高句麗人が故郷の墓制を信濃で用いていたことを証している。

積石塚は五世紀後半から七世紀までにわたって作られているが、この地は『和名抄』の筑摩郡麻績郷に入る。麻績郷は安坂のある坂井と麻績・坂北・本城の筑北盆地四カ村が比定されている。(2)ところが、『和名抄』の高山寺本によれば、更級郡のトップに記しているのは、犀川の東の生坂村である。現・松本市四賀と東筑摩郡筑北村の境界地まで、更級郡に属していたから、更級郡の麻績郷も、比定地は筑北盆地の四カ村と推定できる。

伊勢の麻績氏の祖の八坂《やさか》彦命と諏訪大社の八坂刀売命がかかわることは「百済国の高級官僚科野氏」で述べたが、『新撰姓氏録』山城国諸蕃に、「八坂造　狛《こま》国の人　之留川麻之意利佐《しるつまのいりさ》より出づ」とあり、八坂氏は高句麗人である。私は「安坂」は「八坂」の転（YASAKAのYがぬけてアサカになった）であろうとみるが、安坂と八坂は麻績をとおして回路があり、どちらも高句麗にかかわる。

天平五年（七三三）の『山城国愛宕郡計帳』に、「八坂馬養造鯖売」が載る。太田亮・佐伯有清は、八坂造は八坂馬養造の後とみるように、[3]八坂氏も馬にかかわる。積石塚古墳のある安坂には駒形という地名があり、安坂四号墳からは馬具が出土している。

積石塚古墳の被葬者を、延暦十六年に「前部」から「安坂」に改姓した高句麗系渡来氏族の祖とすると、彼らは、七世紀前半の推古・舒明朝の渡来というから、五世紀後半の安坂一号墳の積石塚の被葬者とはいえない。

桐原健は、文献に記される七世紀前半以前に信濃に居た渡来氏族が、「故地の墓制を墨守して」積石の墓をつくり、そこへ「大和政権の配慮」と「地方豪族の要請」で、新しく渡来した高句麗人が「配属され」、「今来の氏族は先住氏族の墨守してきた墓制を継承した」結果、五世紀から七世紀まで、積石塚がつづいたと推察している。[4]私もこの推説を採る。

高句麗の姓の前部・後部氏の居住地

延暦八年の「田河造」は、松本平を北流する田川にちなむ姓で、田川流域には豊丘の地名もあるから（松本市寿豊丘）、延暦八年の「田河造」になった後部牛養、延暦十八年に「豊岡」の姓になった後部黒足は、この近辺に居住していたとみられる。田河造を豊丘の白川・白姫の地に比定する説もある。[5]この地の東には

『延喜式』に載る植原牧《はいばら》がある。

植原牧の初見は、延暦十六年（七九七）六月七日の太政官符（『類聚三代格』）である。高句麗人の賜姓のトップが延暦八年の後部牛養らで、「田河」でなく「田河造」なのは、植原牧にかかわっていたからであろう。近くに信濃国府があり、信濃の勅旨牧の十六牧を管理する信濃牧監庁《もくげんちょう》も植原牧にあった（植原村の島内に長野県史跡の信濃諸牧監庁跡がある）。たぶん牧監庁にかかわっていたことが、田河造の賜姓となったのであろう。

高句麗からの姓を名乗る「後部」氏が、田川流域に居るように、「前部」氏もあまり離れない地域に居る。安坂氏になった前部綱麻呂の居た麻績郷は、更科郡・小県郡の境界にあり、前述したように『和名抄』の高山寺本では更級郡に入っている。高山寺本の記載では、更級郡麻績郷の次が村上郷で、この郷域は麻績郷に隣接する現埴科郡坂城町村上（旧村上村）一帯である。前部黒麻呂はこの地に居たので「村上」姓を賜ったのである。前部秋足は「篠井」姓だが、現在の長野市篠ノ井地区にあった東篠井・西篠井の地名をとったのである。

このような「前部」氏の分布からみて、小県郡の前部貞麻呂は「朝治」になっているが、安坂から修那羅峠を越すと小県郡の青木村に入ることからみて、青木村かその近辺に前部貞麻呂は居たのだろう。たぶん五世紀代の積石塚古墳のある安坂を基点に、更級・小県へ拡がったのであろう。前部氏の本家が安坂であることは、前部氏四人のうち、安坂の前部綱麻呂のみ外従八位下であることからも推測できる。前部佐根人は賜姓が欠落しているが、村上になった黒麻呂の次に書かれており、その後に篠井になった秋足が書かれているから、佐根人は現在の千曲市に居たと考えられる。

卦妻氏と須々木水神社と科野国造

外従六位下卦妻真老の「須々岐」の姓は、松本市里山辺薄町《すすき》の地名による。薄川がそばを流れ、薄町には須《す》々《す》木《き》水《がわ》神社がある。この神社は須々岐氏が祀っていた神社だが(6)、江戸時代までは須々岐大明神といわれていた。

『三代実録』の貞観九年(八六七)三月十一日条に、

信濃国正二位勲八等建御名方富命神進㆓階従一位㆒。従二位建御名方富命前八坂刀自命神正二位。従四位上馬背神従三位。正六位上梓水神、須々岐水神並従五位下。

とあり、信濃の神が授位しているが、諏訪のヒコ・ヒメ神以外の神は、後の式内社に入っていない神々である。馬背神については前述したが、梓水神は梓川、須々岐水神は薄川の神である。馬背神が牧にかかわるのだから、梓水神・須々岐水神も単なる水神ではないようだ。梓水神の祭祀氏族は辛犬養氏、須々岐氏という高句麗系氏族で、官牧にかかわっていたため、政府とつながりが強かった。そのことがこの授位になっているのだろう(穂高神社・生島足島神社の授位はない)。そう考えると、五カ月後の八月十五日に行われた、

天皇御㆓紫宸殿㆒。閲㆓覧信濃国貢駒㆒。令㆘㆓左右馬寮㆒擇㆗取各廿疋㆖。賜㆓親王已下、参議已上及左右近衛中少将、左右馬寮頭助等各一疋㆒例也。

とある「信濃国貢駒」と(信濃国の貢駒はこの時だけではないが)無関係とは思えないのである。

貢駒より四年前の貞観五年（八六三）九月五日条に、

信濃国諏方郡人右近衛将監正六位上金刺舎人貞長、賜二姓太朝臣一。

とある。

将監は貢駒一疋を賜った左右近衛中・少将の次の階級である。九年の授位は金刺舎人貞長の宮廷での運動の結果とも考えられるし、貞長が右近衛将監になっているのは信濃の貢馬のためともいえる（右近衛将監になっているのは、貢馬だけでなく中央の太〈多〉朝臣との関係にもよる。一一二頁〜一一四頁参照）。

須々木大明神には、室町時代の高さ八四センチの木造馬頭観音の騎馬像があり、膝裏の墨書の修理銘に、

奉修造旦那□馬頭観音尊、須々岐御本地、明応十年辛酉六月□

とある。室町時代の明応十年（一五〇一）に修理したというから、それ以前の騎馬像だが、この馬頭観音像が須々木大明神の「御本地」である。このことからみて、須々木大明神は単なる水神ではなく、馬にかかわっている。馬頭観音像が騎馬像であることも、そのことを示唆している。

須々岐水神社の東南、薄川の河岸段丘上にある古宮古墳からは、馬具を出土しており、近くに数基の方形積石塚古墳が現存している。たぶん、これらの古墳の被葬者は封婁（須々岐）氏であろう。

須々岐水神社は千曲市屋代《やしろ》にもある。森浩一は、「更埴市（引用者注・現千曲市）の五輪堂遺跡から、集落遺跡のすぐ横に一・七メートル×一・五メートルほどの穴をあけて、六世紀頃の馬を埋めていた。これは東アジア全体のなかで、馬を埋めるという風習をたどる上でひじょうに重要な例になってきました。（中略）五輪堂遺跡の数百メートル横が、今日でも立派な社殿のある須々岐水神社です。（中略）須々岐氏の本貫を従来は松本市の薄町あたりに考えていたけれども、更埴市にもある段階で根拠地をもっていたと言ってもい

いし、場合によっては更埴市の方が大きくて、最初からの根拠地であったということも言えると思いますね」といっている(7)。

しかし、千曲市の須々岐水神社については、『長野県町村誌』は、「寛延四年松代町諏訪大明神の神官内山播磨なる者、神祇管領吉田家へ請願し、諏訪大明神へ式内祝神社たるの神宣告文を申請けたり。且領主真田家にして崇敬ある神社たるを以て、本村之に抗する能わず、遂に其式内祝神社の号を奪わる。天明元年閏五月六日、吉田家へ請願し、須々岐水神社・日吉山王宮と神社号を請しに、王宮の号廃せらるに依り、日吉山王宮の五字を削り、須々岐神社と改称す」と書く。

寛延四年は一七五一年、天明元年は一七八一年だが、同じ記述は『埴科郡志』にも載るから、千曲市の須々岐水神社の地を須々岐氏の根拠地とする森浩一の推測は無理である。だが、この地は前述したように、前部氏の居た村上と篠井の中間地であり、六世紀頃の馬を埋めた五輪堂遺跡のあるところだから、馬にかかわる高句麗人が居たとみられる。私は賜姓が欠落している前部佐根人を、現在の千曲市の地域に居た高句麗人とみたが、筑摩の高句麗人が祀る須々岐水神社の社号を、この地の神社が称したのも、須々岐氏となんらかの交流があったためとみたい。

千曲市屋代の須々岐水神社の社伝によれば、天武天皇二年（六七三）に創建され、はじめは祝《はふり》神社と称したが、貞観年中に埴科郡大領の金刺舎人正長が、この地が千曲川の大洪水で被害を受けたので、近江の日吉山王神を当社の相殿に祀り、水患を免れることを祈願したと伝える。

『三代実録』の貞観四年（八六二）三月二十日条に、「信濃国埴科郡大領外従七位上金刺舎人正長、小県郡権少領外正八位下他田舎人藤雄等、並授二借外従五位下一」とある。須々岐水神社は千曲市屋代にあるが、貞観八年（八六六）二月二日に、埴科郡屋代寺《おくだい》は定額寺《じょうがくじ》になっているから、屋代に郡庁があり郡領が居たとみられる。とすれば、大領金刺舎人との関係を伝える社伝は無視できない。

前述の右近衛将監と埴科郡大領の金刺舎人は、貞長と正長で名が似ている。私は兄弟ではないかと推測したが（一一二頁）、須々岐水神社の貞観九年の授位や四年の金刺舎人正長や他田舎人藤雄の授位も、右近衛将監金刺舎人貞長の宮廷での働きかけが考えられる。

貞観八年には定額寺に信濃の五寺がなり、九年には諏訪神ら五神の位階が昇格しているのは、この時期だけの集中からみて、右近衛将監の貞長の存在が無視できない。だが貞長の活躍だけでなく、馬を供給する信濃の重要性も理由であろう。

伊那郡寂光寺は、伊那の郡領の金刺・他田舎人がかかわる寺だが、伊那郡大領の金刺舎人は「牧主当」であった（四九頁）。だから、筑摩郡の大領の他田舎人も「牧主当」であったと推測できるが、信濃の高句麗系渡来人は、信濃の各地で科野国造の管掌下にあって、馬の飼育にかかわっていたから、平安時代にはいっても、金刺・他田舎人氏らが、「牧主当」になっていたのだろう。

大室と保科の積石塚古墳群

積石塚古墳で最大の積石塚古墳群は、大室古墳群である(8)（長野市松代町大室）。大室古墳群について、大塚初重は次のように書く。

積石塚を主体とした二〇〜三〇基のグループの中に、合掌形石室を埋葬施設とした積石塚が含まれているのを特徴としていることが注目される。（中略）横穴式石室を主体とする一つの単位にまとまる古墳群の中に、二、三基ずつの合掌形石室墳が混じっているので、合掌形石室への埋葬を期待し、願望する強い意識が、一世紀以上にもわたって系譜的に維持されつづけたとすれば、それはそうした葬制によって結合する同族的集団の存在が考えられる。

合掌形石室については、韓国忠清南道公州邑錦町の百済の合掌形石室と極めて共通した特徴を有している。もちろん、ただちに百済からの渡来系氏族集団と速断してよいかは疑問であるが、積石塚の集中的な分布と、特異な構造で、古墳時代前期からの伝統的な墓室構造からは導き出せない合掌形石室の登場は、大陸、ことに朝鮮半島を母国とする渡来系集団の墓制の出現とみてよいのではないかと思われる。(8)

大室古墳群の築造期間について、発掘調査を行った大塚初重は、「五〇〇年ころから七五〇年ころまでとみるが（この調査報告を書いた後の再調査で五世紀後半までさかのぼることがわかった）」、「追葬は確実に九世紀代まで行われていた」と書く。そして六世紀から八世紀の中頃までの積石塚の築造は、同じ血脈の氏族によるものとみて、「大室古墳群を形成した集団は、まさに後の文献に記載された大室牧の先駆的な牧場経営に従事していた人々であったと考えられる。彼らのなかに、馬匹生産や馬具製作あるいは馬の調教について、専門的な技術を継承する渡来系氏族の人々がいたこともうなずけるのである」と書いている。(8)

合掌形石室は百済にあると大塚初重が書くが、とすると、高句麗墓制の積石塚に、なぜ合掌形石室があるのか。桐原健は、合掌形石室の「百済での類例は四基のみで、百済の独創ではなく、高句麗古墳の影響を受けたものと思われるという考察の発表があり（金基雄『百済の古墳』昭和五十一年）」、「合掌式石室は全国的に見た場合、信濃に四〇、甲斐に一例があるのみで、しかも信濃の四〇例は高井・水内・埴科の北信三郡に偏っていて日本在来の古墳内部主体とは脈絡がつかないこと」から、信濃の「渡来氏族について、新羅人は無く、百済人も天智五年の『百済人二千人を東国に移す』という記事のみ。他は総て高句麗人関係である」例をあげて、積石塚古墳や合掌式石室は高句麗系渡来人の築造と推測している(9)。

大室古墳群の北東約三キロほどのところに、保科・長原古墳群がある（長野市若穂保科）。ここには五二基の積石塚古墳があるが、桐原健(9)や大塚初重(10)によれば、扇状地にある積石塚古墳の大半は七世紀代から八世紀代である。但し大正十四年（一九二五）に石材採取のため消滅したニカゴ古墳は、採取前の調査によれば合掌形石室をもつ六世紀後半の積石塚で、扇頂部にあり一番古い。このことからみても、長原古墳群の最初の積石塚の被葬者は、内部主体も故郷の朝鮮の墓制をそのまま用いたのであろう。

桐原健は、「六世紀代にあって塚本の村は径二一メートルの円墳一基を、上和田の村は一つの屋根の上方にこれも一基の円墳を設けたのみだった。それが七世紀代には扇中部に二八基。上和田・高下に臨む三本の屋根に一六基を築きあげており、この発展は従来の生業だけを考えた場合、いささか納得し難い面を残す。何しろ水田面積は明治七年の段階で九〇町二反しか営まれていないのである」と書き、「積石塚築造氏族は後背湿地全面を条理地割りをもつ水田に造成しつつ、一方では牧馬の業に携わっていた」と、推論している(9)。

この地は『和名抄』の高井郡穂科郷の地だが、大塚初重も「長原古墳群」の論考で、「高井牧に関係をもった一集団の墳墓が積石塚群で、なかに合掌形石室（引用者注・ニカゴ古墳）を含む長原古墳群があった可能性は大きい」と書いているように(10)、馬にかかわる渡来氏族とその子孫の墓が積石塚古墳である。

『新撰姓氏録』山城国諸蕃の高井造について、「高麗国主《こにきし》、鄒牟《すむ》王の廿世孫、汝安祁《しょあんき》王自《よ》り出《い》づ」とある。高井郡は高井造の「高井」と考えられる。

長野県の、九〇〇〇基近くの積石塚古墳は、県の総古墳数の三〇パーセントを占めているが、そのうちの七割は高井郡にある。その代表的なのが、四六五基の大室古墳群である。次頁の図は、長野県内における積石塚古墳と合掌形石室の分布だが（桐原健著『積石塚と渡来人』所収）、最大の黒丸印が、大室古墳群である。

この図からみても、全国最大の積石塚古墳がある長野県でも、地域が極端に片寄っていることがわかる。積石塚が一番多い高井郡の郡名が、高句麗渡来氏族の高井造と同じであることからみても、積石塚古墳は在地性のものとはいえない。

大塚初重は「積石塚の築成が、山石や河原石の豊富な地理的条件も原因の一端になっている」から、積石塚だから渡来人の古墳とはいえないと書く。但し、合掌形石室は在地性の石室とはいえないから、「信濃国に定着した渡来人に関係の深い古墳として挙げるならば、合掌形石室こそ明確な証跡といわねばならない」と書くが[10]、合掌形石室のほとんどが積石塚であること、合掌形石室と積石塚は信濃国にもっとも多いことからみても、信濃の積石塚古墳に限定していえば、高句麗の墓制にもとづく古墳とみてよいであろう。

桐原健も、「保科の谷に限った場合、封土築造に最も入手し易いものは礫混りの土であるにも拘らず、純然たる石塊のみで築かれている点、及び、最初に築かれたと思われる王子塚や大室一八・一九号墳、大星山六号墳が土盛り墳である点からすれば、従来の墓制とは甚だしく異質で、環境自生説では説明のつき難い点が多すぎ、葬送儀礼のもつ保守的性格をも勘案すれば新氏族の定着を考えなければ理解つかない」と書き、新氏族を高句麗系渡来氏族とみて、その氏族の信濃で果した役割について、「用水堰の開鑿による灌漑農耕などと共に、松本市田川に臨む植原牧、小県郡の新治・塩原牧、高井郡内の高井牧・大室牧の所在から渡来氏族・牧場経営・積石塚古墳といった三位一体の図式が画かれる。牧馬には馬医・占部などの専門的知識・

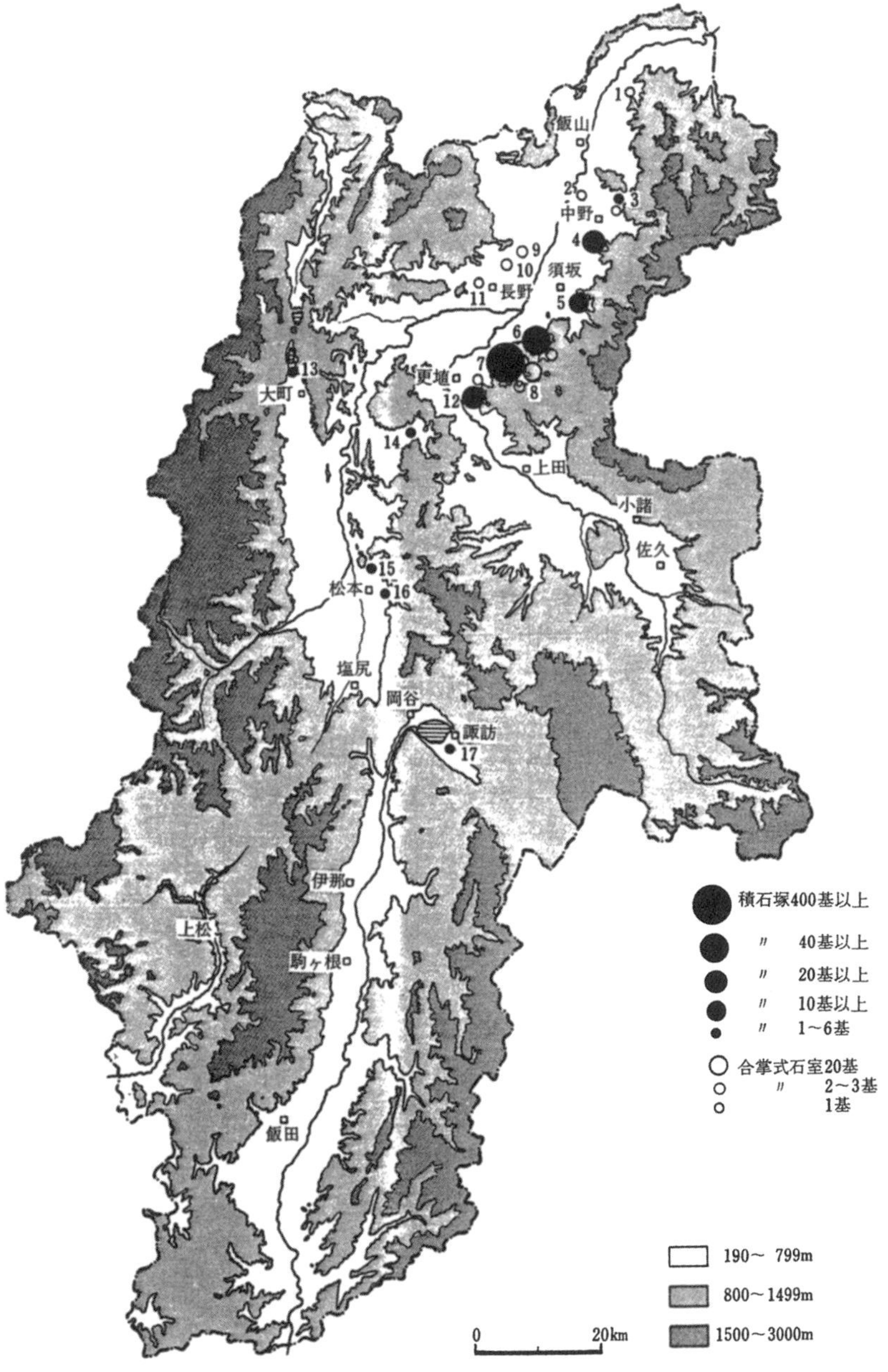

長野県内における積石塚・合掌形石室の分布（桐原健『積石塚と渡来人』より）

技能を持つ者が入用で、在地の農民では担当できず、渡来氏族の力を借りなければ経営は成り立たなかった。牧馬に関連する革鞣など製革業にも渡来氏族のもつ技能は必要だった。牧馬に適する地形は扇状地や高原で、加えて渡来氏族移住の背後に存する中央権力の政治的配意を考えれば、水稲農耕を営む在来氏族とのトラブルは少なかったものと思われ、この点からも渡来氏族は短期間内に繁衍を見たのであるまいか」と、書いている[9]。

「在来氏族とのトラブル」が少なかったのは、牧畜にたずさわっていたため、水稲農耕の先住者との土地争いがなかったことと、中央権力のバックがあったことが一因だろう。さらにつけ加えれば、科野国造の援助・協力を得ていたことも、無視できない。

大室古墳群は五世紀後半、保科谷古墳群は六世紀後半からだが、どちらも最盛期は七世紀である。この古墳の最盛期と、推古・舒明朝に信濃へ移住したと書く延暦十八年（七九九）の記述は合うが、保科の地に入る前に、積石塚と合掌形石室を築く渡来氏族は、保科の近くの大室の地に五世紀代に居住していた。

また、前述したように、安坂（八坂）の地にも、五世紀代に、積石塚を築く渡来氏族が居た。これら先住渡来人の援護・協力を得て、大室・保科の地に、今来の渡来人が七世紀前半に入植したと考えられる。

鎧塚古墳群と金鎧山古墳・吉古墳群

高井郡の五世紀代の積石塚古墳は、須坂市上八町の鎧塚一号墳である。鎧塚は二号墳もあるが、この二つの積石塚古墳は、善光寺平を中心に多数存在する積石塚としては、最大級の規模である。

一号墳は径二三メートル、高さ二・五メートル、墳頂部は径約一〇メートルの範囲が平坦になっている円形の積石塚で、二号墳は現在は東西二〇メートル、南北二五メートルだが、本来は径二五メートル前後の円形であったとみられており、一号墳は水字貝製・碧玉製の釧や大型の仿製方格規矩四神鏡などの出土から、五世紀前半にまでさかのぼるとみられている。[11] 二号墳は六世紀中葉だが、朝鮮の忠清南道公州宋山里二号墳出土の金銅獅噛文鍔板《かばん》（獣首面帯金具）と似たものが発見されている。獣首面は、高句麗古墳出土のものが、最も近いといわれている。[12]

このバックルはツングース系騎馬氏族が身につけるものであるから、鎧塚古墳の被葬者の性格は、このバックルからも推測できる。公州は扶余が百済の王都になる前に都があったところだが（熊津といった）、高句麗・百済の支配階級は、ツングース系扶余族である。高井造が始祖とする鄒牟《すむ》王についても、『三国史記』百済本紀は、「百済始祖温祚王、其父鄒牟」と書く。合掌式石室も公州にある。

このように、積石塚の内部主体や遺物が公州の石室や出土物と同じであることや、文献による高句麗・百済王の同祖伝承からみて、信濃の積石塚は高句麗の墓制であるが、被葬者は高句麗系渡来人に限定せず、百済系渡来人も含めるべきであろう。金基雄は、百済の前期古墳（漢城〈ソウル付近〉にある古墳。二六〇年頃～四七五年）は、「積石塚・封土墳があり、墳丘は方台形で高句麗古墳と類似している」と書いている。[13] 五世紀代からの積石塚は、古くからの高句麗の墓制を信濃でも用いたためと考えられる。

鎧塚古墳群は須坂扇状地の南縁に流れる鮎川が形成した段丘に五基あり、うち二基（一号・二号墳）が調査されたが、対岸の西南に霧原大元神社（須坂市上八町）がある。『三代実録』元慶五年（八八一）十月九日条に、「授二信濃国正六位上池生神、御厩中央御玉神並従五位下一」とある御厩中央御玉神《みうまやなかのみたま》を祭神とする大宮を（大宮は上八町東部鮎川南岸の鳥屋山と栃倉村境鷹羽城山の間に、社地があり、現在も大宮前、大宮橋の名が残る）、正徳二年（一七一二）に竹村の諏訪神社に合祀した神社で、この地を霧原里というので嘉永元年（一八四八）に霧原大元神社と改称した。騎馬の神像があり、牧牛馬の神として信仰され、雨乞いには神像の馬に水を浴びさせると霊験があるといわれている。

『三代実録』の御厩中央御玉神がこの地の大宮だとする確証はないが、鎧塚古墳群の周辺にも牧があり、大宮は牧にかかわる神社だったから、『三代実録』に記されている御厩中央御玉神を祭神にしたのであろう。

また中野市新野の金鎧山《きんがいさん》古墳は、六世紀代の古墳で、合掌形石室である。環鈴・鈴・鉸具・帯金具・留金具・轡などの馬具が出土しているが、鉸具・鋸身などの工具がみられることからも、被葬者の性格が推測できる。このような高井郡の積石塚古墳と、郡の名が高句麗系氏族の高井造と同じであることからみても、この郡の特異性がわかる。

水内郡にも積石塚の吉《よし》古墳群がある（長野市若槻）。約一二〇基の古墳のうち九八基が積石塚だが、六世紀末から七世紀初頭に築造されたとみられるから（くわしくは「善光寺と渡来人」の項で述べる）、保科谷の積石塚古墳群の築造期と、ほぼ同じである。

水内郡の積石塚古墳は、善光寺の創建氏族と関係あるが（「善光寺と渡来人」で詳述）、善光寺は水内郡の氏族だけでなく、高井郡や更級郡・埴科郡など、善光寺平をかこむ郡の渡来系氏族ら、さらに筑摩郡・小県郡などの渡来氏族らも含めた人たちの信仰に支えられた寺とみられる。

積石塚のある安坂の地は、麻績郷に入るが、善光寺仏を信濃へ伝来した人物は、麻績東人、若麻績東人ともいう。伊勢の麻績氏の祖は八坂彦命というが、高句麗系氏族に八坂造・八坂馬飼造がいる。諏訪大社の女神が八坂刀売であることからみても、高句麗人と積石塚の問題は、善光寺だけでなく諏訪信仰ともかかわっている。

このように、信濃の高句麗人や百済人は積石塚を築き、馬を飼育していたというだけでなく、信濃人の信仰や文化ともかかわっている。私は信濃人の性格にも影響しているとみているが、問題が拡がりすぎるので略す。

信濃の四、五世紀の古墳と積石塚

高句麗人に関して無視できない記述に、『続日本紀』霊亀二年（七一六）五月条の、

駿河・甲斐・相模・上総・下総・常陸・下野の七国の高麗人千七百九十五人を、武蔵国に遷し高麗郡を置く。

という記事がある。

高麗郡の大領は高麗王若光で、高麗《こま》神社（埼玉県日高市新堀）は若光を祭神とする。『続日本紀』大宝三年（七〇三）四月条に、「従五位下高麗若光に王《こきし》姓を賜ふ」とある。たぶん若光は、高句麗が唐によって滅ぼされた天智天皇七年（六六八）以後に亡命して来た王族の一人であろう。とすれば、高麗郡の建部は亡命高句麗人を一カ所に集めたことになり、若光は日本のなかの亡命高句麗国の王《こきし》といえよう。信濃にも亡命高句麗人がいなかったとはいえない。それなのに信濃が入っていないのは、信濃には高句麗系渡来人が古くから住んで居り、彼らがヤマト王権にとって重要な馬の飼育にあたっていたから、その仕事に従事させるため、信

濃の亡命高句麗人は高麗郡へ移住させなかったのであろう。

古代朝鮮からの渡来は繰り返しあった。渡来して列島に住みついた人たちのうち、畿内に移住した人たちはヤマト王権の管掌下に入ったろう。だが、ヤマト王権の権力の及ばない地域に移住した渡来人の場合はちがう。

信濃の場合、ヤマト王権の統轄下に完全に入ったのは、五世紀後半の雄略天皇・倭王武の頃であろう。それ以前は、行政上の信濃国は存在しない。

信濃の最古の古墳は、四世紀中葉の弘法山古墳（前方後方墳、松本市出川町）、中山三六号古墳（円墳、松本市中山）である。前方後円墳では、四世紀後半では森将軍塚古墳（千曲市森）、四世紀末から五世紀初頭では川柳将軍塚古墳（長野市篠ノ井石川）がある。こうした古墳の被葬者は、松本平、善光寺平の地域の首長としてヤマト王権となんらかのつながりがあったとしても、完全な支配下にあったとはいえないだろう。五世紀後半に、馬と渡来人を伴って下伊那の天竜川流域に入ったヤマト王権とつながる集団が、六世紀から七世紀代に信濃の各地に進出し、科野国造になる過程で、完全に支配下に入ったとみられる。積石塚の築造が、六世紀から七世紀代に急激に広がるのも、そのことを示している。

しかし、鎧塚一号墳が五世紀前半であることは、ヤマト王権の支配体制が信濃全体に及ぶ以前から、積石塚古墳の築造者は信濃に居たことになる。

大塚初重と私は、「古墳の発生」に関連して、つぎのような対談をしているので、(14)参考のために記載する。

大塚　大室古墳群の五〇〇基のうち約四〇〇基が積石塚古墳で、これこれこういう考古学的な証明があるから渡来系集団の人の墓だと言えるのかというと、これが難しいのです。これまでわかっているのは、横穴式石室があり、墳丘は円墳で石が積んであるということです。これにも実はいろいろなバリエーションがあって、積石塚と一言で言うから、ただ石を積んでいるのかと思ったら大間違いで、時期的な差、グループ差によって、同じ墳丘の築き方にもいろいろあるということがはっきりわかってまいりました。

そして、これこそ渡来系の人の墓だというのは、合掌形石室と古くから言われている石棺の両側壁を両側から倒して真ん中で合掌にしたものです。長野県においては五世紀代の後半から六世紀のごく初めぐらいから積石塚が登場するところはありますが、ほとんどの合掌形石室は七世紀もかなり遅れて登場してきます。つまり、信濃国の千曲川流域におけるある集団の中に合掌形石室を墓制とするような渡来系の人たちが入ってきたのは、七世紀代に入ってからだという既成概念でとらえていたのが、ここ数年来、大室古墳群で合掌形石室墳の調査をしてみると、累々とした墳丘の石積みの中に、底部穿孔の壺形土器で複合口縁を持ったものがめぐらされていました。五世紀代ぐらいの古墳に見られる埴輪壺と言われているようなものが、いま割れて、石と石の間から出てくるわけです。これは古墳時代前期からみとめられる伝統的な葬送儀礼にもとづいた遺物です。

それから、供献された高坏が十数個単位でまとまって墳丘の上に置かれていました。その土師器は高坏などを見ると、和泉式土器と言われている土器ですから、古く見れば五世紀代の後半、新しく見ても六世紀のごく初めですが、そういう段階の合掌形石室墳がかなり出てきています。しかも、それが屋根の上に点々と造られていて、周りの横穴式石室を持つような古墳よりは古いので、合掌形石室墳がその集団の中で最初に出てくる古墳なんです。

そうすると、五世紀の後半段階に千曲川流域で渡来系集団の人たちがすでに姿を現していた、どんなに新しくても、西暦五〇〇年にはもう千曲川の流域にいたと言わなければなりません。文献のほうの先生方のご意見も聞かなければなりませんが、それは古すぎる、五世紀の終りごろに長野県に渡来系の人が入っていたとは考えられない、それは渡来系集団の墓制ではないんじゃないかという意見も今後出ると思うんです。

ところが、日本における須恵器の流入、横穴式石室墳の登場、馬具の登場とか製作、大陸風の新興工芸技術といった新しい文化の日本への流入の最近の研究状況から見れば、もしかすると東国に特別な技術を持った渡来系集団の人が七世紀などということではなくて、六世紀のごく初めか五世紀の最終段階ぐらいに来ていたと考えてもおかしくないんじゃないかという気もするんです。

つい先だって群馬県群馬郡箕郷町で下谷津《しもやつ》古墳という埴輪円筒をめぐらせた方墳が発掘されて、その石室から飾履が出たんですが、その飾履にはガラス小玉がたくさんはめ込まれていて、底にまではめ込んでいるので、実際には履けないと思うんです。まさに儀杖的な飾履と考えないといけないかもしれませんが、その古墳は群馬町の保渡田の一〇〇メートルクラスの前方後円墳群があるところのすぐ近くの方墳で、しかも墳丘が地表面下に入っていて、周りに大規模な濠を造り、上にさらに小さな方形墳丘が二段築成されているわけです。その石室からそういうものが出てきていますが、これは墳丘を埋めていた火山灰からいって、六世紀段階でもかなり早い段階です。

この場合、伝統的な前方後円墳の系譜で古墳群が造られていく中で、あるとき突然、大陸的なにおいが非常に濃い方墳が出現する。墳丘傾斜面には石垣状にずっと石を葺いて、埴輪円筒をめぐらせて、石室からガラス玉をはめ込んだ飾履が出てくるというのは、まさに異質な状況の現出ですね。そうすると、その被葬者は技術者集団の首長で、朝鮮半島からやってきて、早くも群馬に移住していると考えることもできるのです。そういう渡来系の集団の人たちは、これまで考えていた以上に東国に早く入っているのではないでしょうか。

それは、水がジワジワと染み込むようなかたちではなくて、突出的にある地域に、ある時期に、ある条件のもとに、渡来系の人が来たのかもしれません。群馬であれ、千曲川のほとりであれ、そういうことがあるので、それはやはり大和政権とのかかわりで考えざるをえないと思っています。そうすると、大室古墳群の調査は、ますますやる気満々というか、これは続けていかなくてはならないと、いまは思っているんですがね。

大和　問題提起としていまのお話をお聞きしていると、古墳の発生論を含めて、その時期に渡来系集団の人たちがそういうかたちで入っているなら、その前だって入ってきているかもしれないと思います。日本海ルートということも考えられます。『続日本紀』によると、奈良時代初めごろに、鳥取県に四、五〇人の新羅人が私貿易という形で来ています。

さらに、その前もいまの北朝鮮や渤海のほうからきています。ツヌガアラシトの伝承もその一つです。だから、畿内の政権を通らなくてもいろいろなかたちで来ていたと思いますが、そういう集団が海岸から上がってきて、千曲川流域に勝手に入ってくるということだって考えられるでしょうね。

大塚　海上保安庁の統計資料で調べると、韓国や北朝鮮のシャンプーの容器など現代の朝鮮半島の生活用品が日本海沿岸の各地に相当量流れてきているようです。そういうことから言っても、時にはダイレクトに朝鮮半島から人びとが相当来ていると考えて少しもおかしくはないと思うのです。

大和　さっき先生は積石塚だと言っても一概にそうは言えないとおっしゃいましたが、合掌形石室以外のものもあるんですか。

大塚　合掌形石室は、いまのところ五〇〇基の中の二十数基です。しかも、その二十数基の合掌形石室が一カ所にまとまってあるのではなくて、いちばん高いところで海抜七〇〇メートル、いちばん低いところで三五〇メートルぐらいですから、比高差三五〇ぐらいの谷筋に、こちらに二〇基、こちらに三〇基というふうに古墳群がある中に、二基とか三基ずつ含まれているんです。そして、そういう二、三〇基の古墳群は横穴式石室を持っていたり、積石塚ももちろんありますが、ある集団が自分たちの集団の墓域を決めて、そこにお墓を代々造っていくというときに、石が多いから積石塚を造るんだけれども、私の家は合掌形式の石室にしますよという人びとが、二、三世帯はいるということなんです。

大和　そうすると、合掌形石室を造るのは、その中で階層としては特別の人なんですか。

大塚　これまでは、横穴式石室をもつ積石塚が本来のもので、合掌形石室墳はむしろそういう集団の中で階層的にも低い人たちのものだと思っていました。ところが、ここ二、三年来、合掌形石室の調査が進んでくると、丘陵の尾根筋の立地条件のよい積石塚を掘ってみると、内部構造が合掌形石室で、集団のより上級者の墓だと思っていた横穴式石室などは、むしろ谷間のところに立地していて、その集団の中のエリートというか、トップクラスが合掌形石室だということがわかってきました。いかに考古学者が既成の概念でモノを考えているか、やはり自分の手で掘って、自分の目で見なければ考古学はダメだなということを、ここ二、三年痛切に感じています。

大和　周りに石があるから積石塚にするけれども、おれは土着の連中とちがって特別な石室を造るんだと、主張しているとすれば、それはたいへんおもしろいというか、問題ですね。

大塚　それでいて、大室古墳群五〇〇基には埴輪はないとずっと言われてきました。ところが、合掌形石室墳に埴輪がめぐっているんです。ですから、古墳に埴輪を立てめぐらすということが畿内のオーソドックスな古墳のあり方だとすれば、直径一八メートルか二〇メートルの円墳を丘陵の尾根上に造って、石をぐるりと積んでいますが、その積石の中に相当量の円筒埴輪の破片が出ているということは、墓制としてのトータルな面では、伝統的な日本的な墓制の理に適っているのですが、棺構造にのみ故国の墓制を踏襲したのでしょうか。

大和　神話の世界でも、その後の古代の話でも、外から来て、土着の人々の上に立ったとしても、必ず地元の人と結婚するのが一つのパターンになっています。それと同じように、外来のやり方とその土地のやり方の両方をやっているわけですね。合掌形石室が外来のものといっても、積石塚がすべて渡来人の墓とは、一概に言えないということがわかったんですが、古墳の発生の問題でも、同じように一概に言えないことがわかります。積石塚でも、ただ積石をしているというだけでなくて、いろいろな問題が、問題提起されたと思うんです。

大塚　それでは渡来系の人たちの役割は何かというと、千曲川の氾濫原にのぞむ荒れた扇状地で、馬匹の生産に従事していた人びとではないかと推測しています。「大室牧や高井牧の名が『延喜式』に出てきているから、のちの平安時代ころについてはわかる。だけど、五世紀後半から六世紀のわりあい早い段階に、信濃で馬を集団で飼育するというのは古すぎるよ」と、おっしゃる人もいるんです。

ただ、群馬の渋川のそばの子持村の黒井峯という遺跡で傾斜が二八度ほどの屋根がそっくり出てきたり、かまどに続く高い煙突が出てきたということが新聞に出ていたでしょう。六世紀代の黒井峯で、屋敷の柵がめぐり、その内側に竪穴住居と、平地の建物があって、厩が発見されています。長方形プランで、仕切りで五区画にわかれて、そこはへこんでいるんですよね。馬がつながれた痕跡と見られ、五頭分だそうです。発掘に来ている人たちで馬を飼ったことのある人たちは、ああ、これは馬小屋、馬小屋だとおっしゃるんです。

黒井峯の六世紀の村落に馬小屋がある、東国の六世紀の中ごろから後半にかけての村で、馬が一軒の屋敷の中で五頭も飼育されていたということは、予測もしなかったことですよ。

大和　文献の中に、欽明期から敏達期のあたりのところで、百済の高官の日系の科野氏というのが出てくるんですよ。百済の官僚としては相当上の高官なんです。坂本太郎先生は信濃の豪族だと言っていますが、元善光寺の伝承は河内にあります。私は、河内の馬飼部と信濃は無関係ではないと思っています。宮廷直轄の牧は信濃が一番多いんです。ですから百済の高官の科野氏は、河内経由の日系官僚ではないかと推測しています。百済の高官の科野氏は、馬の関係で相当古いときに信濃とかかわっていたのではないかと思われます。

とにかく、仏教伝来伝承にある、百済王から贈られた仏像は、難波で捨てられたが、その仏像を拾いあげてまで運んでいます。なぜ、当時の辺境である山深い信濃に、日本最初の仏像が安置されたという伝承があるのか、このような善光寺伝承や（善光寺は百済寺といいます）、馬の飼育その他の問題など、信濃と渡来人の関係は、積石塚の問題を含めて、無視できない問題があるような気がします。

大塚　今までの調査で古墳から出た金ピカの馬具については、先輩たちがいろいろやっていますが、錆びた鉄製のどうにもならいような轡《くつわ》などは、報告書の中にさえ時には轡一個出土と書いてあるだけで、型式さえ書いていない例が多いのです。そういう実用的な轡の出土古墳を調べてみると、群馬、山梨、長野、静岡県などに出土例が多いのですね。長野では木曽谷とか、飯田のような天竜川の渓谷沿いの古墳が多いんです。これは六世紀以降の大和政権がいかに東国の馬の生産を重視していたかということですが、その年代は古墳時代まで上がりますからね。こうした問題も古墳発生論とともに、今後ますます研究を深化させねばならないと思うのです。

大和　お話をお聞きしていて、信州の大室古墳群のあるあたりの地域の問題は、古代信濃にかかわらず、日本古代史の上で大きな問題をはらんでいるように思います。

対談で、五世紀代の渡来人の信濃入りは早すぎるという意見があるが、五世紀代でも、渡来人が信濃へ入ってきていないとはいえないという話になったので、日本海ルートを述べたが、畿内をまったく無視した地方史観では、五世紀前半築造の森・川柳将軍塚古墳や、弘法山古墳の問題は解けない。

高句麗の積石塚の墓制は、四世紀末にストレートに、大阪府柏原市国分市場の市場茶臼山古墳にみられる。この地は、「善光寺と渡来人」のところで述べるように、科野国造になった河内多氏（シキ県主）の本拠地であるから、ヤマト王権による五世紀後半からの本格的な信濃進出以前に、市場茶臼山古墳築造の高句麗または百済系渡来人が、馬の飼育に適した信濃に、入植していたとも考えられる。

いずれにしても、彼らの故郷と似た高燥の気候と風土の地に、積石塚古墳は作られているのだから、北信濃の地は、関東の高麗郷のように、ヤマト王権によって強制的に移住させられたのではなく、彼らが第二の故郷として、自主的に移住し定着したという面も考慮する必要がある。その地に、後からの渡来者を、ヤマト王権が馬の飼育のために移住させ、その結果、五世紀から七世紀まで、三世紀にわたるわが国最大の積石塚古墳の存在する地になったと考えられる。

九〇〇基に近い信濃の積石塚の被葬者は、すべて渡来人とその子孫とするわけにはいかない。彼らと血縁・地縁ができた在地の人たちも葬られているだろう。だが、大筋として、渡来人とその後裔たちを、被葬者とみてよいであろう。

〔注〕

(1)大場磐雄・一志茂樹・原嘉藤他「長野県東筑摩郡坂井村安坂積石塚の調査(一)・(二)」「信濃」第三次 十六巻四号・六号　一九六四年　信濃史学会

(2)「日本歴史地名体系47」『長野県の地名』四七頁〜四八頁　一九七九年　平凡社

(3)太田亮『姓氏家系大辞典　第三巻』六一七三頁　一九三六年。佐伯有清『新撰姓氏録の研究　考証篇　第五』三三一頁　一九八三年　吉川弘文館

(4)桐原健『積石塚と渡来人』一一三頁　一九八九年　東京大学出版会

(5)注2前掲書　六二一頁

(6)小松芳郎「須々岐水神社」『日本の神々9』所収　一九八七年　白水社。注2前掲書　六二九頁

(7)森浩一「古代信濃と朝鮮をめぐって」「朝鮮文化」三九号　一九七八年　朝鮮文化社

(8)大塚初重「大室古墳群」『長野県史・考古資料編　主要遺跡(北・東信)』所収　一九八二年　長野県史刊行会

(9) 桐原健「保科の古代史」『私の古代学ノート』所収　一九八三年　信毎書籍出版センター
(10) 大塚初重「長原古墳群」注(8)前掲書
(11) 桐原健　注9前掲書。永峯光一「八丁鎧塚一・二号古墳」注8前掲書所収
(12) 桐原健　注4前掲書　五九頁
(13) 金基雄『百済の古墳』四三頁　一九七六年　学生社
(14) 大塚初重・大和岩雄「巨大古墳の発生」「東アジアの古代文化」五二号所収　一九八七年　大和書房

なぜ河内国に元善光寺があるか

河内国志紀郡長野郷にある元善光寺

善光寺大本願の「大本願法系図」「大本願系図（西方寺住牌）」には、

恵灌――開山尊光上人――二代尊祐上人……

とあり、開山の尊光上人の師を「恵灌」とする。『日本書紀』推古天皇三十三年（六二五）正月七日条に、「高麗の王、僧恵灌を貢《たてまつ》る。仍《よ》りて僧正に任《め》す」と記す「恵灌」のことである。『元亨釈書』によれば、勅令によって大和の元興寺に住し、後に河内国餌香市の井《い》上《かみ》寺を創建して、三論宗を弘めたという。『三国仏法伝通縁起』にも、「三論学者、随二大唐嘉祥大師一受二学三論一」とある。だから、『善光寺上人由緒書』に、「開山より中頃迄一山凡三論宗なりしが、後鳥羽院の時浄土宗に化し申候」とある。

河内国餌香市の井上寺は、『和名抄』の河内国志紀郡井於《いのへ》郷にあった寺である。この地は、雄略紀十三年三月条の餌香長野邑、神功紀二年十一月条の長野陵（『延喜式』諸陵寮の仲哀天皇の恵我長野陵）、允恭紀四十二年の長野原陵（『延喜式』諸陵寮の允恭天皇の恵我長野陵）などのある、志紀郡長野地域にある。

ところで、信濃の「長野」の地名について、坂井衡平は、「長野の名は慶長六年の寺領書に箱清水・三輪と共に長野村と記されてゐるのが古い方で、元禄頃の古図にも勿論長野村と見えてゐる。慶長以前の古文書に此名の見えてゐる者は希であるが、此頃の名では無く其起原はずっと古い様である。其中珍しいのは応永頃の舞の詞烏帽子に、長範が長野郷で伯父の馬を盗んで飯田の市で売ったと記している。郷名でも呼ばれたと見える」と、『善光寺史』(1)で書き、「長野」は「古代からの称」とする。

「応永頃」とは、室町時代の一三九四年から一四二八年頃であるが、私も「長野」は古い地名と思う。善光寺は長野にあるが、河内国志紀郡長野郷に、元善光寺(藤井寺小山)がある。この小山善光寺が「元善光寺」といわれるのは、難波の堀江に捨てられた仏像を背負って、信濃へ下向しようとした本田善光が、一宿したためと、『小山善光寺縁起』は記す。

元善光寺のある小山は、井上寺のあった井上(今は大井)の西に隣接してあるから、善光寺の源流は、河内国志紀郡の長野地方と思われる。

恵灌の後をついだのは、福亮・恵隠ら十五人だが、その中の智光・礼光は河内の人で元興寺で三論を探究した。坂井衡平は「善光寺の三論宗は元興寺流ならば智光・礼光の後(2)」とみるが、私は恵隠に注目したい。

恵隠は『日本書紀』によれば、留学先の唐から、舒明天皇十一年(六三九)九月に帰国し、同十二年五月五日、無量寿経をはじめて講説したとある。ところが、元善光寺は「南面(命)山無量寿院善光寺」という。『飛柱記』『霊応記』では、信濃の善光寺も「無量寿寺」と記す。無量寿経は浄土三部教の一で、後に浄土教の根本聖典になっている。阿弥陀信仰はこの無量寿経によるから、井上光貞は、恵隠が帰朝した舒明天皇十一年に、阿弥陀信仰がわが国に輸入されたとみる。

善光寺の本尊も、河内の元善光寺の本尊も、阿弥陀三尊といわれるが、阿弥陀信仰の上限は、井上光貞が述べるように、舒明十一年頃で、「白鳳時代より阿弥陀信仰が順次に進行して遂に奈良時代に其の王座を占めるに到る」(3)のだから、善光寺の阿弥陀信仰も白鳳時代をさかのぼることはないだろう。七世紀後半の白鳳時代の瓦の出土からみて、善光寺の創建の時期が推測できる。

阿弥陀三尊を本尊にする信濃の善光寺を無量寿寺といい、河内の元善光寺を無量寿院というが、どちらも「長野」の地にあること。元善光寺が恵灌の井上寺の近くにあり、この恵灌は善光寺大本願の開山上人(尊光)を師とすることからも、河内の元善光寺↓信濃の善光寺という経路に、注目したい。

善光寺が、開山より三論宗であったのは、高句麗から渡来した恵灌とかかわるためだが、信濃の善光寺の創建には、元善光寺↓善光寺という関係からみて、無量寿経をはじめて講義した恵隠や、河内の人で三論宗を拡めた智光・礼光が、無視できない。

このように、河内の無量寿院が元善光寺といわれ、「元」がつくのには、それだけの理由があるのである。

韓郷(辛国)神社と尾張部

河内の元善光寺の真南、約八〇〇メートルの位置に、葛井(藤井)寺がある。その境内の西南隅に、式内社の長野神社があった。長野神社は、今は同じ式内社の辛国神社に合祀されている(長野神社の所在地より一〇〇メートル南に辛国神社はある)。古田実は「辛国」は「韓国」に起因するから「葛井氏をはじめ周辺の渡来氏族にかかわる社《やしろ》であったとみてよいであろう」とみているが、(4)私も同感である。

この辛国神社は、河内の元善光寺（小山）からは、南一〇〇〇メートル余の場所にあるが、信濃の元善光寺（飯田市座光寺の座光如来寺）の近くの喬木村にも、韓郷神社がある。戦時中に「韓」を「辛」に直させられたというが、信濃と河内の元善光寺と、信濃と河内の韓郷（辛国）神社の位置関係の一致を、偶然でかたづけるわけにはいかない。辛国神社は、百済系の葛井氏（『続日本紀』）らの祀っていた神社であるが、善光寺大勧進の宝物の平安時代の大般若経の筆者は、「葛井重人」である。

また、『和名抄』の信濃国水内郡に尾張郷が載るが、流布本は「尾張」を「乎波利部《をはりべ》」と訓んでいる。吉田東伍の『大日本地名辞書』は、「今古牧村、朝陽村柳原など。（中略）古牧に西尾張部、朝陽に北尾張部の大字のこる。古姓名より起りし名なり」[5]と書いている。『日本地理志料』も、「按修二尾張部一也」と書く。

北尾張部に尾張神社があり、彦八井耳命を祀るのは、『新撰姓氏録』の河内国皇別に、尾張部は彦八井耳命の後とあるからである。彦八井耳命は多氏系だが、尾張戸とも書く。この尾張戸、飛鳥戸、春日戸などの「戸」は、岸俊男によれば「朝鮮から渡来した集団」をいう[6]。

吉井巌は、『新撰姓氏録』に尾張部と共に「江首」が、祖を「彦八井耳命の七世孫、来目津《くめつ》彦の後」（河内国皇別）と記し、河内国諸蕃の佐良々連が、「百済人久米都《くめつ》彦より出づるなり」とあることから、江首と佐良々連は、百済系の同祖氏族とみる。この百済系氏族のうち江首は祖を「彦八井耳命に結びつけ、皇別氏族に転化した」と推測する[7]。とすれば、尾張部（戸）も同じであろう。

『新撰姓氏録』の河内国皇別で、神八井耳命を祖とする氏族（志貴県主・紺口県主・志紀首）も、彦八井耳命を祖とする氏族（茨田宿禰・下家連・江首・尾張部）も、多朝臣と同祖とあるが（志貴県主・茨田宿禰の条）、『古事記』は神八井耳命を祖とする氏族だけを多氏系とする。このような書き方からも、尾張部は「朝鮮から渡来した集団」が多氏系に入ったものであろう。

この尾張部は、韓郷（辛国）神社と同じに、河内でも信濃でも、善光寺の近くにある。このことも、偶然の一致ではかたづけられない。

麻績について

河内の尾張部の居住地は、『和名抄』の安宿郡尾張郷である。この地を吉田東伍・佐伯有清は、国分寺のあった国分（柏原市国分）とみる。(8) この地の西、石川を越して国府があった。式内大社の志貴県主神社は河内国総社としてこの国府跡にある（藤井寺市惣社）。志貴県主神社は大和川と石川の合流する地点で、付近一帯の高台は旧石器時代から縄文・弥生・古墳時代を経て律令時代に至る、わが国有数の複合遺跡（国府《こう》複合遺跡）である。

志貴県主神社の社殿の土台石には、付近にあった志貴県主の氏寺といわれる衣縫廃寺の礎石が流用されているが、この寺も前述の高句麗の僧恵灌が建立したといわれている（『扶桑略記』）。

『日本書紀』の室寿《むろほぎ》の寿詞に「旨酒《うまさけ》　餌香の市に　県《あたい》もて買わぬ」とあるが、『釈日本紀』の注には、師説として、高句麗人が餌香市に住んで旨酒を醸《かも》し、時の人が競って高価をもって買ったと記している。たぶん、餌香長野の地に、高句麗僧の恵灌が居たため、旨酒を高句麗人がつくったと、推測したのであろう。

衣縫寺の「衣縫」については、『日本書紀』の雄略天皇十四年正月十三日条に、衣縫の兄媛・弟媛が呉国から織女をつれてきたが、兄媛がつれてきた呉織は、伊勢衣縫の祖とある。伊勢の麻績連・服部連は、麻績機殿・服部機殿で神衣を織ったとされているが、両機殿は最初は黒部（松阪市東黒部町）にあったという。（『延暦儀式帳』『神宮雑例集』『神郡誌』）。

吉田東伍は、黒部は呉部の転で、呉織の衣縫部の地とする。(9) 「呉国」の「クレ」を高句麗の「クレ（リ）」とみる説がある。すべての「呉」を高句麗とはいえないが、恵灌の井上寺のあった地に、式内社の志疑《しき》神社があり、その近くに式内社の黒田神社（藤井寺市北條町）がある。古田実は、この「黒田」を「呉田」とみるが、(10) 恵灌の関係からみると高句麗の「呉」とも解せる。とすると、衣縫寺の線から、呉織の「呉」も高句麗とみることができる。

そこで注目したいのは、「麻績」である。「大本願系図」では、開山上人の師は恵灌であり、善光寺は恵灌の三論宗である。この高句麗僧恵灌と衣縫寺の線から「麻績」が登場してくるが、信濃の元善光寺は『和名抄』の伊那郡麻績郷にある。そして、善光寺の本尊を信濃へもってきたのは、『伊呂波字類抄』では「若麻績東人」、『平家物語』延慶本・鎌倉本・佐野本は「大海の本田善光」、如白本は「麻績の本田善光」、伊藤本・八坂本は「大海東人本田善光」、長門本は「麻績東人本太善光」と書く。「大海《おみ》」は「麻績《おみ》」のことである。

信濃には伊那郡以外に筑摩にも麻績郷があるが、どちらの麻績郷も、古墳出土品は朝鮮と関係深いものが多い。筑摩郡の麻績には積石塚古墳があるが、この地は高句麗系の安坂氏の居住地である（『日本後紀』延暦十六年条）。「安坂」は「信濃の高句麗人と積石塚古墳」で述べたように、「八坂」の転である。『旧事本紀』でも、伊勢の麻績連の祖を八坂彦命といい、『新撰姓氏録』では、八坂造を「狛《こま》国の人、之留川麻乃意利佐《しるつまのいりさ》より出《い》づ」（山城国諸蕃）と書き、麻績・高句麗（狛は高句麗のこと）は「八坂《やさか》」にかかわる。

馬飼の伴造に八坂馬養造がいるが、太田亮が、この馬飼の氏族を高句麗系とするのも、[11]八坂造との関係からである。

ところで、信濃の元善光寺のある麻績郷の古墳からは、馬具が多く出土するが、筑摩の麻績郷の古墳からも、伊那の麻績ほどではないが、馬具が出る。

『上宮御鎮座伝記』『諏訪上宮神名秘書』などでは、諏訪大社の姫神の八坂刀売命と、八坂彦命が「ヤサカ」で共通するから、八坂刀売を麻績氏系とみる。

伊勢の長田麻績神社を吉田東伍は『大日本地名辞書』で、『神名帳考証』『勢陽雑記』『拾遺及式社案内記』の説を採って、式内社の意非多神社にあてるが、[12]意非多神社は黒（呉）部の地にある。この「黒」「呉」も、高句麗系の河内の衣縫寺の呉部とかかわる。意非多神社の若宮の祭神太田祝は、麻績の地（松阪市東黒部町・西黒部町）の多氏の祖となっているが（『黒部史』）、河内の衣縫寺を氏寺にするのは、同じ多氏系の志貴県主だからである。衣縫寺は恵灌がかかわるが、善光寺のある信濃国の国造も多氏系で、善光寺大本願の開祖の師が恵灌であり、善光寺周辺にも高句麗系渡来人の痕跡があることからして、本田善光の「麻績」と河内の元善光寺は、深く結びついている。

馬と信濃と河内

善光寺は「百済寺」ともいう（『拾葉抄』『天王寺誌』）。高句麗も百済も、支配階級は騎馬民族の扶余族である。

信濃の尾張部の近くには駒沢・牧野という地名があり、吉田牧、桐原牧がある。また、前述したように信濃の長野郷には馬の説話があり、麻績にかかわる八坂の名を冠した馬飼（養）造もいる。善光寺縁起に、聖徳太子が黒駒に乗って難波の堀江へ行ったとあることからも、馬は無視できない。

河内の尾張部の居る安宿郡にも「駒谷」という地名があり、河内馬飼部は、他の馬飼部とちがって、一番多く記・紀に登場するのも、河内が馬にかかわるからである。『日本書紀』の雄略天皇九年七月一日条に、飛鳥戸郡の田辺史伯孫が、聟の古市郡の書首加龍のところへ行ったとき、誉田陵の近くで赤い騎馬が龍のようにとぶのを見たという話が載るのも、そのことを示している。

『延喜式』の左馬寮式に「飼戸《かひへ》」として、

山城国六烟、大和国四十烟、河内国一百八烟、美濃国三烟、尾張国九烟。

とある。平安時代（『延喜式』は延長五年〈九二七〉に完成）になっても、河内は飼戸が圧倒的に多いのは、河内馬飼部の伝統であろう。

この飼戸の馬は、各地の牧から供給するが、左馬寮式の「御牧」には、

甲斐国三牧、武蔵国四牧、信濃国十六牧、上野国九牧。

の四カ国の牧の名を記載している。その中で信濃国が圧倒的に多い。このことからも、信濃と河内の結びつきが推測できる（くわしくは、「馬と科野国造」を参照）。

いままで述べたことからも、信濃の善光寺と河内の元善光寺が「長野」にあること、尾張部が両方の善光寺の近くにあること、韓郷（辛国）神社が信濃と河内の元善光寺の近くにあることは、偶然の一致ではないし、また、本田善光の「麻績」も、河内と信濃の結びつきとして、無視できない意味をもっていることが推

測できる。

垣内善光寺と秦氏

ところで、河内の国には、かつての志紀郡長野郷の元善光寺（小山善光寺）以外に、もう一つの元善光寺がある。高安山西麗の垣内（八尾市垣内）に、善光が一泊したという縁起をもつ垣内善光寺がそれである。

この地には、隣接して教興寺と岩戸神社がある。岩戸神社は、志貴県主神社と同じ式内大社で、天照大神高座神社という。久安五年（一一四九）三月十三日に、大和国国司に提出した『多神宮注進状』には、多神社と天照大神高座神社は「同体異名」とある。この神社は江戸時代は「岩戸弁天」といわれたが、神仏分離で弁財天は教興寺で祀っている。このように、教興寺と岩戸神社は密接な関係をもち、教興寺の鎮守が岩戸神社であるが、教興寺を秦寺という。理由は秦河勝が創立したといわれるからである。

天照大神高座神社（岩戸神社）と教興寺（秦寺）の関係は、大和の多神社の近くにある秦河勝が創建したといわれる秦楽寺と多神社の関係とも重なる。多氏と秦氏のかかわりの深いことは、拙著『秦氏の研究』『続秦氏の研究』で書いたので略すが、垣内善光寺に隣接して、多氏（科野国造は多氏系である）と秦氏にかかわる寺と神社があることは、『扶桑略記』引用の善光寺縁起に載る「秦巨勢大夫」の登場と、無関係とは思えないのである。

喜田貞吉は、秦巨勢大夫を秦河勝のこととするが（「善光寺草創考」）、坂井衡平は、聖徳太子伝説が善光寺縁起に登場したため、太子の寵臣であった秦河勝が付加されたと推測する（『善光寺史・上』）。しかし、聖徳太子伝説は鎌倉時代以降の善光寺縁起に登場するが、「秦」の名は平安時代の文献に引用される善光寺縁起に、すでにあらわれているのだから、坂井説は無理である。

元善光寺として、河内に、小山と垣内の二つの寺が登場するのと、麻績の本田善光と秦巨勢大夫が、善光寺縁起に登場するのと対応する。本田善光という姓名は小山善光寺、秦巨勢大夫は垣内善光寺にかかわるようである。

本田善光と誉田

大石千引の『野乃舎随筆』では、本田善光について、河内の誉田に住んでいたから「ほんだよしみつ」といったと書いているが、「大本願系譜」には、善光を水内郡誉田里の住人として、其の地に厳堂を建てたと記す。

前述の田辺史伯孫が赤い駿馬をみた誉田陵とは、応神天皇陵のことである。応神天皇を誉田別命という。小山善光寺、葛井寺、長野神社、辛国神社、志貴県主神社などが位置する方一里の中に、この誉田の地も含まれる。だから、いままで述べてきたことからみても、「ほんだ」は、河内の誉田にかかわる。

この古市の誉田に、向原山西琳寺（向原寺・古市寺ともいう）がある。この寺は河内の史《ふみ》集団の王仁後裔氏族の西文《かわちのあや》氏らの氏寺である。西琳寺縁起によれば、檀越に武生氏がいるが、武生氏は天平神護元年（七六五）十二月に、馬史（毘登）から武生連になっている（『続日本紀』）。このように、赤い駿馬の話も誉田陵にかかわり、誉田と馬の関係は深い。

坂井衡平が『善光寺史』で「河内地方の古善光寺」として、「古市西琳寺と向原寺伝説」について書いているのも、難波の堀江に捨てられる前に、仏像が安置されていた「向原」の伝承（『日本書紀』欽明天皇十三年十月条の、蘇我稲目が向原の家を寺としたと記すのは、この寺であって、大和の向原寺〔豊浦寺〕は後年馬子の建立したものであるという伝承〈『三才図会』〉）によっている。だから、「向原山西琳寺」または「向原寺」といわれるのである。

この西琳寺跡に現存する塔礎石は、法隆寺の前身である若草伽藍の塔礎石より大きく、日本最大といわれているが、建造時期は七世紀後半頃とみられているから、欽明紀の向原伝承とは合わない。それなのに、西文氏の氏寺が蘇我氏の向原寺の伝承をもつのは、蘇我氏との関係の深さによる。

井上光貞は「王仁の後裔氏族と其の仏教――上代仏教と帰化人の関係に就いての一考察(13)――」で、文（書）・武生・蔵氏を王仁の後裔氏族とし、王仁後裔を仮冒する氏族として、葛井・船・津氏をあげ、これらを総称して「王仁裔氏族」と称する。そして「王仁裔氏族の統率者である蘇我氏が衆に先んじて仏教を受け容れたと云う事実から、王仁裔氏族も又蘇我氏の如く衆に先んじて之を受け容れた」とみて、その根拠として「仏教が王仁裔氏族の故郷たる百済より輸入されたと云う事」をあげている。西琳寺が向原寺の伝承をもつのは、これらの氏族がわが国の仏教伝来に大きな役割を果たしているためであろう。

西琳寺の本尊も、善光寺の本尊の伝承と同じ「百済国所伝弥陀三軀之霊像」（『西琳寺流記』）である。この本尊の銘文によれば、斉明天皇五年（六五九）に、この本尊を安置するための寺を建立したとある。今も残る礎石は、そのときのものである。

井上光貞は、前述したように、舒明天皇十一年（六三九）に宮中で無量寿経を講説した恵隠が、阿弥陀信仰をわが国に伝えたとみるが、(14)「善光」とは、無量寿経の「善因光果」の意で、法蔵菩薩と阿弥陀如来との関係にもとづいた名である。

『続日本紀』の延暦十一年三月条に津連直道（菅野真道）が、「己等先祖、葛井・船・津三氏墓地、在二河内国丹比郡野中寺以南一。名曰二寺山一。子孫相守、累世不レ侵……」と奏上しているが、寺山には薬師寺式伽藍配置の善正寺があり、奈良時代の瓦が付近一帯から出る。善正寺という寺名も、善光寺との関係を連想させる。

以上述べた事例からみても、本田善光の姓名は、河内の誉田という地名によるとみられる。

なお、『日本書紀』に百済の官僚として登場する、斯那奴阿比多《しなのあひた》（継体紀十年）、斯那奴（科野）次酒《ししゅ》（欽明紀五年・六年・十四年・十五年）、科野新羅《しらき》（欽明紀十四年）など、「シナノ」を名乗った人々を、坂本太郎は「古代信濃人の百済における活躍」とみるが、(15)もしこれらの人物が信濃とかかわりがあるなら、河内の百済系渡来人との関係をぬきには、「古代信濃人の百済における活躍」はなかったと、私は思う。

〔注〕

（1）坂井衡平『善光寺史・上』三六二頁　一九六九年　東京美術
（2）坂井衡平　注1前掲書　四三四頁
（3）井上光貞「王仁の後裔氏族と其の仏教——上代仏教と帰化人の関係に就いての一考察——」「史学雑誌」第五四編第九号
（4）古田実「辛国神社」『日本の神々3』所収　一九八四年　白水社
（5）吉田東伍『大日本地名辞書・第五巻』七六二頁　一九〇二年　冨山房

（6）岸俊男「日本における『戸』の源流」『日本歴史』一九七号
（7）吉井巌「茨田連の祖先伝承と茨田堤築造の物語」『万葉』七一号
（8）吉田東伍　注5前掲書第二巻　四六五頁。佐伯有清『新撰姓氏録の研究・考証篇第二』四五八頁　一九八二年　吉川弘文館
（9）吉田東伍　注5前掲書第二巻　八四二頁
（10）古田実「黒田神社」注4前掲書所収
（11）太田亮『姓氏家系大辞典・第三巻』六一七三頁　一九六三年　角川書店
（12）吉田東伍　注5前掲書第二巻　八五二頁
（13）井上光貞　注3前掲論文
（14）井上光貞　注3前掲論文
（15）坂本太郎「古代信濃人の百済における活躍」『信濃』一八巻八号

善光寺と渡来人

善光寺と長野氏

信濃史学会の「信濃」（三七巻八号）に、「なぜ河内国に元善光寺があるか」を書いたが、その後、善光寺と渡来人の関係でわかったことがいくつかある。特に、長野氏と善光寺の関係について、まったくふれなかったので、主にそのことについて述べる。

善光寺は水内郡芋井郷（現・長野市大字長野元善町）にあるが、芋井郷は長野の地にある。この地が渡来系氏族の長野氏にかかわることは前述した（一八〇頁～一八一頁）。

『新撰姓氏録』の右京諸蕃に、

長野連　山田宿禰と同じ祖、忠意の後なり。

とあり、同じ右京諸蕃に、

山田宿禰　周霊王の太子、晋自《よ》り出づ。

とある。

河内国諸蕃の長野連も、右京諸蕃と同じ書き方だが、同じ祖である山田宿禰の祖について、河内国諸蕃は、

山田宿禰　魏の司空《しこう》、王昶自り出《い》づ。

と書き、右京と河内では、山田宿禰の祖はちがっている。

周霊王は東周の第十代の王（在位紀元前五七一～五四五）であり、司空（官職名）王昶が仕えた魏朝（二二〇～二六五）とは、年代が離れすぎており、二つは結びつかない。だが、右京・河内の山田宿禰と同祖の長野連は、どちらも忠意の後裔とあるから、本来は右京も河内も同じであったろう。朝鮮から渡来の秦氏が、始祖を秦始皇帝に結びつけたように、右京・河内の山田・長野氏も、秦氏と同じに、それぞれ中国人を祖とする系譜を作ったのである。だから、長野氏は渡来氏族で、河内国志紀郡長野郷に住んでいたから、長野氏を名乗ったのであろう。

長野の地名は、石川の上流の錦部郡《にしこり》にもある。この地名は、現在河内長野市になっている。『日本書紀』に載る「長野」地名は、陵墓の名称からみても、すべて志紀郡の長野だから、長野氏が下流の長野から上流へ移住して、錦部郡にも長野地名が生れたのであろう。志紀郡の長野は石川と大和川、錦部郡の長野も、石川と天目川の合流地の近くにあるから、河川の工事・管理、水田開発の土木技術をもっていた氏族とみられる。それを証するのは、河内の長野氏らが祖にする「司空王昶」である。司空は官職名だが、『後漢書』百官志に、

司空公一人、本注曰、掌㆓水工事㆒、凡営㆑城、起㆓邑浚溝泗㆒、修㆓墳防之事㆒、則議㆓其利㆒、建㆓其功㆒。

とある。このような司空公の役職からみても、河内の長野氏らが司空王昶を祖にしたのは、河川工事の技術集団だったことを示している。

仁徳紀に、科野国造と同祖の紺口県主の居た感玖《こむく》（紺口）の地に、大溝を掘って石川の水を引き、荒野を水田にしたとある。この地は、志紀郡と錦部郡の間にある。こうした土木工事に長野氏はかかわっていたから、合流地の近くを居住地にしていたと考えられる。

『大阪府の地名（Ⅱ）』は、長野郷を古室・沢田・岡・藤井寺（現・藤井寺市）の地域に比定し、「当地域の重要性は六世紀中葉以降の本格的な古代国家形成が進むにつれて高まった。丹比道の官道としての整備と古市大溝の開削が特に大きな意味をもつ。なかでも古市大溝の開削は重要で、これによって難波から平野川―東除川と結ぶ水路がひらかれ、西国からの貢納物がこの地まで水運を利用して運ばれることになった(1)」と書いている。たぶん、古市大溝の開削にも、長野氏はかかわったのであろう。

『続日本紀』の宝亀元年（七七〇）十月条に、金刺舎人若嶋が正七位下から外従五位下に昇進し、宝亀三年（七七二）に連姓を賜り、同八年に従五位になっている。若嶋は「女孺（嬬）」とあるが（宝亀三年条）、女嬬は後宮の諸事に従事する女性で、郡領級の家の子女が当てられているから、桐原健は、水内郡の金刺氏は「女嬬として若嶋を出仕させているからには、おそらく大領の位置にあったものと思われる(2)」と書く。坂井衡平も、「若嶋の父は水内郡郡司に当る者の様である(3)」と書いている。桐原健は大領と推定したうえで、金刺氏は「芋井郷を本貫とし、以下に記す水利事情により芹田・尾張・古野など水内郡南半の平坦部にも勢力を及ぼしていた」とし、次のように書く。

現在、長野県庁の西を真直ぐに南下して犀川に入っている裾花川は、往時は妻科地籍で東方に屈折し、扇状地面上を編目状に乱流して千曲川に注いでいた。（中略）これら東西方向にのびている微高地上には、奈良時代当時、既に数世紀にわたる歴史を持っていた集落があり、村人は微高地間に水田を経営していた。用水は妻科地籍より東流してくる裾花川の乱流である。用水管理の厳しいことは現代も古代も同様で、通常、水利権は川や堰の上流者が握っている。金刺氏が郡の大領で、裾花川が東流を始める妻科地籍が含まれる芋井郷に長い定着の歴史を有していたと理解した時、彼等が水内郡南半部の裾花川水系の用水権を掌握していたと考えることはあながち根拠のないことではなかろう。

河内の志紀郡志紀（貴）郷と長野郷は隣接している。科野国造の金刺舎人は志紀県主とつながる多氏系氏族であるから、金刺（志紀）氏は、河川工事の渡来系技術集団（長野氏）を率いて水内郡に移住し、長野氏に裾花川・千曲川の河川工事を行わせ、金刺氏が用水管理権を握っていたのであろう。

この用水管理が及ぶ地域が、芹田物部の芹田郷、尾張部の尾張郷であることからみても、水内郡南半の平坦部は、河内からの移住氏族が用水工事を行って水田開発と牧場経営を行った地と考えられる。信濃の水内海は推古朝に鳥臣が治水工事をしたところで、水内橋は百済から渡来した白癩人がかけたという伝承も、水内で治水開拓工事が行われたことを示唆している。これらの工事を行った渡来の技術集団が、善光寺の創建にかかわったと考えられる。

長野氏が河川の治水工事にかかわる役職の人物を祖にしていることと、善光寺の所在地と河内の元善光寺の所在地が、同じ「長野」地名であることからみて、渡来の技術氏族で善光寺創建にかかわっていたのは、長野氏であろう。

長野氏は朝鮮渡来氏族だが、高句麗・百済系で、新羅系ではないだろう。東周の王を祖にもちだしていることからみると、強いて推測すれば、高句麗系とみられるが、高句麗・百済の王や王を支える支配氏族は、扶余系の北方騎馬民族である。

長野氏らの水内郡移住は六世紀に入ってからであろう。長野市上松の湯谷古墳群の被葬者は、地理的位置からすれば、長野氏・金刺氏の可能性がある。

『長野県史』は「本古墳群は、扇状地上に構築された後期の古墳群で、このうち調査された1号墳は後期古墳の典型的なもの」と書いているが、[4] 出土遺物や須恵器からみると、六世紀中葉から後半と考えられる。1号墳は「積石塚状を呈していた」[4] というが、積石塚古墳は高句麗の墓制である。この古墳群の近くに、吉古《よし》墳群（長野市若槻吉）がある。湯谷古墳群が七基なのに対し、吉古墳群は約二三〇基あり、湯谷古墳群と同じですべて円墳だが、円墳の積石塚が九八基ある。但し、九八基の積石塚について、小林秀夫は「礫石が積み重ねられたものとの区分が不明瞭で、今後の調査によって変化がありうる」と書き、築造のはじめについては、「早くても六世紀末から七世紀初頭にかけてであろう」とみている。[5] このような古墳の性格からみても、長野氏らの移住は、六世紀に入ってからで、金刺・他田舎人の金刺宮（欽明朝）・他田宮（敏達朝）の頃とみられる。

積石塚古墳については、「信濃の高句麗人と積石塚古墳」で述べたように、信濃の積石塚は五世紀代から築造されているから、六世紀代に畿内（主に河内）から信濃へ移住した渡来人がもちこんだ墓制ではない（長野氏らのいた石川流域に積石塚はみられない）。五世紀代から北信濃に居た朝鮮渡来人の築造法である。積石塚を築く墓造りは、扶余系の墓制だから、馬の飼育にかかわる渡来人たちは、故郷の築造法をそのまま行っていたのであろう。

河内多氏の本拠地で、長野氏の本拠地に隣接している大阪府柏原市国分市場の茶臼山古墳は、四世紀後半の古墳だが、高句麗の積石塚墓制をストレートに受け入れた墳丘である。こうした積石塚はその後畿内では見あたらないから、この積石塚を築いた人たちが、五世紀に信濃入りして、故郷の墓制を、信濃の地で発展させたとも考えられる。それが今来の渡来人にまで影響したのであろう。

吉古墳群の一五メートルを越す円墳には、内部主体に合掌形石室がみられる。大塚初重は、「信濃国に定着した渡来人に関係の深い古墳として挙げるならば、合掌形石室こそ明確な証跡」とする。(6) 合掌形石室のある古墳群に、大室古墳群（長野市松代町大室）、長原古墳群（長野市若穂保科中道北）がある。大室古墳群は五世紀後半、長原古墳群は大室古墳群より百年余後からつくられ、どちらも八世紀代までつづいているが、近くに大室牧、高井牧がある。

大塚初重は、「大室古墳群を形成した集団は、まさに後の文献に記載された大室牧の先駆的な牧場経営に従事していた人々であったと考えられる。彼らのなかに、馬匹生産や馬具製作あるいは馬の調教について、専門的な技術を継承する渡来系氏族の人々がいたこともうなずける」と書いているが、(6) 吉古墳群についても小林秀夫は、「善光寺平では、五〇〇基を越す大室古墳群が存在するが、本古墳群はこれに次ぐもので（引用者注・一二三〇基）、積石塚古墳があり、内部主体に合掌形石室を有するなど、性格的に近い状況を示している」と書き[5]、大室古墳群との共通性を指摘している。「馬と科野国造」で、善光寺の近くに牧があり、地附山山麓の湯谷古墳群の1号墳から豊富な馬具が出土し、地附山の駒弓神社は貞観二年に従五位下の授位をうけていること。長野氏の本貫地の河内の石川流域が、馬飼育の地であることなどを述べたが、信濃の長野郷にも馬の伝承がある。善光寺では、仏具が古くなったり、儀式に使って不用になったものは、善光寺の裏の駒形神社で焼くことにしているのも、馬との関係を推測させる。

このように、古墳群からみると、六世紀代から七世紀代にかけて、善光寺周辺への渡来集団の移住が認められる。ヤマト王権で権力を握っていた物部・蘇我氏が、馬の増産は権力の拡大強化につながるとみて、積極的に渡来人を移住させた結果であろう。河内の馬の飼育地の石川流域は、物部氏だけでなく、蘇我氏の河内における本拠地になっている。科野国造も時の権力者の意向を受け入れたであろう。

水内の善光寺は、蘇我氏が全盛期の七世紀前半に創建されたようである。

善光寺仏の信濃入りの時期と長野氏

善光寺縁起の多くは、推古天皇十年（六〇二）に、信濃国伊那郡麻績村に阿弥陀仏がとどまり、四十一年後に、水内の草堂に入ったとする伝承と、直接、推古天皇十年に水内の現在地に移ったという伝承の二つがある。どちらの伝承でも阿弥陀仏を背負って信濃国へ入ったとあるが、阿弥陀仏の伝来は白鳳時代からで、飛鳥時代にはまだ伝来していないから、推古天皇十年とするのは無理である。推古天皇十年とするのは、『日本書紀』に、この年に百済の僧観勒、高句麗の僧僧隆・雲聡が来ているので、それに合わせたのであろう。

だが、石田茂作は、「善光寺如来は阿弥陀仏にあらず」という論考を発表し、秘仏ではあるが、鎌倉時代以降の多数の模刻の印相、脇士からみて、阿弥陀仏ではないことを述べている。(7)そして、例証として、法隆寺の飛鳥仏や、百済の扶余発見の一光三尊立像などを類例としてあげているから、推古天皇十年は問題だが、白鳳時代に信濃に伝来されたとみることは可能である。

なぜ、阿弥陀仏にかえられたかについて、石田茂作は、浄土宗との関係を推論しているが、私は、浄土宗以前からの阿弥陀信仰の影響もあったとみたい。

善光寺の尼僧寺院大本願は浄土宗であるが、善光寺の「大本願法系図」や「大本願系図」は、「恵灌─尊光上人」(開山)と記す。恵灌については、『日本書紀』の推古天皇三十三年(六二五)正月条に、「高麗の王、僧恵灌を貢《たてまつ》る。仍《よ》りて僧正に任《め》す」とあるが、『三国仏法伝通縁起』は、恵灌を「三論学者」と書くように、わが国の三論宗の開祖である。『善光寺上人由緒書』は、「開山より中頃まで一山凡三論宗なり」と記している。『元亨釈書』は、恵灌は大和の元興寺に住し、後に河内国餌香市に井上《いかみ》寺を創建して、三論宗を弘めたと書く。雄略紀に「餌香長野邑」とあるように、井上寺は長野氏の居た長野邑に近かった。

『日本霊異記』(下巻、第五)に、安宿郡内の信天原《しでのはら》山寺の住僧が布施銭五貫を盗んで隠しておいたところ、銭が鹿に変じた。そこで銭を運ぶため、「河内の市の辺《ほとり》井上寺の里」で人を集めて帰ってくると、鹿がもとの銭の五貫にもどっていたという説話が載る。河内の市は、諸史料によれば餌香の市のことだから、『大阪府の地名(Ⅱ)』は、井上寺は「河内国府(現藤井寺市の国府・惣社に比定)の近辺に置かれていたと考えられる」(8)と書く。

『和名抄』の長野郷については、『大阪府全志』や『大阪府の地名（Ⅱ）』は、古室・沢田・岡・藤井寺（現・藤井寺市）の地域とし、『日本地理志料』は上記の地域に更に誉田（現・羽曳野市）を含める（善光寺仏を持って来た人物を「本田善光」という伝承があるが、この「本田」は「誉田」と関係があることは、「なぜ河内国に元善光寺があるか」で述べた）。『大日本地名辞書』は、明治二十二年成立の長野村（現・藤井寺市）に比定し、古代志紀地方の範囲を長野郷まで広げている。私は『大阪府全志』の説を採るが、いずれをとっても井上寺に近い。ということは、長野氏と恵灌との間に交流があったことが推測できる。この恵灌の弟子に恵隠が居る。

石田茂作や井上光貞は、この恵隠が舒明天皇十一年（六三九）に唐から帰朝して、わが国に初めて阿弥陀信仰を伝えたとみる。(9)『日本書紀』は、恵隠が帰朝の翌年無量寿経を講じたと書くが、阿弥陀信仰は無量寿経による。

河内国に、「南面山無量寿院善光寺」があり（藤井寺市小山一丁目）、白鳳時代初期の金銅阿弥陀仏三尊の小仏（全長四寸六分）があり、元善光寺という。『河州小山善光寺如来縁起』に、善光が如来を奉じてこの地に来て一宿し、隆聖法師というものが結縁し、一体分身一寸八分の如来像を感得したとある。坂井衡平は、縁起の一寸八分は本尊が小像であることから生れた伝承とみるが、(10)元善光寺の地は長野郷の西北隅にあり、井上寺の所在地の推定地（餌香市）の西二キロ（半里）内にある。このように、恵灌の井上寺、恵隠の無量寿院善光寺の地理的位置からみて、本尊が阿弥陀仏になったことには、長野氏が無視できない。

河内の長野郷内に葛（藤）井寺がある（藤井寺市藤井寺一丁目、元善光寺からほぼ南一キロ弱）。葛井寺は、井上光貞が百済から渡来した王仁の後裔氏族としてあげる六氏（文〈書〉氏・武生氏・蔵氏・葛井氏・船氏・

津氏）の中の、葛井氏の氏寺である。この寺の境内の西南隅に式内社の長野神社があり、長野氏と葛井氏のかかわりを示しているが、善光寺大勧進の宝物の久安年間（一一四五〜一一五一）の大般若経は、善光寺の僧実印と葛井重人らの筆になっている。『日本後紀』（延暦十八年三月条）に、葛井・津・船連の三氏は、野中寺（羽曳野市野々上五丁目）の南の寺山を三氏の墓地にし、善正寺を建てたと書くが、寺号は善光寺と関連する。

葛井氏らと同じ王仁後裔氏族の文（書）氏の氏寺西琳寺（羽曳野市古市二丁目）の『西琳寺流記』は、本尊は「百済国所伝弥陀三軀之霊像」と書くが、この阿弥陀三尊には、斉明天皇五年（六五九）に書首らが堂宇を建て、この仏を収めたという銘文がある。

このように、長野郷及び近辺の渡来氏族の間には、阿弥陀仏伝来の頃から、阿弥陀信仰が盛んであった。だから、善光寺縁起で本尊が阿弥陀三尊になったのには、善光寺創建にかかわった氏族に、阿弥陀信仰の信者たちがいたことも、考慮する必要がある。浄土宗になった大本願の開山の尊光上人が、井上寺の恵灌を師とするのも、裏付の一つになる。

善光寺縁起には、本尊を阿弥陀三尊としながらも、欽明天皇十三年（五五二）に初めてわが国に伝来し、難波の堀江に捨てられた金銅仏を、推古天皇十年（六〇二）に信濃へ運んできて本尊にしたという伝承がある。これは、本尊が阿弥陀仏伝来以前の仏像であったことを、示唆している。

いずれにしても、七世紀前半の善光寺仏の信濃入り、七世紀後半からの阿弥陀信仰のどちらにも、長野氏はかかわっている。

「なぜ河内国に元善光寺があるか」で、餌香市で旨酒《うまさけ》を売る高句麗人は、井上寺を開山した高句麗僧恵灌がヒントになったと書いたが、僧と酒は結びつかないから、長野氏が高句麗系とすると、長野氏の存在を考えたほうがよさそうである。

また、四世紀末に築造の茶臼山古墳が近くにあるが、この古墳は前述したように、高句麗の墓制をストレートに用いた積石塚であることからみても、この地に、古くから高句麗人が居たことが推測できる。

以上述べたように、善光寺は最初は恵灌が伝えた三論宗であったこと、善光寺の所在地が長野であること、河内の長野郷に白鳳時代初期の阿弥陀三尊を本尊とする無量寿院善光寺があること、河内の元善光寺の周辺の百済系渡来人が阿弥陀三尊信仰をもっていたこと。また、これら百済系渡来人（葛井氏）が、善光寺とかかわりがあることからみても、善光寺は「河内から信濃へ」である。

高句麗王の命でわが国へ来て僧正になり、元興寺に居た恵灌が、自分の寺を長野郷の近くに建立し井上寺と称したのは、この近くに仏教徒や高句麗人が居たからであろう。とすれば、高句麗系の渡来人の長野氏がすでに熱心な仏教徒であったため、恵灌を招いたと考えられる。勿論長野氏だけでなく、葛井氏や文（書）氏など百済系渡来人の仏教徒も、井上寺建立に助力したであろう。この石川下流域の渡来人は、七世紀に入っても、六世紀につづいて信濃へ移住した。そのとき善光寺の本尊になる金銅仏が持ち込まれ、水内の地に善光寺が創建されたので、大本願の開山、尊光上人の師として、「大本願法系図」のトップに、恵灌が記されているのであろう。

善光寺の創建を推古天皇十年（六〇二）とするのは、高句麗・百済の僧がこの年に来ているのに合わせた記述であって、歴史的事実ではないが、このような伝承が生れたのは、高句麗・百済などの渡来人が、推古年間（五九三〜六二八）に、善光寺の本尊仏を信濃へ持ち込んだからと考えられる。

善光寺仏を信濃へ運んだ人物

善光寺仏の信濃入りは、伊那の麻績村から水内へという伝承と、水内へ直接入ったという二つがある。どちらも科野国造と渡来人にかかわる土地である。善光寺仏を信濃へもってきた人物を、麻績（大海《おみ》）の本田（太）善光、または麻績東人というのは、麻績の地にかかわる人物だからである。麻績の地名は伊那郡以外に筑摩郡にあるが、この地は高句麗人の安坂氏の居住地で積石塚古墳がある（一五四頁〜一五六頁参照）。

伊那の麻績郷にも元善光寺があるが、近くに辛国（郷）神社がある。ところが、葛井寺のすぐそばに辛国神社があり（藤井寺市藤井寺）、長野神社は現在辛国神社に合祀されている。たぶん、伊那の辛国神社は、長野郷の渡来人（葛井連、長野連を伴造とする人たち）が祀った神社であろう。このように、河内の元善光寺と信濃の元善光寺には回路がある。

本田善光の本田については、葛井寺や西琳寺の近くの誉田の転であろうと推論したが（一八九頁〜一九一頁参照）、麻績の本田という伝承からみて、信濃と河内の二つの地名にかかわる名である（麻績東人の「東人」は東国《あづまくに》の人の意と考えられるから、信濃人の意で作られた名であろう）。このような姓名からみて河内から信濃へ移住した人物が、河内から善光寺仏をもってきたため、諸縁起に書かれているような伝承と人物名になったのであろう。縁起では四十一年も麻績に安置されていたと伝えるが、それほどの期間でなく水内へ移され、現在地の善光寺の本尊となったのだろう。

ほとんどの善光寺縁起は、持ち込んだ人物を、本田（太）善光、麻績（大海）東人と書くが、『扶桑略記』

の或記から、秦巨勢大夫が登場する。この人物名は、聖徳太子信仰が善光寺縁起に入りこんだためとみられる。善光寺縁起に聖徳太子や太子の侍臣秦河勝の活躍を伝える記述が載っており、善光寺如来と太子の唱和伝説もある。この太子の侍臣に、『法王帝説』によれば、巨勢御枝大夫が居るので、秦河勝と巨勢御枝大夫を合わせて、「秦巨勢大夫」という名が作られたと、坂井衡平は推論する。[11]

この坂井説には一理あるが、私は「なぜ河内国に元善光寺があるか」で述べたように、垣内善光寺の存在や、多氏と秦氏の結びつきからみて、「巨勢大夫」は巨勢御枝大夫からとったとしても、「秦」は、秦氏が善光寺となんらかの関係があったためではないかと思っている。善光寺仏について、百済・高句麗からの渡来仏という伝承以外に、新羅仏という伝承があるのも、そのことを示唆する。

秦氏は関係なく、坂井説が正しいとしても、「巨勢大夫」に「秦」を冠しているのは、秦河勝が太子の侍臣であったためだけでなく、善光寺仏の信濃伝来に渡来人がかかわっていたためであろう。

渡来人とする伝承には、推古朝の頃、百済から帰化した善光王が信濃へ来て建寺したという伝えがあるが、これは天智紀三年三月条に載る百済の善光王を推古朝までさかのぼらせたものである。また、善光寺縁起には、本田善光は、百済の聖明王の生れ変りとあり、善光の子の善佐は、斉明朝のとき百済に渡り、豊璋（最後の百済王）に新仏を伝えたという伝承もある。[12] このような伝承があるのも、善光寺仏を信濃へ伝来した人が、渡来人だったからであろう。その渡来人とかかわりのある地名の麻績・本田（誉田）に、東の国の人、または寺名の善光をつけて、善光寺仏をもって来た人の代表者名を創作したのであろう。

善光寺にかかわる渡来氏族の代表として、長野氏をあげたが、善光寺には前述したように科野国造及び水内郡の郡領とみられる金刺舎人も無視できない。坂井衡平は、恵灌の系譜を載せる大本願の「本願家は古く金刺氏の出であった」と史料をあげて述べ、恵灌を師とする大本願の開山の尊光上人は、『続日本紀』に載る水内郡の金刺舎人若嶋と「骨肉関係にあった」とみている。桐原健も「善光寺創建に係った氏族たち」で、金刺舎人氏をあげ、具体例として金刺舎人若嶋をあげている。

科野国造の前身は河内の志紀県主などの多氏系氏族であることは、繰り返し述べてきたが、井上寺と同じに餌香市にある志紀（貴）県主神社の社殿の土台石は、付近にあった志紀県主の氏寺といわれる衣縫廃寺の土台石を使っている。この寺の前身を恵灌の井上寺とする説もあるように、志紀県主の本貫地は井上寺の所在地でもある。

河内と信濃で、長野氏と多氏（河内では志紀県主、信濃では金刺舎人）は、同じ地や近辺に共に居住していること、そして河内の長野に元善光寺、信濃の長野に善光寺があるのだから、この両氏が善光寺の創建に深くかかわっているとみて、大過ないであろう。

〔注〕

（1）「日本歴史地名大系28」『大阪府の地名（Ⅱ）』七九六頁　一九八六年　平凡社

（2）桐原健「善光寺創建に係った氏族たち」『私の古代学ノート』所収　一九八三年　信毎書籍出版センター

（3）坂井衡平『善光寺史・上』四四二頁　一九六九年　東京美術

（4）『長野県史・考古資料編　主要遺跡（北・東信）』三二九頁　一九八二年　長野県史刊行会

（5）小林秀夫　注4前掲書　三一八頁

（6）大塚初重　注4前掲書　三六五頁

（7）石田茂作「善光寺如来は阿弥陀仏にあらず」『一志茂樹博士喜寿記念論集』所収　一九七一年　信濃史学会

（8）注1前掲書　七九七頁
（9）石田茂作　注7前掲論文。井上光貞「王仁の後裔氏族と其の仏教」『日本古代思想史の研究』所収　一九八二年　岩波書店
（10）坂井衡平　注3前掲書　二四七頁
（11）坂井衡平　注3前掲書　一九七頁～二〇五頁
（12）坂井衡平　注3前掲書　二三三頁
（13）坂井衡平　注3前掲書　四四二頁

第三章

信濃の神と神社

ミシャグチ神と古代諏訪信仰

——縄文時代以来の信濃人の「カミ」祭祀——

「ミシャグチ」とは何か

この神は、室町時代の古い文献に御左口神《みさくちかみ》・御作神《みさくかみ》として登場し、御社宮司神《みしやぐじかみ》とも書かれている。現在は御社宮司神の表記がもっとも多いので「ミシャグチ」と訓まれるが、古い文献では「サクチ」「サク」だから（「ミ」は敬称）、「サク」が「サグ」「シャグ」、「チ」が「ヂ」、さらに「ジ」になったのだろう。「サクチ」が原義で、「サク（作）」の「チ（霊）」の意と考えられる（理由は後述）。しかし、「サ」よりも「シャ」という例が多いから、本稿では「ミシャグチ」と書く。

『諏訪旧跡志』は、

御左口《ミサクチ》神、此神諸国に祭れど神体しるべからず。或三宮神、或社宮司、或社子司など書くを見れど名義詳ならざるゆゑに書も一定せず。或説曰、此神は以前《ムカシ》村々検地縄入の時、先づ其詞を斎ひ縄を備へ置て、しばしありて其処より其縄を用《モ》て打始て服収《マツロヒ》むとぞ。おほかたは其村々の鎮守大社の戌亥にあるべし。此は即石神也。これを呉音に石神《シャクジン》と唱へしより、音はおなじかれど書様は乱れしなり。

と書く。

石神説は、柳田国男の『石神問答』で山中笑《えむ》も述べているが、[1] 石を祀らない御左口神もあり、石を祀っても御左口神といわない例があるから、柳田国男は石神説に反対して、「駿河志料に志太郡上青島の左宮司社、里人はサゴジ・サクジ又はシャクジと称す。前代に田畠検地の時祭れる祠なりといひ、或は又尺杖を埋め祭るともいふとある。同国三保の村にも三保神社の摂社として、佐久神を里中の森に祀つて居る。安倍郡誌に依れば、今日は杓文字《しゃもじ》神社と称へ、竿神の訛なるべしといふ説もある。往古此村開拓の時、其測量に使用した間竿を祀つたものと伝へて居る」と書き、「諏訪は御左口《みさくちかみ》神の信仰の最も早く顕はれて居る土地であるが、爰にも略々右に近い伝説を止めて居る」と書いて、前述の『諏訪旧跡志』の検地縄入りの条だけを引用し、「検地丈量の伝説が斯くの如く一致して居るのは、或は境の神として祀って居た為では無いか」と書き、シヤクジを尺神とみて、「石神でないことだけは今日では疑ひが無い」と書く。[2]

『諏訪旧跡志』は、柳田国男の引用する文章の後に、「此は即石神也」と書いているが、自説に都合が悪いから、柳田国男はそこを省いている。『諏訪旧跡志』の著者が「此は即石神也」としたのは、境の神に石神が多いからである。『諏訪旧跡志』の引用例だけでみれば、石神とみた方がいい。

しかし、長野県には今井野菊の調査によれば[3]御左口神は六七五社あるが、「石神《しゃくじん》」表記は三例しかなく、御左口信仰の中心である諏訪（一〇九社）には皆無である。だから、後世になって御左口神を石神として祀ったとしても（長野県以外の県に多い）、本来の御左口神は、単純に石神とはいえない。

柳田国男は、『石神問答』の再刊の序では、「信州諏訪社の御左口神のことが少しづつ判つて来て、是は木の神であつたことが先ず明かになり、もう此部分だけは決定したと言ひ得る」[1]と書いている。

藤森栄一によれば、御左口神の祠には「御左口の木」という古木が多くあり、高島藩の「一村一限地図」

にも、諏訪の各所に御左口という名の独立樹があるという。(4) 柳田国男も、そのような諏訪の諸例から、「木の神」に「決定」したのだろう。しかし、長野県を中心に関東・東海地方の「御左口神」を実地踏査した今井野菊は、御左口神の祀られる所に古樹はあるが、その木の根元に祠があり、御神体として石棒が納められているのが典型的な御左口神のあり方だと、述べている。(5)

藤森栄一も、御左口神の「神体は石棒や石皿・石臼であるばあいが多い。新しく作りだされたリアルな、一見男根状のものもまれにはあるが、立石状自然石や、明瞭な石器時代の石棒頭がもっとも多い。その石棒も、縄文後期以降に多い、石剣や石刀や、磨かれた緑泥片岩の小型石棒は少なく、中期縄文に多い安山岩敲《たく》製《せい》の雄大な石棒である」と書いている。(6)

このように、ミシャグチ神は石にもかかわっているから、「木の神」と「決定」するわけにはいかない。しかし、石といっても多くは石棒や石皿・石臼で、男女の性器を意味しており、加工した石、それも縄文時代の古い加工だから、自然の石を多く神体とする石神と、石棒や石皿・石臼など加工石を神体とする御左口神を、単純に一緒にすることはできない（但し、これは諏訪の場合で、他県には自然石をミシャグチという例がある）。

また、御左口神は、石や木だけでなく、いろいろのものに憑《つ》く。人にも憑くのだから、石神説や柳田説には同調できない。

宮地直一の『諏訪史・第二巻』は、前・後編を含めて諏訪大社の研究だが、そこに載る上・下社の祭事一一九例のうち、下社の四四の祭事に御左口神は登場しない。御左口神が登場するのは、上社の正月一日の御占神事、二月晦日《みそか》の荒玉社神事、三月丑日の前宮神事、十二月二十二日からの冬季祭（二十二日の一ノ御祭、二十四日の大忌祭、二十五日の大夜明祭）だけである。

正月一日の御占神事では、神長が御左口神を勧請し、御占でその年の頭屋郷（諏訪大社に奉仕する三県《あがた》の郷）と神使をきめる。『守矢神長官古事』に、「古は御頭に長たる人あり、此御社宮神也」とある。御占できまった頭屋郷の長が「御頭に長たる人」であり、「神主」ともいう。「神主」というのは、ミシャグチが憑いた人だからである。神主となるために、頭屋の長は「御頭屋」に籠る必要があった。神長は、御頭屋のそばの木に「御左口付申《みしゃぐちおろし》」をし、そのミシャグチを御頭屋に勧請して頭屋の長に憑ける。「付申」という表記には、神を木に下《おろ》すこと、人や石棒に付《つ》けることの、二つの意味がある。

神使に対しては、精進屋で神長によって「御左口付申」が行われる。その結果ミシャグチ神になった神使が参加して、二月晦日の荒玉社神事が行われる。

荒玉社の神事では神使がミシャグチになっているが、三月丑日の前宮《まえみや》の神事のミシャグチは、笹に憑いたミシャグチである。十二月二十二日の冬季祭に、御室《みむろ》（「穴巣」ともいう）の中へ笹についた御左口神（「笹の御正体」という）を入れる。このミシャグチが三月丑日まで御室に籠り、同日、前宮に入るのである。

ミシャグチ神は、正月一日と二月晦日の神事では人に憑き、三月丑日と十二月二十二日の神事では笹に憑いている。このようにミシャグチ神は、人や物に憑くスピリット（精霊）である（宮地直一も「土地に即した原始神の一種」としての「精霊」とみる[7]）。

「ミシャグチ」は「御作《みさく》（咲）霊《ち》」

「大殿祭祝詞」に「久久遅命是木霊也」とある。「久久《くく》」は木、「遅《ち》」は霊である。『日本書紀』は「木の祖句句廼馳《くくのち》」と書き、『古事記』は「木の神、その名久久能智《くくのち》」と書く。倉野憲司は、「チ（ヂ）」は「ヲロチ・ミヅチ・ノツチなどのチと同じく霊力あるものの尊称」と書き、[8]西郷信綱は、「イカヅチ、ヲロチなどのチと同じで一種の霊格をさす」と書き、[9]西宮一民も、「精霊の意で、『をろち』（大蛇）や『いかづち』（雷）の『ち』と同じ」と書くが、[10]このように、チ（ヂ）は霊・魂・スピリットを意味する。

「ミ」は敬称だから、シャグ霊《チ》、サク霊《チ》ということになるが、文献上のもっとも古い用例は「御作神」である。このことから北村皆雄は、「御作神（その後は御左口神・御社宮神）の字があてられているのは、土地の開拓と結びつけられた残影を留めているのであろうか」と書き、「〈サク〉・〈シャク〉について、地面を掘ること、鑿《さく》る意味の〈さくる〉〈しゃくる〉から解釈する今井野菊さんの意見もある。〈畑をさくる〉〈畑をしゃくる〉などと、今でも生きている言葉である。昔、大きな沼であったのを開いて田にした神が〈シャグジ〉であるという、長野・上松の〈ミシャグジ〉由来伝もあるという。岡谷市在住の郷土史家小口伊乙氏によると、土地を開くことを古人は〈さく〉といったといい、〈ミシャグジ〉の所在地は、田んぼと山裾の接触地で水田に接していることに注目している」と、書いている。[11]

土地を開くのを「サク（作）」というのは、新しく開拓することだけではない。「サク」「シャクル」という言葉は、すでに開拓された土地を耕し、穀物・植物を作る意味がある。花が咲くことを「サク（咲）」というが、「作」「咲」は、サカエ（栄）、サカリ（盛）と同根で、内に秘められた生命力が外に表出した状態（開く）である。

室町時代の文献で御作神・御左口神と漢字を宛てられた「サクチ」「シャグチ」は、開くという意味をもったスピリットと推測されるが、「畑をさくる（しゃくる）」というのは、地下にとじこめられていた生命力を掘りおこすことで、外へ表出させる行動である。

吉田敦彦は、天岩屋の前で天鈿女命が上と下の口（女陰）を開いて踊ったことを、「開かせる呪法」とみて、八百万の神を笑わせ（口を開かせ）、その笑いで、岩屋に籠っていた天照大神の心を開かせ、天岩屋戸を開かせたとみる（『古事記』には「八百万の神共《とも》に咲《わら》ひき」とある）。また、天孫降臨の時、高天原から葦原中国へ行く境界を塞《ふさ》ぐ猿田彦神に女陰を見せて道を開かせたのも、もの言わぬ海鼠《なまこ》の口を小刀で裂いて口を開かせたのも、開かせる呪法とみる[12]。

開くことが、作《さく》・咲《さく》である。そのような霊力を「シャグチ」「サクチ」というのだから、「ミシャグチ」は「御作《みさく》（咲）霊《ち》」の意と推測できる。

「サ（シャ）ク」の語義

口を開かせるために海鼠の口を小刀で裂いたという『古事記』の話も、「裂く」話である。「裂く」とは二つに分かれることだが、「開く」もまた分かれることである。別《わけ》・若《わか》は同根の言葉だが、生命力の表出としての「サク」の結果が「ワケ・ワカ」である。ホムチワケ（垂仁天皇皇子）・ホムタワケ（応神天皇）の「ワケ」も、日の御子としての「ワカ」の意であり、「アラタマ」としての御左口神が諏訪神（建御名方命）の御子神とみられているのと重なっている。『神長官守矢満実書留』の寛正五年（一四六四）の条に、「御左口神と申も（中略）当社之王子御一体」とあり、永禄八年（一五六五）の武田信玄の下知状には、御左口神は「王子胎内ノ表躰ナリ」とあるが、『守屋神長古書』には、「当社にて御社宮神というのは皆御子孫の事言う也」とあるから、「王子」は諏訪神の御子神の意である。

生命力の表出は、内に籠っていることが前提になる。「サク（シャク）ル」とは、地中に籠っている土地の生命力を表出させることだが、ツボミに籠った生命力の表出が「花咲く」である。神使（幼童）が精進屋に三十日弱のあいだ籠ることを、王子（御左口神）が胎内に籠る意とみるのも（武田信玄下知状）、御左口神の性格を示している。女陰が開く、つまり咲くことは、胎内の子の誕生である。「作《さく》」であり、「裂《さく》」である。

中山太郎によれば、沖縄本島で嚙み酒を「ミシャグ」、宮古島では「ウム、サク」といい、『おもろさうし』には「ウム（ミ）、シャグ」と記されているという[13]。また、『豊受太神宮年中行事今式』（巻五）には、酒を「サクチ」というとある。「サクチ」は「シャグチ」でもあり、御左口神と同じである。なぜ酒がそのように呼ばれるのか。理由は酒の酔が、体の中にねむっていた生命力を表出させると、古代人はみたからであろう。「ウム（ミ）、サク（シャグ）」が、そのことを示している。

柳田国男は、サカ・サキ・サク・サケは同義で、「限境の義」とみているが[1]、この「限境」は、異界と接する空間上の両義性をもつ場所である。このような坂・崎・裂・避に対し、作・咲・酒は異質なものに転換する行為であって、空間にたいして時間上の両義性を示しており、空間・時間のちがいはあっても同じである。

京都の広隆寺の鎮守の大酒神社が、大避神社・大裂神社と書かれているのも、「酒」「避」という一見異質のイメージに同じ意味があるからである。それは「サキタマ」の「サキ」に「先」「前」「幸」をあてることからもいえる。幸福は、普通の状態（時間的・空間的な）よりも一歩先に行くか、前に居るかしなくては得られないのだから、「先」「前」と共通している。だからサカ・サキ・サク・サケは、柳田国男のいう空間的意味だけでなく、時間的意味も含めて解すべきであろう。

サカ・サキ・サク・サケが空間・時間の両方の意味で同義だとしても、サカには境界、サキには境界及びそれを破るイメージ、サクには開くイメージがある。特に、サクの開くイメージには、出生・生産の意味も含まれているから、シャグチ・サクチは「作（咲）霊」の意と考えられる。

荒（新）魂としてのミシャグチ

今井野菊の調査によれば、御左口社の祭神は、猿田彦神が一番多く、他に天鈿女命・保食《うけもち》神・お産《さん》神・産《うぶ》土《すな》神・疫除《やくよけ》神・諏訪明神御子神などが多いという[14]。このような祭神と「作《サク》（咲）霊《チ》」は矛盾しない。

猿田彦神は、道祖神・境界神・塞の神である。御左口神の名にはサカ・サキの意味もあるのだから、先導神でもある猿田彦をミシャグチ社が祭神とするのは当然である。関東や東海の御左口神に石神《しゃくじん》が多いのは、道祖神として祀っていた石神が、諏訪信仰の影響で御左口神になったためだろう。しかし、諏訪にもっとも近い山梨県では、石神を御左口神とする例は少ない。これは御左口神が本来作神であって、単なる道祖神・塞の神ではなかったためである（そのことは後述）。また、ミシャグチ社の祭神か天鈿女《あめのうずめ》になっているのは、猿田彦の妻だからであるが、開き開かせる霊力をもつ神だからでもあろう。これらの神は「サキタマ」「アラタマ」である。

御左口神が保食神・お産神とされたのは、作（咲）霊に出生・出産・生育の意味があるからである。産宮《みさぐ》神《ぢ》・産護神《さごぢ》という表記もそのことを示しているが、荒《あら》魂は新《あら》魂・現《あら》魂とも書き、生《いく》魂・前《さき》魂とアラ魂は同義である。御左口神が疫除神・諏訪明神御子神とされるのも、アラ（荒・新）タマだからだが、荒魂・生魂に対するのが和魂《にぎだま》・足魂《たりたま》である。諏訪明神の御子神の御左口神は、荒魂・生魂であるゆえに荒魂（玉）社と前宮の祭神になっている。これに対して、本宮の諏訪明神の建御名方神は和魂・足魂とみられたのである。

建御名方命という神名は、諏訪の神を官社として中央での地位を高めるために作られたもので、そのような工作を行ったのは信濃国造の金刺《かなさし》氏である（くわしくは「諏訪大社と古代ヤマト王権」参照）。だから、金刺氏が大祝になっている下社では、御左口神の祭祀はない。

神の示現の直前・直後の状態が荒魂・生魂であり、示現した後は和魂・足魂になる。神はこの二面性をもつ。諏訪神と縁の深い神社に生島足島神社（長野県上田市下之郷）があるが、「生島足島」は、生魂・足魂の「魂」が「島」になった神名である。『延喜式』神名帳の摂津国東生郡に難波坐生国咲国魂神社が載る（通称「生国魂神社」）。生国の「生」は生魂・生島の「生」で、咲国の咲は和魂・足島の「和・足」にあたる。「咲」はシャグジ・サクチの「シャグ・サク」である。

「生島足島」「生国咲国」と書かれるように、荒（新・生）魂と和（足・咲）魂は対で、本居宣長のいう神の性格を示している。精進屋・頭屋・御室に籠っている御左口神は、アラタマ・アレタマ・サキタマであり、籠りから出た御左口神は、ニギタマ・タリタマ・サクタマになる。荒と和、生と足、前と咲は対応する。この両義性をもった御左口神が、建御名方神の導入によって、建御名方神の御子神として荒・前のイメージに限定され、荒玉社や前宮にかかわる神になったのであろう。

建御名方神と守屋神の闘争伝承は、守屋神長の土着信仰（御左口神信仰）を科野国造が掌握しようとする争いの反映であり、祭政を握った科野国造金刺氏は、御左口神の「御生躰」の神使（幼童）に対して、建御名方神の「御正躰」の大祝（幼童）を新設した。大祝が新設の職であることは、上社祭祀の神長《じんちょう》守屋氏が、建御名方神でなく御左口神を「付申《つけ》」ていることからも証される。御左口神の総社（「御頭御社宮司社《おんとうみしゃぐじ》」）が守屋氏の神長屋敷にあるのは、中央にまで有名になった諏訪大社の祭神（建御名方神）に対して、守屋氏が本来の神を守りぬいた結果であり、暗黙の自己表現である。

ミシャグチ神とソソウ神

ミシャグチ神だけでなく、縄文時代以来、諏訪人が信仰した神にソソウ神（蛇神）がある。前述のように、十二月二十二日の冬季祭の一ノ御祭には、御室（地面に大きな竪穴を掘り屋根で覆った穴倉）に笹の御左口神を入れる。この神を「第一の御正躰《ごしょうたい》（または「御躰」）」という。翌日、「第二の御正躰（御躰）」として入れるのが、ソソウ神である。「小正躰」「カヤノ御正躰」ともいうのは、茅で作った小蛇だからである。

『画詞』（神長本）には、二十三日に入れた小蛇の「カヤノ御正躰」について、

かやの正躰入畢《いれおわり》、今も昔もいひきをかき賜《たまふ》、霊神厳重なり。

とある。いびきをかくとは、冬眠する蛇からの連想である。

二十四日には、御室の萩で組んだ「萩組の座」に二十二日に入れた一の正躰（ミシャグチ神）を左から、二の正躰（ソソウ神）を右から入れる。座といっても、『諏訪神社旧記』には「入る」とあるから、斎屋としてのなんらかの囲いがあったと考えられる。この日の神事を「大巳祭《おおみのまつり》」という。大巳祭では、茅で作った「小正躰」の小蛇を麻と紙で飾り、ソソウ神が諏訪湖から神原の御室へ至る道順を述べる「申立《もうしたて》」を行う。ソソウ神は、諏訪湖から来て帰る蛇神である。ただ、ソソウ神は「第二の正躰」であって、「第一の正躰」は御左口神である。その点で、御室神事は単なる蛇神信仰ではない。

御左口神こそ、官祭以前の諏訪信仰のまさに「第一の正躰」である。この御左口神がソソウ神と聖婚を行うのが、大巳祭の萩組の座である。

二十五日の神事については、「神体三筋御入」（神長本・擬祝本『画詞』）、「神体御入」（「旧記」）とある。この「神体」は、『旧記』『年中神事次第』『諏訪神社縁起（上）』などの記載を照合すると、長さ五丈五尺・太さ二尺五寸の御房三筋を榛《はん》の木で結んだもの（榛の若木は水分に富み、やわらかいから、縄のようにして御房を結んだのであろう。榛は古くから祭祀に関する神聖な植物とされているが、外皮の斑紋は蛇の鱗に似ている）と、長さ四尋一尺・周り一尺八寸の又折《またおり》を入れる（伊藤富雄は「又折は御房の付属物であることは察せられますが、その語義も用途も不明」〈「諏訪神社の竜蛟信仰」「季刊諏訪」六号〉と書いている）とあるから、御房三筋とは又折のことであろう。この御房と又折を麻と紙で飾りにつけたものを「むさて」という。

『古記断簡』の「御室之事ノ条」に、

或人云、ムサテハ十二月ノ祭日ヨリ次年三月祝日ノ時マテ籠《コモル》、蛇ノ形ナリト云人モアリ。

と書かれており、『諏訪神社縁起』にも同じようなことが記されている。二十四日の神婚によって妊娠した蛇神、御左口神の子を宿したソソウ神が、春まで御室に籠るのである。諏訪明神が蛇神といわれるが、それはこのソソウ神をいう。

諏訪大社の本来の神は、ミシャグチ神とソソウ神である。この二神の神婚神事が、十二月二十二日からはじまる冬季祭だが、この神事のはじまりを「穴巣始」という。穴巣（御室）の籠りは神婚の結果の懐妊の籠りである。冬期に行われるのは、冬籠りという言葉があるように、この時期が籠りの時期だからである。折口信夫は「冬《ふゆ》」を「殖ゆ」と解すが[15]、十二月の末から三月末まで穴巣に籠っている御左口神を、精進屋の御左口神と同じく「王子胎内の表体」（『諏訪神社資料』巻下）というのは、御室の冬籠りが「御魂《みたま》の殖《ふ》ゆ」であることを示している。

ミシャグチの分布

ミシャグチ神は諏訪（一〇九社）を中心に信濃の各地で祀られているが（全県で六七五社）、その分布は長野県だけに限らない。今井野菊の調査によると、一〇〇社以上の県は、静岡県二三三社・愛知県二二九社・山梨県一六〇社・三重県一四〇社・岐阜県一一六社である[3]（一〇〇社以上の県のうち滋賀県二二八社をあげているが、ほとんど「大将軍」で、一般の石神信仰が大将軍信仰になったものだから、私はミシャグチ信仰のなかには入れない）。長野県に接する県は、新潟・富山・群馬・埼玉・山梨・静岡・愛知・岐阜だが、ミシャグチ信仰は新潟・富山には全くない。また、群馬県六七社・埼玉県四四社・山梨県一六〇社は、諏訪の狩猟神「千鹿頭《ちかと(う)》神」と重なった数だから、ミシャグチ神は隣県でも静岡・愛知・岐阜に多く分布しているといえる。

ところが、隣県でもない三重県に多いのは、なにを語っているのだろうか。

伊勢と信濃の関係の深さについては、科野国造や、信濃の渡来人、物部系氏族、善光寺に関連して、繰り返し述べた。いままでの伊勢に関する記述では、畿内↓伊勢↓信濃であったが、ミシャグチ神に関しては、信濃↓伊勢だが、三重県に多いのは、古くからの信濃と伊勢の密接さによるのだろう。伊勢と信濃が密接であることは、『伊勢国風土記』が、伊勢津彦という伊勢の土着の神が、信濃へ移ったという伝承を載せていることからもいえる。

諏訪本来の神はミシャグチの神であった。だから、信濃へ移住した人々が、この霊験あらたかな神を故地に伝えたのが、東海地方や伊勢に多く祀られているミシャグチ神であろう（静岡県の駿河国造も、科野国造と同じに、金刺舎人・他田舎人という）。

ミシャグチは木や石に降りてくる霊魂・精霊で、人にも憑く。信濃や東海地方、伊勢・志摩のミシャグチ神も、神木、石棒、石、森、藪を祀る家の祝神である。だからミシャグチ神は、建御名方神を祀る諏訪神社とは、分布が異なっている（諏訪神社は静岡県一〇一社・岐阜県八二社・愛知県一一社・三重県七社）。

三重県の場合、諏訪神社七社に対してミシャグチが一四〇社もあるのは、信濃へ移ったという伊勢津彦の末裔によってミシャグチ信仰がひろまったと考えられるが、三重県のミシャグチの多くは伊勢・志摩の海辺に近いところに祀られている。理由は、伊勢・志摩の海人たちが信仰していた海から依り来る神と、重なったためであろう。ミシャグチは、冬籠りした「御魂の殖ゆ」だが、「ミタマノフユ」を『日本書紀』（一書の六）は「恩頼」と書く。海の彼方の常世からもたらすものが「ミタマノフユ」であり、伊勢は常世の波のよせる地であった（『日本書紀』垂仁紀）。

御左口神と千鹿頭神

ミシャグチ信仰が伊勢の海の民の信仰と重なるのは、非農耕民という点では、海人・山人は共通しているからである。誤解をおそれずにいえば、ミシャグチ信仰は「縄文的」といえよう。

今井野菊は、御左口社の調査で、(3)山梨・埼玉・群馬のミシャグチ社は、千鹿頭神を祀る社と重なっていると書いているが、諏訪信仰の千鹿頭神は、御左口神と共通性をもっている。『守矢神長系譜』に、ミシャグチの総社を自邸で祀る神長官守矢氏の「一子口伝」の「血詞の骨子」である系譜が述べられているが、祖神の「洩矢の神」の子「守宅ノ神」（後に「守田ノ神」と変わる）について、『守矢神長系譜』は次のように書く。

守宅ノ神、生レテ霊異幹力アリ。父ニ代リテ弓矢ヲ負ヒ大神ニ従ヒ遊猟シ千ノ鹿ヲ得。一男アリ、コレヲ名ヅケテ「千鹿頭ノ神」ト云フ。千鹿頭ノ神継イデ祭政ヲツカサトル。

中山太郎は、「ミシャグチ」の「シャグ」は「サグ」「サゴ」といわれることと、早川孝太郎の報告に（「民族」三巻一号）、「三河国北設楽郡振草村大字小林の、二月初午の種取りの神事に、鹿の腹に納める苞《つと》を、鹿のサゴ（胎児）と言うてゐる」とあることから、御左口神を鹿の胎児とみている。(13)私は「シャグチ」を「作《さく》（咲）霊《ち》」とみるが、作（咲）は植物（畑作・田作）だけでなく動物にもかかわる。狩猟と焼畑の振草村の「種取り神事」の「種」も、植物の種よりは動物の種（この場合は鹿）である。「穴巣始」の「穴巣」という表現にも、動物の冬籠り、冬眠のイメージがある。

御左口神の憑いた神使の精進屋の籠りを「胎内の表体」と称しているが、この表現にも狩猟性がみられる。諏訪郡のミシャグチ社の神体には、縄文時代の石棒が多いと、考古学者の藤森栄一は述べている。[4]諏訪の山地は、日本でも有数の縄文遺跡と遺物の多い。私は、縄文時代からの住民の信仰が連綿と伝わってきたのが、御左口神だと考えている。この神の狩猟的な面が千鹿頭神だから、守宅神の子という系譜になっているのだろう。

洩矢《もりや》も守矢《もりや》も同じだが、父子関係にしたのは、狩猟性を示す始祖神洩矢（御左口神）が定着して農耕性をもったことから、狩猟的「洩矢」と区別して農耕的「モリヤ」を「守宅」とし、さらに、守宅が「守田」に名を変え（「宅」「田」を守るという表記は定住農耕を示している）、一方、千鹿頭神を守宅神の子として、狩猟的な面も残したのであろう。『諏訪神社旧記』は、守矢神は「有霊異幹力」だから千鹿頭神になったと書いている。

今井野菊の千鹿頭神の分布調査によると、長野県一三社、山梨県八社、埼玉県一二社、群馬県二〇社、栃木県一二社、茨城県七社、福島県一五社で、[16]御左口神が平地の東海地方に分布しているのに対して、千鹿頭神は山地の関東から東北へと伝わっている。野本三吉は、分布図から、「一つの流れは、茅野、諏訪といった、いわば『八ヶ岳』山麓から、山岳にそって群馬県の『榛名山』を経て『赤城山』へすすみ、さらに『男体山』へと流れてゆく、栃木の『男体山』を軸にして分布した千鹿頭神は、更に『八溝山』を通過して福島県へ移動してゆく。大雑把な見方をしても、こうした山岳地帯沿いの移動先が予想できるのである。それは、諏訪を追われた洩矢民族の直系としての末裔『千鹿頭民族』という空想をふくらませてゆくのだが、狩猟採集的生活を軸とした『山人』的イメージとしても結晶してくるのである。東北地方の分布が、いまだに未踏査なので、これらの踏査によらなければ何ともいえないが、『マタギ』の生活や信仰とも、あるいは重なりつつ、東北にも分布しているのではないかとも思われるが、いずれにしても狩猟民族としての性格を色濃くもっていることは事実だ」と、書いている。(17)

「諏訪を追われた洩矢民族の直系としての末裔『千鹿頭民族』という空想」を述べているが、現実は、狩猟生活を行っていた山地民が、千鹿頭信仰を山づたいに伝えたのであろう。

諏訪社の狩猟神的性格とミシャグチ

三月酉日の大御立座神事は、御頭祭・三月頭・酉日祭などとも呼ばれているが、『上宮神事次第大概』が記すこの神事の供物を摘記すると、

一、当日七十五箇の備物を奉る。
二、鹿頭は諸郡の狩人その他の人々の献上により、自然に七十五頭の数に揃ふ。
三、大祝に魚・鳥・兎・耳裂鹿《ミミサケノシカ》を備ふ。此外に二十二飾魚鳥の備物あり。
四、七十五頭の中、耳の裂けたる鹿あるを不思議とする。
以上の外、大祝に雁を供する。

とある。供物に田畠からの収穫物はまったくない。

諏訪神が全国の狩人に信奉されていたことは、日向国奈須村の狩の故実『後狩詞記』に、「諏訪の払い」という呪文がみられ、日光の男体山を中心とした『日光狩詞記』に、鹿を射止めたとき、諏訪神へささげる

呪文をとなえて鹿の頭を諏訪のほうへむける儀式が記されている。男体山周辺には、千鹿頭神を祀る神社が多い。

『神道集』の「諏訪大明神の秋山祭の事」では、諏訪明神が田村丸（坂上田村麻呂）に、「私は千手観音・普賢菩薩の垂迹だが、前々から狩猟の遊びが大好きであった」といっている。この言葉にも諏訪神の性格があらわれているが、この発言に田村丸は、「どうして千手観音や普賢菩薩である諏訪明神が殺生の道を好まれるのか」と質問する（上社が普賢、下社が千手）。問に答えて、「神前に贄《にえ》として懸けられ、五戒・十善の行ないをすることによって成仏できることを畜生に気づかせるため」だと、諏訪明神は虫のいい身勝手な返事をし、「殺生を職とする者に利益を施し、また有情《うじょう》の畜生を助けるため」に、垂迹神として示現したといっている。

同じ話は『神道集』の「諏訪縁起の事」にも載っている。長楽寺の僧正が、田村丸と同じ質問をすると、「野辺に住む　獣《けもの》我に縁なくば　憂《う》かりし闇に　なほ迷はまし」という歌で答えて、諏訪明神は、鹿や鳥や魚などがみな黄金の仏となって雲の上に昇っていく夢を僧正に見せる。この話も、殺された生き物は、諏訪明神によってすべて成仏することを示している。

このような仏教説話は、神仏習合の過程において、本来は狩猟神であった諏訪神の原点の信仰を逆手にとり、諏訪信仰を広めるために作られたものである。諏訪神人の売る神符をもっていれば、鳥獣をとっても獣肉を食べても神仏の罰はないといわれ、それが狩人や山人たちの護符になったのも、この説話と同じ発想による。

御左口神・千鹿頭神・守矢（洩矢・守宅）神は、諏訪神として同性格だが（神長守矢氏とその代理のみが、御左口付申《みしゃぐちおろし》・御左口上申《みしゃぐちあげ》ができ、御頭御社宮司社〈ミシャグチの総社〉が神長屋敷の屋敷神として祀られていることからも、守矢神＝御左口神である。また、『諏訪神社日記』は守矢神の別名を千鹿頭神と書いている）、諏訪大社関係文献には、守（洩）矢神は建御名方神と戦って敗北したとある。『守矢神長系譜』には、建御名方神の孫児玉彦命が、「大神（引用者注・建御名方神のこと）の御辞言《ミコト》ノマニマニテ千鹿頭神ノ跡ヲ継イデ祭政ヲツカサドル」とある。このような記述は、古い諏訪神を祀る氏族から、建御名方神という新しい神名の神を祀る氏族へと、諏訪の祭政が移ったことを意味する。

現在のミシャグチ信仰に、道祖神・塞の神的要素が強いのは、平地農耕民の信仰に同化してしまったためで、山地狩猟民的性格は、御左口神から分離して、千鹿頭神になったのであろう。

神使「密殺」「虐殺」の理由

柳田国男は、諏訪大社の耳裂鹿や、神主の片目を傷つける話は、耳や目を傷つけることによって神のいけにえ、神の代表者たることを示すことだと推定し、「右の如く推定を下して進むと、さらに今一つ以前の時代の信仰状態をも窺ひ得るやうな気がする。それを至つて淡泊な言葉でいひ現はすと、ずつと昔の大昔には、祭の度ごとに一人づつの神主を殺す風習があつて、その用に宛てらるべき神主は前年度の祭の時から、籤または神託によつて定まつており、これを常の人と弁別せしむために、片目だけ傷つけておいたのではないか」と書き、「この推測には或程度までの根拠がある」とも書く(18)。

柳田国男は、神主を殺すのは「いけにえ」で、神主が「いけにえ」になるのは「能く神意宣伝の任を果たすため」とみているが、(18) はたしてそういえるだろうか。

神主を殺す話で連想するのは、耳裂鹿が奉納される、いわゆる御頭祭の神使である。藤森栄一は、

上社《かみしゃ》の旧神楽大夫《かぐらたゆう》茅野氏をたずねたときの、談話の中で、「神使に選ばれた御頭郷の十五歳の童男のうちに、祭後、ふたたびその姿をみたものがない例がうんとある。密殺されたものらしい。そこで、その選をおそれて逃亡したり、乞食または放浪者の子をもらい育てておいて、これにあてたことがある」ということを聞いた。

と書いているが、(19) 柳田国男は、

自分が神主を殺すのといつたために、ぎよつとせられた祠官たちが或ひはあるか知らぬが、御安心めされ、祠官は多くの場合には神主ではなかつた。神主即ち神の依坐《よりまし》となる重い職分は、頭屋《とうや》ともいひ或ひは一年神主とも一時上臈《ひとときじやうらふ》とも唱へて、特定の氏子の中から順番に出たり、もしくは卜食《うらはみ》によつてきめたりするものと、一戸二戸の家筋の者に限つて出て勤める、いはゆる鍵取りなるものとがあつたのである。

と書いている。(18) 神使には、一月一日の御占《みうら》神事のとき、御左口付申《みしやぐちおろし》の占いできめられる御頭郷の童男がなる。

この神使について、藤森栄一は、次のように書く。

「画詞」の記述のうちに、妙ちきりんな一条があった。神使出発に際して、一度乗馬した神使を馬の向う側につき堕《おと》している。そのときは、わからないままにほおってしまったが、これは何を意味するか。

そのつもりで読むと、まだ一杯ある。江戸中期の「歳中神事祭礼当例勤方之次第」によれば、擬祝が御杖を飾り、ついで副祝か神使を藤で縛《しば》るという一事がある。これはいったい何んだ。

また、「信府統記」五の場合はもっとひどい。「前宮の内に入れて七日間通夜をさせ、祭日にはだして葛をもって搦《から》め、馬に乗せ、前宮の馬場を引きまわし、打擲《ちょうちゃく》の躰をなす」

宮地博士の伝聞（「諏訪神社の研究」）には、まだひどいのがある。「百回の行をさせた上で、藤蔓で後手に縛って馬に乗せる。藤蔓の痕が容易に消えないので三年のうちに命を失なってしまう。また、乗馬出発にさいして、神人が棒で地面を敲《たた》き、馬をおどして暴走させた」等々、神使虐待の話はきりがない[20]。

この「神使虐待」は「密殺」が「虐待」に変わったことを暗示している。柳田国男は、殺すのが目を潰すことに変わったとみる。藤森栄一と柳田国男の記述は、殺す点では共通しているが、虐待と片目の点がちがう。

柳田国男は、殺される犠牲者は「死んだら神になるといふ確信がその心を高尚にし、能く神託予言を宣明することを得た」と書くが、神使は「死んだら神になる」のではない。一月の御占神事で決まった神使は、二月の初めから一カ月弱、御左口付申《みしゃぐちおろし》をした精進屋に籠って御左口神になる。この御左口神を「密殺」「虐待」するのだから、「犠牲」「いけにえ」の視点だけでは、神使の「密殺」「虐待」は解けない。

ミシャグチ神への供物の鹿頭と鹿の血

御頭祭の供物の鹿頭について、『官国幣社特殊神事調』は、「当日社頭に持来るものの中には、生血の滴るものあるも其の儘を奉るなり」と書くが、『播磨国風土記』（讃容《さよ》郡）に、「妹玉津日女命、生ける鹿を捕《と》り臥《ふ》せて、その腹を割きて、其の血に稲種まきき。仍《よ》りて、一夜の間に苗生ひき」とある。鹿頭を供物とすることは狩猟とかかわるが、稲種を一夜にして苗にする生命力は、鹿の血が酒と同じ「サクチ」であることを示している。

『播磨国風土記』賀毛郡雲潤《うるみ》里の条に、太水の神が、「吾は宍《しし》の血を以ちて佃《たつく》る」といったとある。「宍」は動物の肉をいうが、この話でも、田作りに動物の血がかかわっている。この雲潤の里は後に酒見郷になるが『日本書紀』（神武天皇即位前紀）は、菟田《うだ》の血原《ちはら》に「弟猾《おとうかし》大きに牛酒《しし》を設けて、皇師《みいくさ》に労《ねぎら》へ饗《みあへ》す。天皇、其の酒宍《しし》を以て軍卒に班《あか》ち賜《たま》ふ」と書く。たぶん、動物の血（生肉も含む）と酒を体内に入れることによって起きる生理的興奮状態の共通性が、「シシ」の表現に酒を用いたのであろう。だからこそ、「宍の血」の説話をもつ地が「酒見」郡になったと考えられるのである。

「千鹿頭」を「血方」と書く例から（小山市田間の血方神社は諏訪神社とも関係があるが、お産の神、血の神としての女性の信仰が厚い）、鹿の数の多さを表現する「チ」の意味だけでなく、鹿の血の「血」の意味もあったろう。血方神社がお産の神であることからも、千鹿頭神が御左口神（御作神）と同性格の「サクチ」の神であることがわかる。

鹿の血の話は、「五月夜《さよ》」に鹿の血のついた稲種が一夜で苗になったという話として讃容郡の地名説話になっているが、「サ」は「サク（作・咲）」の「サ」と同じく呪力を示しており、「夜《ヨ》」は「一夜《ひとよ》孕《はら》み」か「常夜《とこよ》」の「ヨ」である。夜の籠りの時をいい、一日の死である。血は死につながる。

記・紀は、イザナギがカグツチを斬った血によって、神々を生んだと記し、血から神々の誕生を記している。これは『風土記』の稲種が一夜で苗になった話や田作りの話、さらに、殺されたカグツチの死体から山の神々が生れた話（『古事記』）と関連する。こうした伝承からみて、鹿の血の話は、鹿を殺すことを前提にした説話である。

『古事記』には、スサノヲに殺されたオオゲツヒメの体の各部分から、穀物の種や蚕が成ったとあり、『日本書紀』にも、月夜見尊《つくよみ》に殺された保食神《うけもち》の死体から、穀物や牛馬・蚕が成ったとある。記・紀は、月夜見尊やスサノヲを黄泉《よみ》の国の支配者と書くが、この「ヨミ」の神に殺されることによって五穀が生れるのは、血によって一夜で種が苗になる話と共通する。

黄泉の国は死の国である。死をとおして生があることを、これらの伝承は示している。鹿の血の話からみても、御左口神(神使)は殺される必要があった。諏訪大社には、殺す行為が「虐待」という形で残ったのであり、この神事がもっとも重要な神事として伝わったのも、ミシャグチ神が「作(咲)霊《さく ち》」の神だからであろう。

縄文的・焼畑的信仰とまつろわぬ神

大林太良は、オオゲツヒメやウケモチ神の死体化生神話の牛馬・蚕の化生は、後からの付加で、穀物起源が最初の伝承とみて、『古事記』が粟の国をオオゲツヒメと書いていることから、オオゲツヒメなどの死体化生神話を、粟を中心とした雑穀栽培の焼畑耕作文化の伝承とみる。(21)

佐々木高明は、日本の焼畑で作られる作物のうち、もっとも広く栽培されている基幹作物は、ソバ・アワ・ヒエ・大豆・小豆だと書くが、(22) 保食神の死体から化生した「陸田種子《はたけつもの》」は、「粟・稗・麦・豆」である。諏訪地方で「サクル」「シャクル」というのは、主に「畠」であって「田」ではない。御作神とは「陸田種子」にかかわる表記と考えられる。つまり、御左口神（神使）虐待の行為は、縄文時代からの諏訪山地（八ヶ岳山麓）の「サクチ」神事の名残りといえよう。そのことは、御左口神の神体に縄文時代の石棒が多いことからもいえる。

山を焼くという行為は草木の死であり、意識的に焼くのは「殺し」である。その行為によって山は生きる。カグツチの死体は、頭は正鹿山津見《まさかやまつみ》（「まさか」は正真正銘の意だから、真の山の神霊）、胸は淤縢《おど》山津見（「おど」は弟の意）、腹は奥山津見、陰《ほと》は闇《くら》山津見（「くら」は谷の意）、左の手は志芸《しぎ》山津見（「しぎ」は茂るの意）、右の手は羽山《はやま》津見（端山の意で麓）、左の足は原山津見（山裾の原の意）、右の足は戸山《とやま》津見（「戸《と》」は「外」で、山からみて外の里に近い山の神霊）の神々を生んでいる。すべて山の神々であることも、山地民の焼畑を意味している。なぜなら、カグツチは、別名を「火之炫毗古《ほのかがびこ》」「火之迦具土《ほのかぐつち》」というように、火の神だからである。

カグツチの死体からは、山と山麓、山麓につながる原が生れている。これらの場所は、数年作ると別のところへ移動する焼畑の場所を示しているともいえる。いろいろな雑穀がオオゲツヒメの体の各部から化生しているが、焼畑は土地の使用年数に合わせて、一年ごとに土地に合う作物を作る。こうしたことが死体化生伝承に反映したのであろう。

松村武雄は「カグツチのカグは『赫』・『輝』であり、ツチはシホツチ（塩土翁に於ける）、ヌヅチ（野の霊）、ミヅチ（水の霊）などに於けるツチと同じ範疇に属する語辞で、江戸時代からいわれているように、やはり『霊威』を意味する」と書いているが、[23]倉野憲司は、「土《ツチ》のツは助詞ノと同じ、チは霊威を示す語」と書く。[24]『古事記』の注釈本は、ほとんど倉野説を採っている。このように、「カグ」の「チ」が火・光の霊なら、「サク」の「チ」は作（咲）の霊である。カグツチが殺されたように、サクチの「御正躰」としての神使も殺される。殺さなくても、殺す所作をしたのである。

以上述べたように、ミシャグチは縄文時代以来の古い信仰のおもかげを残している。このような信仰を持つ人々は、まつろわぬ者たちであった。山人・海人は異族・夷《えびす》として同じであった。

応永十五年（一四〇八）十月朔日の奥付のある、常陸国瓜連《うりつら》の常願寺所蔵の『日本書紀私鈔』は、「巻二星神香々背男」の条で、香々背男・天津甕星神の亦の名を建御名方神と書く。「順《まつろ》はぬ鬼神《かみ》」「不服《うべな》はぬ者」である香々背男・天津《あまつ》甕星《みかほし》は海人にかかわるが、建御名方神がこれらの神の亦の名になっているのは、建御名方神が、高天原からの天孫降臨と葦原中国の国譲りに反対したまつろわぬ神だったからであろう。諏訪の伝承では洩矢神（御左口神）がまつろわぬ神になっているが、『古事記』が建御名方神というまつろわぬ神を諏訪明神にしたのも、本来の諏訪神に、まつろわぬ神のイメージがあったからだろう。

「まつろわぬ者」とは、稲作農耕の平地民とその支配者が祀る神を、祀らない者たちをいう。だから、諏訪の神事を稲作農耕の面だけからみては、諏訪信仰は解明できない。記・紀の神話についても同じことがいえる。記紀神話の深層も、神統譜に載らない神々の検証によって見えてくる。その意味でも、古代諏訪信仰の研究は重要である。

〔注〕

（1）柳田国男「石神問答」『柳田国男集・第十二巻』一九六九年　筑摩書房

（2）柳田国男「人形とオシラ神」注1前掲書所収

(3) 今井野菊「御社宮司の踏査集成」『古代諏訪とミシャグジ祭政体の研究』所収　一九七五年　永井出版企画
(4) 藤森栄一『銅鐸』一六五頁　一九六四年　学生社
(5) 今井野菊　注3前掲書　五〇頁
(6) 藤森栄一　注4前掲書　一六二頁
(7) 宮地直一『諏訪史・第二巻前編』五九頁　一九三一年　信濃教育会諏訪部会
(8) 倉野憲司『古事記全註釈・第二巻』一二九頁　一九七四年　三省堂
(9) 西郷信綱『古事記注釈・第一巻』一四頁　一九七五年　平凡社
(10) 西宮一民「神名の釈義」『古事記』所収　一九七八年　新潮社
(11) 北村皆雄「ミシャグジ祭政体考」注3前掲書所収
(12) 吉田敦彦『小さな子とハイヌウェレ』五六頁～五七頁　一九七八年　人文書院
(13) 中山太郎「御左口神考」『日本民俗学・1』所収　一九三〇年　大岡山書店
(14) 注4前掲書（一六一頁）に、今井野菊から聞いた話として書かれている。
(15) 折口信夫「花の話」『折口信夫全集・第二巻』所収　一九六五年　中央公論社
(16) 今井野菊「ちかとさま」『諏訪信仰の発生と展開』所収　一九七五年　永井出版企画
(17) 野本三吉「千鹿頭神へのアプローチ」注16前掲書所収
(18) 柳田国男「一目小僧」『柳田国男集・第五巻』一九六二年　筑摩書房
(19) 藤森栄一　注4前掲書　一五五頁
(20) 藤森栄一　注4前掲書　一五六頁
(21) 大林太良「オオゲツヒメ型神話の構造と系統」『稲作の神話』所収　一九七三年　弘文堂
(22) 佐々木高明『日本の焼畑――その地域的比較研究――』九二頁～一五五頁　一九七二年　平凡社
(23) 松村武雄『日本神話の研究・第二巻』三六六頁　一九五五年　培風館
(24) 倉野憲司　注8前掲書　一八八頁

建御名方命と多氏

建御名方命の二面性

建御名方命《たけみなかた》という神名の新しさについて、宮地直一は、「古事記成立の奈良朝を余り遠ざからぬ前代の事であろう」とし[(1)]、藤森栄一は、「須波神から南方刀美神（建御名方神）に、古墳末期の八世紀を境にして神格が交代したもののようである」と書いている[(2)]。

建御名方命以前の諏訪の神とは、土俗的な「ミシャグチ」の神である。

信濃国の祭政にかかわる信濃国造が、諏訪の古くからのミシャグチ信仰をヤマト王権の神統譜に組み入れた結果、建御名方命という神名が生れたのである。この神は『古事記』にのみ記されて、『日本書紀』にはまったく登場しない。

だから本居宣長は、「書紀に此建御名方神の故事をば、略《ハブ》き棄《ステ》て記《シル》されざるは、いかにぞや」（『古事記伝』十四之巻）と疑問を発し、津田左右吉は、「古事記にのみ見えるタケミナカタの神は、オホナムチの命の子孫の名の多く列挙してある此の書のイヅモ系統の神の系譜には出てゐないものであるから、これははるか後世の人の附加したものらしい」と推測し、タケミナカタを「シナノのスハに結びつけたのは、此の地に古

くから附近の住民の呪術祭祀を行ふ場所があつて、それが有名であつたためであらう」と、書いている。(3)

また西郷信綱は、「系譜では物語と関係ない子の名まで続々くり出しているのに、かく国譲りで活躍するタケミナカタの名が落ちるというのは、ちょっとありそうもないことのように思われる」ので、「本文が系譜を出し抜き、タケミナカタなる人物がいわば飛び入りで登場してきて興を添えたのであろうか。そのへんのことはどうもよく分からぬ」と書いている。(4)

このように、『古事記』のみに書かれ、その『古事記』でも、大国主命の子でありながら大国主命の神統譜に入っていない異常性、さらに諏訪に結びつけられている特殊性から、このような疑問が出てくるのである。

『古事記』のみに載り、『古事記』の大国主命の神統譜にも入っていないのに、強引に大国主命の子として「飛び入り」で登場するのは、『古事記』編者の主観的意図によると考えられる。但し、諏訪と結びつけられているのだから、「なぜ諏訪か」の理由を探らなくては、「飛び入りで登場してきて興を添えた」理由も解けない。

津田左右吉のいう、古くから「呪術祭祀を行ふ場所」で「有名」な地は、他にもある。特に諏訪の地が選ばれたのは、『古事記』の編者が、信濃国造や諏訪大社下社大祝《おおはふり》の金刺氏と始祖（神武天皇皇子の神八井耳命）を同じくする太（多）氏だったからであろう。

『古事記』の編者は、同族の意向を受けて、大国主命の神統譜に入っていない建御名方命を、強引に大国主命の子として国譲り神話に組み込み、諏訪の神とした。建御名方命が国譲りに反対して諏訪に逃げ、この地にとどまったという話は、諏訪のミシャグチ神を祀る守矢（屋）氏が、科野国造の勢力に敗れ、その祭祀権が上社地域に限定されたことと重なっている。諏訪の国譲り神話を拡大したのが、『古事記』の建御名方神話であろう。

室町時代初期に書かれた『諏訪大明神画詞』には、明神（建御名方命）と洩矢《もれや》（ミシャグチ）神とが争い、洩矢神が国譲りしたとあるが、同じ伝承は他の文献にも記されている。守矢氏は神長官として上社大祝に従っているが、守矢氏の祀る神はミシャグチ神である。諏訪の伝承による建御名方命と洩矢神の関係は、出雲の国譲り伝承の建御雷命と建御名方命の関係であり、建御名方命は、出雲では被征服者、諏訪では征服者という、二面性をもっている。

建御名方命という神名

本居宣長は、『古事記伝』で、建御名方神の名義について、「建または御は例の称号なり。（中略）阿波国に『和名抄』によれば、名方郡名方郷あり、神名帳に、其郡に多祁御奈刀弥《タケミナトミ》神社あり〔こは奈の下に方字脱《オチ》たるにあらねや〕」と書く。

多祁御奈刀弥《たけみなとみ》神社は現在、徳島県名西郡石井町浦庄字諏訪にあり、「タケミナカタトミ」の神を祀っている。地元の人々は「お諏訪さん」と呼び、「元諏訪大社」とも称している。

太田亮は、「建御名方命」について、「建と富とは尊称として御名に附加へたる敬語なるを知るべし。（中略）御名方の名義は詳かならざれど、恐らく御は敬語にして名方は地名ならんか。名方なる地名は全国に二三あれど、こは阿波の国名方郡か。何となれば延喜式同郡に多祁御奈刀弥神社を載せ、建御名方の命を祀れりと伝ふなればなり」と書き、「阿波国は南海に偏り此命の御縁故地と甚だ隔絶すれば此説如何あらんと思はれざるにあらざるも、名方郡名は筑前灘県（ナアガタ）より来りたるものにして、此地は安曇氏族（海神族）の有力なる一根拠なる事種々の方面より窺はるゝを以て、命が此地名を負ひ給へる事は其妃八坂刀売命が安曇氏の女なるが故ならんと考察さるゝ也。思ふに命は妃の命との縁故より安曇族の奉ずる処となり、嘗て此地に駐りその地名を御名に負ひ給ひしならんか」と書いている(5)。

本居宣長や太田亮が記す、阿波国名方郡の式内社「多祁御奈刀弥神社」と諏訪大社の関係は、無視するわけにはいかない。

安曇氏が阿波国名方郡にいたことは、「阿波国名方郡人正六位上安曇粟麿、部の字を去りて宿禰を賜ふ。自ら言ふ、安曇百足の苗裔なり」と、『三代実録』の貞観六年（八六四）の条にあることからも証される。名方郡の和多津美豊玉姫神社と天石戸別豊玉姫神社も、安曇氏にかかわる式内社である。阿波の名方郡の南に接する勝浦郡・伊賀郡・海部郡を総称して「南方」というが、諏訪大社は『延喜式』神名帳に「南方刀美神社二座名神大」と記されている。『延喜式』は延長五年（九二七）に完成しているが、すでに『続日本後紀』承和九年（八四二）五月の条にも、「信濃国諏訪郡無位勲八等南方刀美神従五位下」とある。この神名「南方」は、阿波の「南方」と関係があるだろう。

『延喜式』神名帳では、豊玉姫の神社は阿波だけにあるが、玉依姫の神社（玉依比売命神社）も信濃だけにある。記・紀によれば、豊玉姫と玉依姫は海神綿津見命の娘だが、綿津見命は安曇連の祖神である。このように、安曇連にかかわる「名方」を神名にする神社と、豊玉姫と玉依姫を祀る神社が阿波と信濃のみにあることを、偶然の一致とみるわけにはいかない。

信濃の式内社には、安曇連の祖、穂高見命《ほたかみ》を祀る穂高神社、宇都志日金析命《うつしひかなさく》と姫神を祀る氷鉋斗売《ひかなとめ》神社がある。阿波と信濃の共通性は、安曇氏によるものであろう。

下社の祭神八坂刀売《やさかとめ》（建御名方神の妃神）をも安曇《あずみ》系海神の女とする説は、栗田寛（『新撰姓氏録考証・上』）、吉田東伍（『大日本地名辞書・第五巻』）、飯田好太郎（『諏訪氏系図補記』）、宮地直一（『諏訪史・第二巻前編』）なども述べている。信濃国安曇郡の式内社川会神社の社伝にも「海神綿津見神を祀る。建御名方命の妃は海神の女なり。太古海水国中に氾濫、建御名方とその妃は治水のために水内山を破って水を流し越海へ注ぎ、始めて平地を得た。神胤蕃殖し因ってここに祀る」とある。

上社の祭神は、神名では外来性、性格では在来性という二面性をもっている。この二面性は、『古事記』の建御名方命の伝承と共通する。

八坂刀売命と伊勢と信濃

八坂刀売命を安曇系海神の女とする説が有力だといっても、「八坂」という名を安曇氏に限定することはできない。豊玉姫・玉依姫的要素があっても、「八坂」という名は、安曇氏系には見あたらない。だから、『上宮御鎮座秘伝記』『諏方上宮神名秘書巻』は、八坂刀売命を、『旧事本紀』天神本紀に載る天孫降臨供奉三十二神のなかの八坂彦命の後裔とする。天神本紀には「八坂彦命、伊勢神麻績連等祖」とある。宮地直一は、『和名抄』に伊勢国多気郡と信濃国伊那郡・更級郡に麻績《おみ》郷があることから、八坂刀売命を八坂彦命の後裔とする説は「単なる神名の共通による学者の臆説たるに止まらないで、相当合理的根拠を有するといひ得る」と述べている。[6]

宮坂直一は、それ以上のことは述べていないが、伊勢と信濃を結びつける八坂―麻績は、阿波とも結びつく。

名方郡の隣の麻殖《おえ》郡の「天村雲神伊自波夜比売《いじはやひめ》神社二座」について、吉田東伍は、「信濃諏訪神系に建御名方命の御子出速雄命の女に出速姫命あるは、伊自波夜比売神に由あり」と書いている。[7]一方、麻殖郡の郡名の由来について『古語拾遺』は、神武天皇の命で天富命（忌部の祖）が「天日鷲命（引用者注・阿波忌部の祖）の孫を率いて、肥饒地《よきところ》を求めて阿波国」に赴き、「穀《かぢ》・麻の種を殖えしむ。其の裔《はつこ》、今彼の国に在り（中略）所故《このゆえ》に郡の名を麻殖と為る縁也」と書く。『和名抄』には麻殖郡に忌部郷があり、『続日本紀』神護景雲二年（七六八）七月十四日条には、阿波国麻殖郡の忌部連方麻呂が宿禰姓を賜ったとある。また、『延喜式』神名帳の麻殖郡の条には、名神大社の忌部神社が載り、注に「或号二麻殖神一、或号二天日鷲神一」とあるが、この天日鷲神は伊勢国造の祖である（『旧事本紀』国造本紀）。伊勢の麻績連は伊勢神宮の神衣《かんみそ》を織る職掌だが、このように、阿波の麻殖と伊勢の麻績は、天日鷲命を介して関連性をもつ。鳴門市の大麻比古神社（名神大社）の「大麻比古」は麻の神格化であり、忌部氏系図では、大麻比古は天日鷲神の子となっている。

太田亮は、阿波の名方と信濃の名方を結びつけるには、この二つの地が「甚だ隔絶すれば、比説如何あらんと思はれざる」と書くが、[5]この「隔絶」を埋めるのは、氏族では、「八坂」にかかわる麻績連であり、地域では伊勢である。八坂刀売命をとおして、阿波――伊勢――信濃という回路が想定される。

麻殖神は伊勢国造の祖天日鷲命だというが、伊勢の国譲り伝承（『伊勢国風土記』逸文）の天日別命（鷲《わし》が別《わけ》になったとみる同一神説が有力だが、別神説もある。だが、どちらの神を祖とする氏族も尾張氏系譜に入っているから、別神であっても同性格の神とみてよいだろう）は、建御雷命《たけみかづち》の役割をもち、一方、建御名方命にあたるのが伊勢津彦命である。この伊勢津彦命は信濃へ逃げたと、『伊勢国風土記』逸文は注している。出雲であれ、伊勢であれ、その地に入ってきたヤマト王権の勢力に押されて信濃へ逃げこんだという伝承は、信濃の側からみれば侵入伝承である。この逃亡と侵入の二面性を、建御名方命はもっている。

麻績郷が伊勢と信濃にあることは前述したが、伊勢の員弁《いなべ》郡と同じ地名が信濃の伊那郡であり、伊那部の地名も残っている（現在の伊那市）。伊那郡の大領は下社大祝と同じ金刺氏だが、金刺氏は科野国造である。伊勢の船木氏も、多氏や科野国造と同族である（『古事記』）。この伊勢船木氏の本拠地は員弁郡の隣の朝明郡だが、『住吉大社神代記』は、伊勢船木氏の祖として伊勢津彦命をあげている。

『伊勢国風土記』逸文によれば、伊勢津彦神（出雲建子）は伊賀で大和からの侵入軍と戦っているが、『日本書紀』雄略天皇十八年八月十日条には、大和から侵入した物部氏の軍に伊勢朝日郎が抵抗したことが記されている。その場所も伊賀である。伊勢朝日郎は「伊勢朝明《あさけ》（朝日）の男」の意だが、朝明郡の代表氏族は、伊勢津彦を祖とする船木氏である。『住吉大社神代記』には、伊勢津彦命は船木氏の祖神田田命の孫で、神田田命は、「日神を出し奉る」とあるから朝日郎の祖としてもふさわしい。このように、伊勢朝日郎と伊勢津彦神は、伊勢船木氏の祖としてダブルイメージである。伊勢朝日郎が討たれたため、猪名部は物部連目の管掌下に入ったと『日本書紀』は記すが、応神紀によれば、猪名部は船大工であり、船木氏とのかかわりが推測される（朝日郡に隣接する員弁《いなべ》〈猪名部〉郡には、式内社の猪名部神社があるが、猪名部と信濃については、「『イナ』の地名と『イナ部』」参照）。

伊勢朝日郎の伝承には物部氏がからむことからみて、伊勢津彦伝承は、雄略天皇の東国への勢力拡大（伊勢朝日郎が物部氏に討たれたのは雄略朝）政策の結果、物部氏配下に入った伊勢の船木氏・猪名部の、信濃移住の反映伝承と考えられる（物部氏系氏族が信濃に多いことは、「信濃の古代中央豪族」で述べた）。

伊勢津彦神は「波に乗りて東にゆきき」と『伊勢国風土記』逸文に書かれているが、船木氏と猪名部は三河湾に入って豊川の河口付近（愛知県宝飯郡小坂井町伊奈）に上陸し（明治二年にこの付近に伊奈県が設置されている）、一部はさらに東の伊豆半島の松崎湾に入り、那賀川の河口（静岡県加茂郡松崎町江奈の近くに式内社の伊那上・下神社がある）に上陸したのであろう。一方、豊川（上流は宇連川）を溯り、現在の佐久間ダム付近から天竜川（諏訪湖が水源）を遡れば、現在の上・下伊那郡を経て諏訪に至る（国鉄飯田線はこのルートにあたり、古くから信濃と三河の交通路である）。また、「『イナ』の地名と『イナ部』」で述べたように、美濃の恵奈郡から下伊那郡に入るルートも考えられる。

考古学者によれば、諏訪の古墳時代の遺跡・遺物は、三河・遠江・美濃から天竜川を遡上して（信濃の天竜川沿岸が上・下伊那郡）諏訪に至った文化伝播のルートを示しているという。建御名方神が「科野《しなの》国の州《す》羽《は》の海」に至ったのも、このルートを辿ってのことと思われる。五世紀後半の伊勢から信濃への人々の移動を裏づけるように、信濃の下伊那の大型古墳の築造は六世紀初頭から開始され、最古の古墳も六世紀末のものである。

だが、伊勢津彦伝承から、土着の伊勢人が追われて信濃へ入ったと限定して考えるのは問題がある。むしろ、伊勢にいた人々の信濃移住の反映とみるべきであろう。特に、伊勢の多気郡と信濃の伊那郡・筑摩郡の麻績郷の場合は、後の方であろう。

八坂刀売を祭神とする下社の御船祭の船は、諏訪湖用の刳舟《くりふね》でなく、海上運航用の大型竜骨船であり、拙著『日本古代試論』でも書いたように、この御船祭は、諏訪湖に舟を出していた諏訪人の祭事というよりも、雄大な海を知っていた人々による祭事と考えられる。そのことからみても、下社の祭神八坂刀売は土着の諏訪の神とはいいがたい。しかし、土着の諏訪神（ミシャグチ神）の伊勢への波及からみて、山と海の神は互いに交流していたのであろう。

なお、八坂刀売命という神名は、麻績連の祖の八坂彦命をヒントにして、建御名方命と同じく八世紀に作られたものであろう。

上社大祝神氏と多（太）氏

科野国造が伊勢船木氏と同祖であることは『古事記』に記されているが、建御名方神話は『古事記』にのみ書かれ、『日本書紀』には登場しない。この点に関しては、『古事記』の編者で科野国造や伊勢船木氏と同祖の、多（太）氏の存在が無視できない。多氏は三輪山祭祀にかかわるが、『和名抄』の信濃国諏訪郡には「美和郷」がみえ、水内郡には式内社「美和神社」（『三代実録』は「三和神」と書く）がある。

下社の大祝は、科野国造と同じ金刺氏であり、上社の大祝は神氏《じん》という。神氏を「神氏《みわ》」と訓んで「美和郷」を上社大祝の郷とする説があるが、この説は、「美和郷」を大和の三輪氏と関係ないとしたうえで、神氏の居館周辺を美和郷に比定している。しかし、上社周辺に「ミワ」の地名は現存せず、また水内郡の美和神社の存在も、この説では説明できない。しかも、全国各地のミワ神社やミワ郷には三輪氏がかかわっているのに、この説は「ミワ」の地名が大和の三輪（大神）氏と関係ないとする前提にたっており、説得力がない。

美和郷と美和神が諏訪と水内にあるのは、竜田の風神と共に諏訪と水内の神を祀ったという持統天皇五年の記事と重なる。これを偶然の一致として看過ごすわけにはいかない。

上社大祝は、本来は、神長（神長官）や神使（童男）を出す守屋氏や上社周辺の人々のなかから選ばれた（ラマ教のダライラマのように）童男《おぐな》であった。大祝が世襲になったのは、下社大祝の金刺氏の世襲にならったからである。

『上社社例記』は、「平城天皇御宇以来御表衣祝有員社務、是大祝肇祖」と書き、『大祝職次第書』は、この「大祝肇祖」の有員《ありかず》について、「桓武天皇第五皇子八才ヨリ烏帽子、狩衣ヲ脱着御表衣祝」と書く。桓武天皇の皇子という記事はまったく信用できないが、このように書かれているのは、桓武天皇の子平城天皇の御代（八〇六年〜八〇九年）から上社大祝が世襲となり、その初代が有員だったからであろう。

上社大祝『神氏系譜』によると、科野国造建隅照命（「建御名方富神十八世の孫建国津見命の子」とある）の九世孫五百足は、兄弟の妻のなかに神の子を宿している者がいるという神告を夢のなかで聞き、その神の子有員を神氏の始祖にしたという。これは、科野国造によって上社大祝の神氏の始祖がきめられたという伝承であり、上社大祝を世襲制にした平城天皇の時代が問題になる。

史上に登場する多（太）氏で官位と活躍がはなばなしいのは、壬申の乱に活躍して持統天皇十年八月二十五日に亡くなった直広壱（正羅下）の多品治と、養老七年七月七日に亡くなった民部卿従四位下の太安万侶と、平城天皇のとき活躍した多入鹿である。

入鹿は、平城天皇が即位した大同元年（八〇六）に従五位下近衛少将兼武蔵権介、次いで中衛少将。二年に右近衛少将として尾張守・上野守・木工頭を兼任。三年正月に正五位下に叙し右小弁、二月に民部小輔。四年六月に従四位下に叙し、九月山陽道観察使兼右京大夫になっている。

翌年（八一〇）四月、平城天皇の弟が即位し嵯峨天皇となって、年号は弘仁に変わり、弘仁元年六月には、観察使が廃止され参議に戻ると、入鹿も参議になり、九月、讃岐守から安芸守になり、十月、薬子《くすし》の変にかかわり讃岐権守に左遷された（『日本後紀』『公卿補任』）。

このように、入鹿が平城天皇のとき重職についていることからみて、入鹿の力によって上社大祝は世襲制になったと考えられる。

しかし、上社大祝を下社大祝と同じ血筋にするのには抵抗があることと、「天武天皇と信濃」「諏訪大社と古代ヤマト王権」で述べたように、同じ寅方位にあるミワ神とスワ神の神格の共通性から、大神《おおみわ》氏の血筋に神《じん》氏を名乗らせ、上社大祝有員が誕生したのではないだろうか（建御名方神は大神神社でも祀られている）。

上社大祝が世襲制になって三十年余たった承和九年（八四二）五月、南方刀美神が無位から従五位下の神階を受け、同年十月、八坂刀美神が無位から従五位下になっている。この神階授与は、上社・下社体制が定着したからであろう。そして嘉祥三年（八五〇）、両神は従五位上になっているが、これからの昇進はめざましい。

仁寿元年（八五一）、両神は一挙に従五位上から従三位に昇り、貞観元年（八五九）正月には、建御名方富命が従二位、八坂刀売命が正三位。同年二月には正二位と従二位。貞観九年（八六七）には従一位と正二位に昇っている。十数年の間に従五位上から従一位と正二位まで昇っているが、正一位と従一位になったのは七十三年後の天慶三年（九四〇）であり、八坂刀売が正一位になったのは百三十四年後の承保元年（一〇七四）である。このことからみても、貞観年間の昇進は異常である。このような昇進は、次のような理由による。

『三代実録』の貞観五年九月五日条に、

> 右京人散位外従五位下多朝臣自然麻呂賜㆓姓宿禰㆒。信濃国諏方郡人右近衛将監正六位上金刺舎人貞長賜㆓姓太朝臣㆒。並是神八井耳命之苗裔也。

この諏訪郡人の金刺舎人（太朝臣）貞長（金刺舎人が下社大祝だから、諏訪郡人の貞長は下社関係者）こそ、上社・下社の神階を急激に上げさせた推進者であったとみられる。だが、彼一人で成功するはずはなく、在京の太朝臣（入鹿の子や関係者たち）の協力を得ていたにちがいない。

入鹿は、延暦二十一年（八〇二）近衛将監、大同元年（八〇六）近衛少将、さらに同年、中衛少将になっている。翌年（大同二年）、近衛府は左近衛府、中衛府は右近衛府になったが、入鹿はこの創設にかかわり、右近衛府少将になっている。また、貞観元年十一月十九日条には、正六位上の右近衛将監多臣自然麻呂が外従五位下に任じられている。自然麻呂は雅楽寮の多氏（楽家多氏）の祖だが、『体源抄』の「多氏系図」では、自然麻呂は入鹿に系譜を結びつけている（楽家多氏の家長は、「多氏系図」によれば、代々右近衛将監に任命されている）。諏訪の金刺舎人貞長も右近衛将監になっており、太朝臣と姓を変えていることからみても、平城天皇の時代の上社大祝有員擁立は、太朝臣入鹿のバックアップによるものであろう（太朝臣になった貞長は、貞観八年正月、右近衛将監のまま外従五位下になり、貞観九年正月、参河介になっている）。

私は、『日本古代試論』で、天武天皇の側近で壬申の乱のとき真先に美濃で挙兵した多品治が、信濃国造と同族であることや、壬申の乱での信濃の騎兵の活躍などから、天皇は信濃に関心をもち、都を信濃につくろうと計画したと推定したが、坂本太郎も、多品治や同族の信濃国造や金刺氏と天武天皇の関係を推測している(8)。天武・持統朝の多品治は、竜田風神と諏訪・水内の神の官祭にも無関係ではないだろう。

大国主命の神統譜を無視して、建御名方神を『古事記』に強引に割り込ませたのは、多(太)氏が諏訪の神にかかわっていたからであろう。そのような多氏と諏訪の関係が、平城天皇の時代に上社大祝の世襲制の創設となり、貞観時代とその前後の、建御名方命と八坂刀売命の急激な神階上昇にも、及んでいるのであろう。

建御名方命と八坂刀売命という神名が、諏訪にかかわる名ではないことからみても、古代ヤマト王権と諏訪大社の関係は、多氏と信濃国造金刺舎人を無視しては考えられないのである。

〔注〕

(1) 宮地直一『諏訪史・第二巻前編』八一頁　一九三一年　信濃教育会諏訪部会
(2) 藤森栄一『諏訪大社』二四頁　一九六五年　中央公論美術出版
(3) 津田左右吉『津田左右吉全集・第一巻』五〇七頁　一九六三年　岩波書店
(4) 西郷信綱『古事記注釈・第二巻』二〇八頁～二一〇頁　一九六六年　平凡社
(5) 太田亮『諏訪神社誌』八頁～一四頁　一九二六年　諏訪神社
(6) 宮地直一『諏訪史・第二巻後編』二〇頁　一九三七年　信濃教育会諏訪部会
(7) 吉田東伍『大日本地名辞書・第三巻』六二五頁　一九〇〇年　冨山房
(8) 坂本太郎「古代史と信濃」『日本古代史叢考』所収　一九八三年　吉川弘文館

手《て》長《なが》・足《あし》長《なが》神社の性格

諏訪の手長社・足長社

長野県の手長神社（諏訪市上諏訪茶臼山）と足長神社（諏訪市四賀足長山）は、どちらも『和名抄』の桑原郷にある。『山海経《せんがいきょう》』（中国古代の地理書、戦国時代に書かれた原本に、秦、漢時代に次々に付加された）によれば、手長人・足長人は、中国の外界に住む異人であり、長臂《ちょうひ》国には手長人、長股《ちょうこ》国には足長人が住むと書かれている。「長臂の国はその（赤水）東にあり、魚を水中に捕らえ、両手にそれぞれ一匹をもつ」とあり、晋の郭璞《かくはく》の注に、「旧説に云う。その人の手、下に垂れて地に至る」とある（第六・海外南経）。また「長股《ちょうこ》の国は雄常の北にあり、その人となり脚長く、髪ふりみだす」とあり、郭璞の注に、「長臂の人の躰、中人の如し。而して臂の長さ二丈。以って之を推《お》してはかるに、則ちこの人の脚三丈を過ぎるか」とある（次頁の図は『山海経』に載る長臂人、長股人の絵）。

この長臂・長股は、清涼殿の荒海の障子に描かれていた。この絵を見た清少納言は、

北の隔てなる御障子は、荒海の絵、生きたるものどもの恐しげなる、手長足長などをぞ、描きたる、上の御局の戸をおしあけたれば、常に目を見ゆるを、にくしみなどして笑ふ。

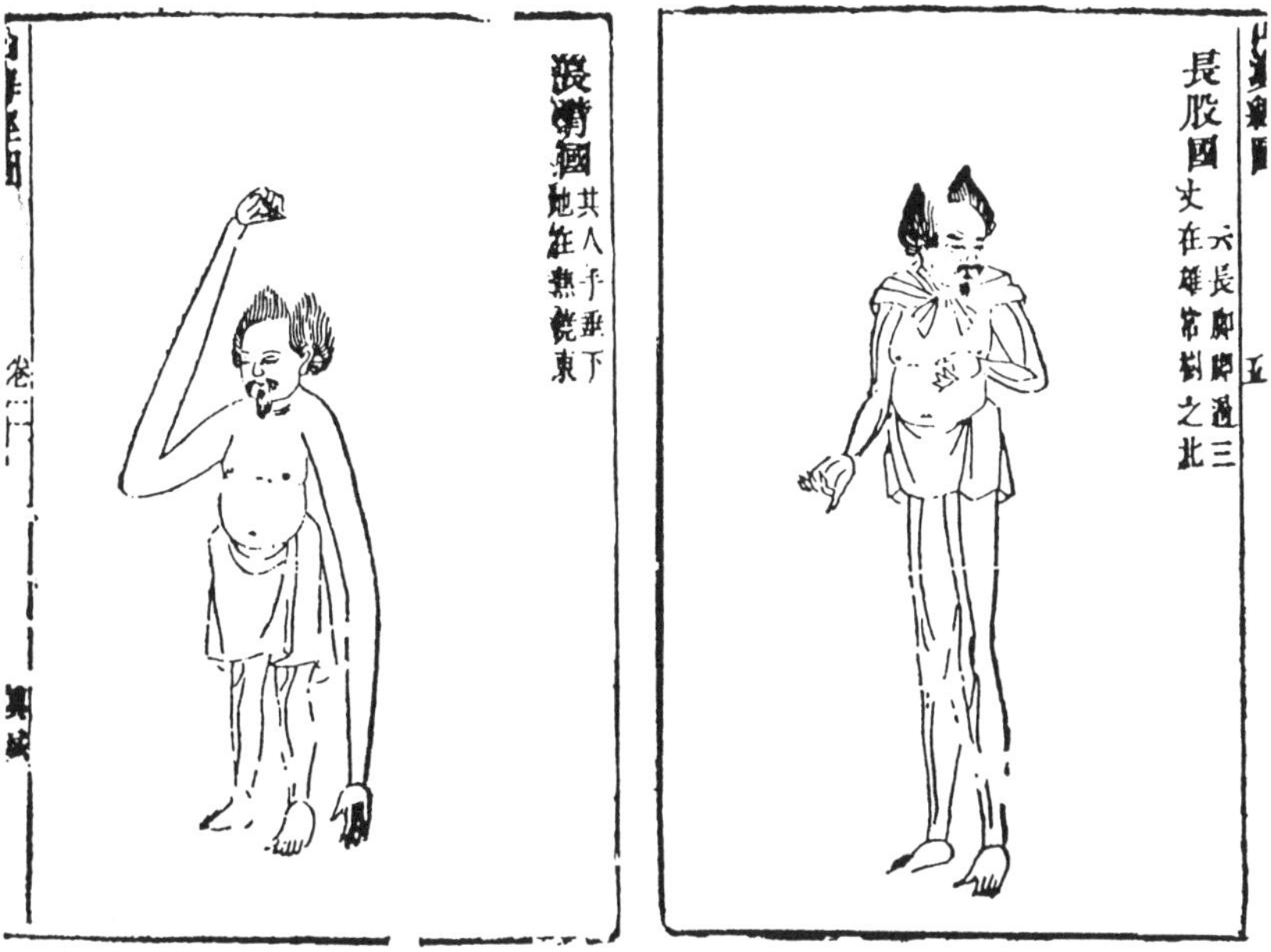

『山海経』の長臂人・長股人

と、『枕草子』（二十一段）に書いている。『大鏡』（巻三）、『禁秘抄』（上巻）、『古今著聞集』（巻十一）なども、手長足長図についてふれている。

　現在、京都御所所蔵の内裏の手長足長図は、足長が手長を背負って海に入り、魚を捕る図である。これは『三才図会』（明の王圻の図解百科辞典）のなかの、

　長股国は赤水の東にあり、其の国人長臂国と近く、其の人常に長臂人を負ひて、海に入りて魚を捕ふ。長臂国は僬僥国の東にあり、其の国人海東にありて、人手を垂るれば地に至る。

とある図によるものである。清少納言の見た手長足長図は、この『三才図会』による現在の手長足長図ではなく、『山海経』の長臂人・長股人の絵であったと考えられる。

　この絵は、女房たちに気味の悪いものと思われていたと、清少納言は書いているが、『塵添壒嚢

京都御所所蔵の手長足長図

鈔』（巻四）の「手長足長事」には、

神輿ナンドノ水引に、手長足長ト云フ者アル（中略）、唐ノ皇居ニハ皆奇仙異人、画ケリ、サレバ〔千字文〕ニモ、宮殿ノ構ヘヲ云フニ仙霊ノアヤシキ人ヲ画彩トエガキイロドルト侍リ。然レバ吾朝ノ内裏ニモ、加様ノ人形アルナリ、中ニモ手長足長ヲ画ケルヲバ、荒海ノ障子ト云フ也。其の姿神輿ノ水引ニ画ケルナルベシ。

とあり、中国の皇居の「奇仙異人」の絵にならって描かれたと書かれている。

諏訪の手長神社・足長神社は、『山海経』の長臂人・長股人を描いた絵をヒントにした社名とみられるが、柳田国男も、諏訪の手長・足長社について、「いはゆる荒海の障子の長臂国、長脚国の蛮民の話でも伝はつたものか」と書いている。[1] 私は、内裏の絵のことを伝えた人物として、『三代実録』貞観五年（八六三）条の、「信濃国諏訪郡人右近衛将監」の金刺舎人貞長を想定する。諏訪の金刺舎人は信濃国造の一族で、下社の大祝である。上社の大祝の創始も信濃国造の意図による以上、手長・足長社も、金刺氏の意向で創建された神社であろう。たぶん、諏訪の土着神に「手長・足長」の名をつけたと考えられる。

『諏訪旧蹟誌』（安政四年〈一八五七〉）は、祭神を手名椎《てなづち》（手長神）、足長椎（足長神）と書く。この神は八岐大蛇に呑まれようとする娘の父母の名で（『日本書紀』は「手摩乳《てなづち》・足摩乳《あしなづち》」と書く。テナヅチは女、アシナヅチは男）、手足が長いという意味はない。それを祭神名にしたのは、土着神としての類似性によるのであろう。

手長神社の鎮座地は、かつては諏訪湖畔であった。たぶん、古くから諏訪湖の漁猟民が祀っていた神が、手長神になったのであろう。『山海経』も、長臂人は水中に入って魚を獵《と》ると書く。長股人についてはそのような記述がないが、足長神社の所在地は山寄りで、桑原山の南麓にある。足長神社の近くには御頭御社宮《おんとうみしゃぐ》司《じ》社があり、近くの御衣着平《みそぎだいら》（現在は「御曽儀平」と書く）は、初代上社大祝（御衣祝有員）の居館があったとされ、ミシャグチ平とも呼ばれる。ミシャグチ神は山人が祀る神である。このような神社配置からみて、湖の魚をとる漁民が祀っていた社を手長社とし、山の狩猟民が祀っていた社を足長社としたのであろう。『山海経』が長臂人・長股人をまったく別の異人として書くように、現在も両社の間に交渉はない。

関東・東北の手長神と九州の手長神

宮地直一は、諏訪の伝説として、「上諏訪の手長神社の祭神は、諏訪明神の家来で、手長・足長と呼ばれてゐる大男（デイラボッチとも呼ばれてゐる）で、此神領地に数箇所水溜のあるのは、手長・足長の足跡の凹地に水が溜つたのだと言はれている」と書いている[2]。

喜田貞吉は、「手長足長」という論考で、

関東・奥州には殊に手長の社が多い。中にも有名なのは磐城郡宇多郡今相馬郡新地村の手長明神で、是は貝塚と関係のある神らしい。奥羽観蹟聞老志に、

新地村の中に農家あり、貝塚居《かいづかやしき》といふ。往昔神あり、平日は伊具の鹿狼山《かろうさん》に居て好んで貝子を食ふ。臂肘甚だ長く、屢長臂を山巓に伸べて数千の貝子を凍溟の中に撮り、其の子《み》を嚼《くら》ひ、殻を茲の地に棄

つ。委積して丘の如し。郷人其の神を称して手長明神と謂ふ。委殻の地之を貝塚と謂ふ。其の朽貝腐殻如今なほ存す。

とある。同書伊具郡の条にも同様の書が書ゐてある。同郡山上村にも手長明神があつて、類似の説を伝え、付近には貝塚があり、参詣者は貝殻を納めるを例とするといふ。常陸風土記那賀郡大櫛田の条に、「上古、人あり、体極めて長大、身は丘の上に居て、手は蜃《おほうむぎ》を採て之を食ふ。其の食ふ所の貝積もりて岡を為す」とあるのと全く同一説話で、蓋し後世海岸から離れた地に貝塚のあるのを見て、手の長い人が遠方の海から貝を取つたものだとの空想を描ゐたものであらう。

と書く(3)。「蜃」は大蛤のことだが、この巨大な手長明神というのは『山海経』の手の長さ二丈(約六メートル)の長臂人のイメージによる。同じ巨人でも、三丈(約九メートル)の長股人でなく、すべての伝承が手長なのは、『山海経』で魚や貝をとるのが長臂人だからであろう。

このように、関東・東北の手長神伝承は、巨人伝承がからんでいるが、壱岐の手長神社には巨人伝承がない。壱岐の式内名神大社の天手長男神社は、芦辺町湯岳の興《こう》触《ふれ》にあったと山口麻太郎は推定しているが(4)、この地には国府があり、この神社は名神大社だから、壱岐県主らが祭祀していた神社とみられる。壱岐氏は、宗像大社の摂社織幡《おりはた》神社の神主でもある。織幡神社について、鎌倉時代末期に成立したといわれる『宗像大菩薩縁起』は、織幡大明神は「神功皇后三韓征罰之時」、宗像の神の「御手長」につける「赤白二流之旗」を織った神だと書く。この旗(幡)をつけて御手長をふり下ろすと、海は干潮になり、ふり上げると満潮になり、神功皇后の航海をたすけたとある。「御手長」は沖ノ島に「立て置きたまへり」とあるが、「御手長」は旗杵《はたざお》のことだから、杵が手とみられ、手長といわれたのであろう。

手長――織幡神社――壱岐氏という関係からみると、壱岐の手長神社（三社）は『宗像大菩薩御縁起』の「御手長」にかかわる神社とみられる。宗像大社の大祭は御長手神事と呼ばれるが（「御長手」は「御手長」のこと）、この場合、「御手長」が神の依代になっている。拙著『神社と古代王権祭祀』の宗像大社の項で書いたが、御手長を依代とする宗像女神は航海神である。壱岐に三社ある手長神社のうち、二社はヒメ神（名神大社の天手長比売神社と小社の天手長比売神社）である点からみても、手長神社は宗像女神と重なる。巨人伝承の手長は、中国でも日本でも男のイメージである。その点でも、壱岐の手長と諏訪や関東・東北の手長はちがう。壱岐の勝本町の本宮の沖合一キロばかりの海上にある無人島を、手長島という。この島の真東の本宮の地に壱岐郡の手長比売神社（名神大社）がある。そして、手長島と手長比売神社を東西に結ぶ線上に、白瀬島という小島がある。これらは、宗像の沖・中・辺の三社の関係と重なっている。

このように、手長神といっても東と西では性格がちがっているが、後述するように、基本的には変わりはない。

神と人の仲介者・祝人としての手長

『台記』仁平四年（一一五四）正月十四日条に、

景良雖二六位一奉二仕端座手長一、（中略）公卿将監手長、以将・弁・少納言座無二手長一。

とある。景良は六位だが、座の端にいて「手長」として奉仕する。公卿の座にも将監が「手長」として奉仕するが（将監の官位は六位）、将・弁・少納言には六位の「手長」はつかない、という意である。

『王海』仁安二年（一一六七）二月二日条に、

摂政・左府・下官・内府等、皆手長以下人兼居レ之

とあり、摂政らには手長以下の奉仕人がいるとある。

『大諸礼』に、「手長といふは膳部の方より請取、通《かよひ》の方へ渡すを手長といふなり」とあり、饗宴の給仕人とみられている。柳田国男は、女の給仕人を「仲居《なかゐ》」というのは、「客と亭主の仲に居て亭主の差出す食物を客に供し、客人の御託を然るべく所謂張場へ伝へるからで、最初は恐らくは広く侍女の義に用ゐられて居たのであらう」と書き、美濃白山の石徹白《いとしろ》村の白山仲居《なかおり》神社（白山中居《ちゅうきょ》神社）の「仲居」と同じ意だとする（この神社は、霊峰白山と俗地の中程にあるから、柳田は、神と人とを仲介し、「民意を神に白《もう》し神意を民に宣するの役を勤むる者の祖神」を祀ったと解している）。この「仲居の自説を強める為に、足長手長のことを述べたい」と柳田は書き、次のように書く[5]。

侍者を手長と云ふことは、足利時代の武家礼節の書に多く見えて居るのみならず、古くは宇治拾遺物語の寂照上人飛鉢事の条にも、「今日の斎筵《いつきのには》には手ながの役あるべからず、各々我鉢を飛せやりて物は受くべしとのたまふ」などゝもあつて、寺方でも武家と同じく給仕人を手長と謂つて居る。手長の意味は主公自ら手を延ばして物を調へると同一の結果を得るからで、言はじ居間から玄関又は勝手元へ届くやうな手を云ふことであらう。熊本藩などは近い頃まで他の地方で筋とか名づくる一大庄屋又は一代官の管轄する行政区劃をば何々手《て》永《なが》と呼んだ。此も領主の手を延長させる代りに代官を置くからの名かと思ふ。所が各地の神社の末社に手長と云ふ神があるのは、此までの人は皆其理由を訝《いぶ》かつて居り、或は常陸古風土記の大串丘《おほくしのをか》の話などに思ひ合せて、例のダイダラバウ系統の巨人伝説を以て由来を説かうと

して居る。併しそれでは何の為に一小末社に跼蹐して居るかも分からぬことになる。此はやはり神の仲居即ち巫祝の家の神と解するのが自然である。

ところで、手長をつとめるのは「将監」である。前述の金刺舎人貞長は「正六位上右近衛将監」とあり、近衛府（左近衛・右近衛）の役職である。一般に六位だから「雖二六位一」と書かれている。将監の上が少将だが（五位）、『康平記』の康平五年（一〇六二）正月二十日条に、

左近少将政長為二尊者手長一同少将俊明為二主人手長一

とあり、左近衛少将も手長になっている。

前述の金刺舎人貞長が載る『三代実録』（貞観五年〈八六三〉九月五日条）の記事の全文は、

右京人散位外従五位下多臣自然麻呂賜二姓宿禰一、信濃国諏方郡人右近衛将監正六位上金刺舎人貞長賜二姓太朝臣一、並是神八井耳命之苗裔也

とある。自然麻呂については、宮内庁雅楽寮所蔵の『楽所系図』に「舞楽神楽等元祖」と書かれており、現在の宮内庁雅楽寮の多氏は多自然麻呂の末裔である。自然麻呂は、貞観元年（八五九）の大嘗会に右近衛将監として列している（『三代実録』）。ということは、金刺舎人貞長の右近衛将監は自然麻呂の後をついだとみられるから、多臣自然麻呂と金刺舎人貞長は共に宿禰と朝臣の姓《かばね》を賜ったのだろう（同じ多氏系でありながら、自然麻呂が宿禰、貞長が朝臣である理由は、拙著『日本古代試論』で述べた）。

金刺舎人貞長が太朝臣になったのは、信濃国造（金刺舎人）が『古事記』に、多氏の始祖神八井耳命の後裔と記されているからだが、神八井耳命（神武天皇皇子）は、記・紀によれば、二代目の天皇になるべきところを、自分は祭祀のみ行う祝人になるといって、弟に皇位を譲ったとある。自然麻呂が元祖と書かれる舞

楽神楽は、神まつりのためのものである。祝《はふり》は「羽振り」の意だが、旗をつけた手長を振るのも比礼振りも羽振りである（これらが舞として芸能化されたので、その所作を「フリツケ」という）。この羽振りは、神を招く所作であり、鳥となって天に昇り、神に近づく所作でもある。これは神と人との仲を取りもつ行為だから、多氏は「仲臣《なかつおみ》」と『新撰姓氏録』や『多神宮注進状』は書くのである。

多氏の例でも明らかなように、手長神には仲臣・祝人的性格があるから、手長を「神の仲居」とする柳田国男の解釈は妥当であろう。斎場で手長が行うべき役目を、直接鉢を飛ばして行ったという『宇治拾遺物語』の記述も、手長が祭祀にかかわることを示している。柳田国男の書く熊本の「テナガ」が代理の意なのも、手長が神の代理だからである。

「マツロハヌ」手長足長の土蜘蛛

このような「手長」の解釈は、壱岐の手長神社や宗像大社や織幡神社の「御手長」には合うが、巨人伝承の手長・足長には合わないようにみえる。柳田国男もそのように書いている(5)。だが、荒海の障子の手長足長図は「神仙異人」である。神仙異人は、中国でもわが国でも、神と人の仲介に立つ者であるから、常人の姿をしていない。

内裏の手長足長図は、邪霊の入るのを防ぎ、入った邪霊を払うため、異形の姿を描き、後宮の女房たちをこわがらせた。これは屋根の鬼瓦が、邪霊退散を願って置かれるものと同じである。

手長・足長の問題では、土蜘蛛にふれる必要がある。『日本書紀』や『風土記』に登場する土蜘蛛については、穴居していた先住民という解釈が一般的である。だが、そのような解釈だけでは、なぜ土蜘蛛と呼ばれたかがみえてこない。

『日本書紀』の神武天皇即位前記に、

　曽《そ》富県《ほのあがた》の波多《はた》丘岬《をかみさき》に、新城戸畔《にひきとべ》といふ者有り。又、和珥《わに》の坂下《さかもと》に、居《こ》勢祝《せのはふり》といふ者有り。臍見《ほそみ》の長柄《ながら》丘岬《をかさき》に、猪祝《ゐのはふり》という者有り。此の三処《みところ》の土蜘蛛《つちぐも》、並に其の勇力《たけきちから》を恃《たの》みて、来庭《まう》き肯《か》へず。天皇乃ち偏《かた》師《いくさ》の分け遣して、此を誅《ころ》さしめたまふ。又高尾張邑に、土蜘蛛有り。其の為人《ひととなり》、身短くして手足長し、侏儒《ひきひと》と相類《あひに》たり。

とある。この手足が長い異人は、『山海経』の長臂・長股人とちがって、巨人ではなく侏儒《こびと》である。だが、どちらであれ、異形の異人という点で同じである。

異人《まれびと》としての神の使いは常人ではないから、巨人と侏儒の二つのイメージをもっている。だから、土蜘蛛を巨人とみる例もある。『越後国風土記』逸文は、

　美麻紀《みまき》天皇の御世、越の国に人あり、八掬脛《やつかはぎ》と名づく。其の脛の長さは八掬、力多く太《はなは》だ強《こわ》し、是《こ》は土雲《つちくも》の後なり。其の属類《たぐひ》多し

とあり、土雲（土蜘蛛）の後裔を、足長の巨人八掬脛とみている。

土蜘蛛という名については、「マツロハヌ」先住民で穴居していたから土蜘蛛と呼ばれたというのが一般的解釈であり、波多丘岬の新城戸畔、和珥坂下の居勢祝、長柄丘岬の猪祝がなぜ土蜘蛛かについては、ほとんどふれていない。「丘岬」や「坂下」は境だが、境界は聖域である。「戸畔」は「戸辺」で、境界の意であり、彼らは神八井耳命と同じ祝人である。但し、土着の祭祀者として、大和へ侵入した外来者の祭祀に従わず、自分たちの祭祀に固執したため、「マツロハヌモノ」として土蜘蛛と呼ばれ、異形の人とみられたもの

弥生時代の土器に描かれた祝人（羽振り）

である。祝人は常人とちがって手と足が長いと考えられていたから（図は弥生時代の土器に描かれている祝人の図で、手長である）、「マツロハヌ」祝人は、この特徴を誇張して、手足のみ長く体は侏儒の土蜘蛛と表現され、蔑視されたのであろう。壱岐の「手長」神社にも、この意味が含まれていると考えられる。

柳田国男は、諏訪や関東・東北の手長・足長神が巨人の異人伝承も伴っていることは、神と人の仲介者・祝人としての手長と結びつかないというが[5]、手足が長い土蜘蛛が「マツロハヌ」祝人であることからみて、両者は無縁ではなかろう。土蜘蛛的異人伝承のある手長・足長神信仰圏は、古い信仰に固執した「マツロハヌ」地域であった。そのことが、壱岐などの手長信仰とは異質の、土蜘蛛的な手長のイメージを生んだのであろう。

手長が祝（羽振り）の意であることは、弥生時代の土器に描かれている祝人が手に羽根状のものをつけ、または長い手を振っていることからいえるが、これは鳥の所作である。鳥は天と地を行き来できるから、神と人を仲介する存在とみられ、祝人は鳥にみたてられて「羽振り」と呼ばれたのである。この「ハフリ」は邪霊や穢《けがれ》を「祓う」意味にもなった。『諏訪大明神画詞』に載る明神の奇瑞譚には、「長手アリヤ、目キタナキモノ取テ捨ヨ」と明神がいったとある（宗像大社でも「手長」と「長手」は同じ意味で使っている）。手長（長手）による「ハフリ」は、幣をつけた榊を振る「ハラヒ」になっていくが、これも祝人の役である。

柳田国男は、諏訪の手長・足長神の伝承を紹介して、「例へば上州人の気魄の一面を代表する八掬脛《やつかはぎ》といふ豪傑の如きも、なるほど名前から判ずれば土蜘蛛の亜流であり、また長臑彦手長足長の系統に属するやうに見える」と書き、上州の八掬脛（八束小脛）は羊太夫の家来だが、「日々羊太夫の供をして道を行くこと飛ぶが如くであつたのを、或時昼寝をしてゐる腋の下を見ると、鳥の翼の如きものが生えてゐた。それをむしり取つてから随行が出来ず」と書いている。[1] 足が長かったのではなく鳥の翼の如きものがあったという伝承にも、「羽振り」の手長的要素がうかがえる。

『日本書紀』は、ヤマトタケルの従者の七掬脛《ななつかはぎ》を膳夫と書くが、この関係は羊太夫と八掬脛の関係と重なる。手長が膳部の給仕人とみられたことからみて、膳夫は手長の意味だが、この膳夫七掬脛は熱田神宮の神官が祖としていることからみても、祝人的性格が推測できる。

諏訪の手長・足長神社も、古い諏訪信仰の祝人たちの神社であったにちがいない。それは、足長神社の地が上社の聖地ミソギ平（ミシャグチ平）の近くにあることからも証される。

〔注〕

（1）柳田国男「ダイダラ坊の足跡」『柳田国男集・第五巻』所収　一九六八年　筑摩書房

（2）宮地直一『諏訪史・第二巻前編』六五頁　一九三一年　信濃教育会諏訪部会

（3）喜田貞吉「手長足長」「民族と歴史」第一巻四号　一九三三年　日本学術普及会

（4）山口麻太郎「天手長男神社」『式内社調査報告・第二四巻』所収　一九七八年　皇学館大学出版部
（5）柳田国男「立山中語考」『柳田国男集・第九巻』所収　一九六八年　筑摩書房

穂高神社と安曇氏

海人の祀る穂高岳

穂高神社は、海人族の安曇《あずみ》氏が北アルプスの霊峰に祖神穂高見《ほたかみ》命の名をつけて祀ったもので、現在の鎮座地（長野県安曇野市穂高）は里宮である。この里宮は穂高連峰の絶好の眺望地であり、小穴芳実は、「現社殿のうしろに小丘があり、御神木が植えられているが、これは無社殿のころの斎場だったのではなかろうか」と書いている(1)。

奥宮は、里宮の西南約二〇キロの前穂高岳（三〇九〇メートル）南麓の明神池のほとりにある。拝殿のみで、山そのものが御神体である。毎年十月八日、明神池に小舟を浮かべて御船祭が行われる。神官と楽人を載せた二艘が明神池を一周するだけの古式の祭りだが、周囲の紅葉と笙・笛の音がよく合う。里宮も御船祭といい、九月二十七日に行われる（もとは旧暦の七月二十七日）。

『新撰姓氏録』の右京神別の安曇宿禰の条に、

海神綿積豊玉彦《わたのかみわたつみ》神の子、穂高見命の後なり。

とあり、河内国神別には、

綿積《わたつみ》神命の児、穂高見命の後なり。

とあるから、当社は綿積神・穂高見命を祀っているが、社名からすれば、祭神は穂高見命であろう。穂高見命は海神だが、なぜ海神が穂高岳に祀られたのだろうか。

海から依り来る神は山に鎮座する。三輪山の神は海を照らして依り来たと、記・紀は書いている。「アマ」に海・天の漢字をあてるように(「天日槍」を『古語拾遺』は「海日槍」と書く)、海と天は同一視されていた。水平線の海と天が交わるはるか彼方が「アマ」であり、沖縄の人々がいう「ニライカナイ」であった。その「アマ」の意識をもつ海人たちが山に入った結果、「アマ」の意識が垂直化して、穂高山頂に海神が祀られたのであろう。

信濃国の安曇氏系海人

『日本書紀』の応神天皇三年十一月条に、

処処《ところどころ》の海人《あま》、訕哤《さばめ》きて命《みこと》に従はず。即ち阿曇連の祖大浜宿禰を遣して、其の訕哤を平《たひら》ぐ。因りて海人の宰《みこともち》とす。

とあるように、安曇氏は海人の統領である。

松前健は、「信州は、山国ながら、古く海人族が移住分布した地であり、『和名抄』郷名にも、安曇郡、小県郡跡部(アトベ、アツミ、アトメ、アタミなどという語は、同語で、海人族の宰領家安曇と関係がある)、同海部、埴科郡磯部、同船山、水内郡大島、同中島など、海や船に関係する地名が少なくない。また、『延喜神名式』には、安曇郡に、海神綿積豊玉彦神の子穂高見命を祀る穂高神社名神大の名も見える」と書くが、[2]このように、信濃国には海にかかわる地名が多い。

松前健は書いていないが、更級郡の式内社氷鉇斗売《ひかなとめ》神社（長野市稲里町下氷鉇）も安曇氏の神社である。穂高見命は『姓氏録』に載る名だが、『古事記』は、綿津見神の子として「宇都志日金折命《うつしひがなさく》」と書く。『新撰姓氏録』河内国未定雑姓の安曇連条に「于都志奈賀命《うつしなが》」が載るが、本居宣長（『古事記伝』）、栗田寛（『新撰姓氏録考証・下』）は宇都志日金折命の誤記とみる。この宇都志日金折命と穂高見命は、佐伯有清（『新撰姓氏録の研究・考証篇第三』）が「同一神か」と推測するように、一般には同じ神とみられている。

氷鉇斗売神社の「氷鉇」は「日金」のこととみられており、同社では宇都志日金折命が祀られている。穂高見命は『古事記』や『日本書紀』にはみえないから、宇都志日金折命の方が穂高見命より古い神名と考えられる。氷鉇斗売神社のある更級郡の東に埴科郡・小県郡があり、北に水内郡がある。海部郷のある小県郡には、海野、塩田、塩川や、「ワタツミ」の和田など、海とかかわる地名が多い。

日光泉小太郎伝承

『信府統記』（享保九年〈一七二四〉）に、泉小太郎の伝が載っている。その大筋は次のようなものである。

人皇十二代景行天皇の御宇まで、安曇・筑摩の平地は一面の湖で、そこに犀竜がいた。犀竜は、白竜王と交って八峰瀬山《はちぶせ》で日光泉小太郎を生んだが、我身を恥じて湖に身をかくした。小太郎が母の行方を尋ね、母と出会ったとき、犀竜は、「我は諏訪大明神の変身なり、氏子繁栄なさしめんと欲して化現せり。汝我に乗るべし。此の湖を突き破り、水を落として陸となし、人里にせん」といって、小太郎を背に乗せた。その場所が尾入沢だが、今は犀乗沢という。小太郎は教えに従って、三清路の巨巌を突き破り、水内の橋下の岩山を破り開いて、千曲川の川筋を越後の大海へ引き入れたので、犀乗沢から千曲川と落ち合うところまでを犀川という。

仕事を終えた日光泉小太郎は、有明の里に居住して子孫繁昌した。年を経て、白竜王と犀竜は川会に来て小太郎と会ったが、そのとき白竜王は、「我は日輪の精霊ぞ、則是大日如来の化身なり」といい、犀竜と共に仏崎の岩穴に隠れた。小太郎も、「我は八峰瀬権現の再誕なり、此の里の繁栄を守護すべし」といって、両親の居る岩穴に隠れたので、その地に川会大明神社を建てて霊神を祀った。湖から陸になった土地には田畑を開き、人が住み、次第に郷村ができた。

この伝説の川会神社は、『延喜式』神名帳の安曇郡二座のなかに穂高神社と共に記載されており、穂高神社と同じ海神を祀っている。川会神社の縁起を略記すると、

昔、白竜と犀竜とが婚し、子を生む。その後、母の犀竜、我が姿を恥て湖中に入る。父の白竜は、「我は諏訪明神の変身なり、氏子の為にせん」といって、湖を破り、千曲川の川筋を越後の大海に入らしめ、今の十日市場川会に住居し、子孫繁衍す。白竜は日輪の精霊なり。

とあり、社記には、

海神綿津見神を祀る。建御名方命の海神の女なり。太古海水国中に氾濫。建御名方とその妃は、治水のため水内山を破って水を流し、越海へ注ぎ、始めて平地を得た。神胤蓄殖し因ってここに祀る。

とある。

『信府統記』では日光泉小太郎とその母（犀竜）が主役だが、縁起では白竜、社記では建御名方命（諏訪大社上社の祭神）とその妃が主役になっている。いずれにしても、川会神社の祭神が穂高神社と同じであることからみて、これらが海人伝承であることは確かである。なお、『仁科濫觴記』は日光泉小太郎を「日光白水郎」と書く。「白水郎」は海人のことだが、「泉」を分ければ「白水」である。

宮地直一は、諏訪大社の下社が祀る建御名方命の妃、八坂刀売命《やさかとめ》を、日光泉小太郎伝説からみて安曇系の神であろうとし、「八坂刀売神は諏訪に程遠くない安曇の山野に育まれ、此処に拠った安曇の勢力を母胎として地方の女神」であり、この女神は「安曇部族の何れかに奉戴されて何れかに根拠を占め給うた神として、強いて比較する時は、かの更級郡の氷鉇斗売神と相類似する」と書き、「八坂刀売神が諏訪の地に祀られ給うに至ったのは、恐らく之を奉戴した部族の来住に起因」すると推測している(3)。

以上の伝承や宮地説を系譜化すれば、

建御名方命（白竜）
‖――――――――日光泉小太郎
綿津見神―女（犀竜・八坂刀売命）

という関係になる。

この関係は、夫婦関係からみれば、安曇系海神（穂高神社・川会神社）と諏訪神の結びつきを示しており、親子関係では、竜蛇伝説と日の御子生誕の小子《ちいさこ》伝説との結びつきを示している。

この親子関係の伝承を除いた、穂高神と諏訪神の神威譚が上州にある。吉田東伍は、群馬県利根郡の小高神社について、次のように書く(4)。

神祇志料云、小高神は清和紀、貞観五年授位の社にして、今神戸郷後閑村に在り。沼田惣社小高諏訪宮といふ。本国帳には、利根郡従二位小高明神と載す。蓋海神の子、穂高見命を祀る。土人伝説して曰く。上古沼田郷の地、湖水なりし時、穂高見命、此処を治め給ひき、其後諏訪神来り、綾戸の滝磐を劈きて、水沼を陸として、人民を住ましむ。因て之を配せ祭ると。按ふに、信濃安曇郡にも、穂高神社あり、穂高、小高相近く、本郡又保高山あり。皆由縁あり。彼此共に同神を祭る。

この小高神社（群馬県利根郡みなかみ町後閑）以外に、同じ利根郡昭和町糸井にも小高神社があり、この両社の中間の沼田市下沼田町に武尊《ほたか》神社がある。保高山（標高二一五八メートル）は武尊《ほたか》山とも書く。武尊神社は利根郡片品村花咲にもあり、「武尊」の宛字は、日本武尊伝承をホタカ山に付会したことによる。後閑の小高諏訪神社には、天正十九年（一五九一）に社殿を沼田城主真田信幸が再建したときの棟札があるが、「奉再建沼田惣社小高諏訪宮一宇」とあり、この神社に伝わる信幸の父昌幸の「真田昌幸寄進状」には、社領五百文を天正八年（一五八〇）に寄進したとある。

真田昌幸は、小県郡を支配する上田城の城主だったから、信州に伝わる国土開拓伝承と信州で祀る神を、この地にもちこんだと考えられる。その結果、沼田の地の聖山がホタカ山と呼ばれ、沼田惣社として諏訪神が祀られたのであろう。

このような推論を裏づけるものとして、真田氏の本貫の信州小県郡に類似の伝承がある。その主人公は小泉小太郎・泉小次郎などと呼ばれており、母が大蛇で、成長しても小子《ちいさこ》であった小泉小太郎は、岩鼻の梗塞を抜いて、湖だったこの地を平野にしたという。岩鼻の地名は上田市小泉にあるが、『吾妻鏡』の文治二年（一一八六）二月十二日条に「小泉庄」の記載があるから、この地には中世以前から小泉小太郎伝説があったと推測できる。

真田氏はこの伝承を上州の沼田へもちこんだのだろうが、沼田の伝承では、信州の穂高神と諏訪神の神威譚になっていて、竜蛇伝説も小子伝説もない。理由は、真田氏にとって、沼田へもちこんだ神（諏訪神・穂高神）の神威を強調すれば足りたからだろう。

穂高神社の祈雨祭には、宝物の竜頭を持って奥宮へ詣る（奥宮の御舟祭のとき明神池に浮かべる舟にも竜頭がついている）。その途中で蛇に会ったり、奥宮で一泊したとき夢に蛇が現れれば、神のお告《つげ》があったとされ、穂高神の化身は蛇とみられていた。

なお、対馬には、安曇氏の後裔という長岡氏が代々宮司を務める式内名神大社の和多都美《わたつみ》神社（長崎県対馬市豊玉町仁位）があり、社伝によれば、海神《わたつみ》は白い蛇で、宮司の世継ぎには背中に鱗があるというが、穂高神社の氏子の家には、脇の下に魚の鱗のあざをもつ子が生れるという。この子は、竜蛇神の白竜（白蛇と解してもいい）もしくは犀竜から生れた泉小太郎（小泉小太郎）と重なる。

犀竜の「犀」と日光泉小太郎の「日光」

穂高神社の境内に、犀に乗った泉小太郎のブロンズ像があるのは、『筑摩安曇古城開記』などが『信府統記』の犀竜の「竜」を削り、「犀」という動物に小太郎が乗ったとしているからである。「犀川」も動物の「犀」にちなんだ名であると『筑摩安曇古城開記』は書くが、犀竜の「犀」は、白竜の「白」と同じく竜を形容した言葉で、小太郎が乗ったのは「竜」であって「犀」ではない。

白竜王は日輪の精だと『信府統記』は書くが、「白」には日光の意味がある。この日輪の精を受けた女から生れたのが日光泉小太郎であり、この伝承は日光感精伝承の変形であるが、対馬の日光感精伝承でも、照《てる》日《ひ》の菜《さい》の女が日輪の光に感じて懐妊し、天道童子（略して天童）という子を生んでいる。この天童は日光泉小太郎と重なり、照日の菜の女は犀竜と重なる。「菜」も「犀」も、塞（境）の神の「サイ」の意で、「サイ」の女は日女《ひるめ》である。白竜に日神（日輪の精）を示す「白」をつけ、犀竜には日女を示す「犀」をつけたのであって、「白」も「犀」も、同義に近い形容詞である。

そのことは、日光泉小太郎が「八峰瀬権現の再誕」と書かれていることからもいえる。『信府統記』の別伝には、鉢伏（八峰瀬）山の権現の御子とある。とすれば、日光泉小太郎の父の日輪の精・大日如来の化身という白竜は、鉢伏山の神になる。この山は、奥宮のある前穂高（明神）岳の冬至日の出方位にある。時間の境界である冬至は、太陽の死と再生の日であり、太陽の再誕の時である。

冬至の日の出方位のもつ意味については、拙著『神社と古代王権祭祀』で詳述したが、明神岳・鉢伏山の線を延長すれば諏訪湖に至る。全国各地で行われる浜降り神事は、冬至日の出方位にある海辺に神が依り来るという、海人の発想で行われる神事だから、信州の海人は、諏訪湖を海とみたのであろう。『古事記』も「洲《す》羽海《はのうみ》」と書く。

日輪の精の白竜を、鉢伏山の神（『信府統記』）、または諏訪神の化身（『川会神社縁起』）とみるのは、鉢伏山の東南山麓に諏訪湖があり、穂高神社や川会神社を信仰する安曇野の人々にとって、鉢伏山山系（「高ボッチ」ともいう）から昇る朝日は諏訪神にみえるからで、犀竜を諏訪神の化身というのも、白竜の妻だからであろう。日光泉小太郎が鉢伏山で生れ、鉢伏権現の再誕といわれるのも、この山が諏訪地方と安筑地方の境の山だからであろう。
日光泉小太郎とは、建御名方神（白竜）と八坂刀売命（犀竜）の間に生れた日の御子、現人神《あらひとがみ》と観念されていた、少童《わたつみ》（海童）なのである。

安曇氏の信濃入り

小穴芳美は、「安曇氏の当郡への定着は、大和朝廷や諸豪族の信濃への部民制施行や郡内の古墳群の築造年代から、六世紀代と推定される。おそらく、中央畿内（河内）からエゾ地開拓の兵站基地を築くべく大和朝廷によって派遣されたものであろう」と書くが(1)、この見解には問題がある。

まず、中央畿内を河内とするのは『新撰姓氏録』の河内神別に安曇氏が載るからだが、『新撰姓氏録』は弘仁五年（八一四）成立だから、平安時代初期に安曇氏が河内にいたことを記しているのであって、六世紀代の安曇氏の本拠地は摂津である（このことについては後述）。また、「エゾ地開拓の兵站基地」と書くが、当時は信濃も開拓の地であった。だから、安曇氏の信濃移住は、信濃も含めた「東国開拓」のためであって、「エゾ地開拓の兵站基地を築くべく」派遣されたとは考えられない。

『播磨国風土記』揖保《いひぼ》郡石海《いはみ》里の条に、

石海と称《い》ふ所以《ゆゑ》は、難波長柄豊前天皇（孝徳天皇）のみ世、是の里の中に百便《ももたり》の野ありて、百枝《ももえ》の稲生ひき。即ち、阿曇連百足《ももたり》、仍《よ》りて其の稲を取りて献《たてまつ》りき。その時、天皇、勅《の》りたまひしく、「此の野を墾《は》りて、田を作るべし」とのりたまひき。乃《すなは》ち、阿曇連太牟《たむ》を遣《や》りて、石海の人夫《よぼろ》を召して、墾《は》らしめき。故《かれ》、野を名づけて百便といひ、村を石海と号《なづ》く。

とあり、同郡浦上里の条には、

昔、阿曇連百足等、先に難波の浦上に居りき。後、此の浦上に遷《うつ》り来けり。故、本居《うぶすな》に因りて名と為す。

とある。石海里は、兵庫県揖保郡太子町南部から姫路市網干区・余部区、御津町に及ぶ揖保川下流域をいう。浦上里は、石海の西の兵庫県たつの市揖保川町浦部付近の平野地から相生市の室津港に及ぶ地域をいう。『和名抄』に石見郷・浦上郷が載る。

この『播磨国風土記』の伝承によれば、阿曇連百足は摂津から播磨国へ移住して浦上の地に居住し、揖保川下流域の石海を開拓した。これは、日光泉小太郎や小泉小太郎が湖を干拓した伝承と関係があり、阿曇連百足が伝説化して神の子小太郎になったといえる。

「石海の人夫を召して、墾《は》らしめき」の石海を『和名抄』が石見と書くから、日本古典文学大系『風土記』の頭注は「石見国（島根県）の農耕者か」と書く。このように他地域から人を連れてくるのは、安（阿）曇連が「海人の宰《みこともち》」だからである。とすれば、信濃の場合にも同じことが想定できる。

『和名抄』に三河国渥美《あつみ》郡が載るが、この「アツミ」は安曇氏にかかわる地名であり、八世紀頃の郡域は、渥美半島全域と現在の豊橋市の大半を含んでいた、この地から北上する道を伊那街道といい、信州へ入る。また美濃国にも厚美《あつみ》郡がある。長良川流域の岐阜・各務原市周辺である。現在の木曽川は、安土桃山時代の大洪水で南へ流れを変えたが、その前は木曽川も厚見郡の境を流れていた。安曇海人は、木曽川・長良川の氾濫原を開拓して住みついたのであろう。美濃から東山道の神坂《みさか》峠を越えれば信濃に入る。隣接する信濃・

三河・美濃のアツ（ヅ）ミ郡は、たがいに無関係ではなかろう。

一方、日本海からのルートを想定する説がある。黛弘道は、穂高神は姫川を通って南下して来たとみて、糸魚川市成沢の穂高神社を例としてあげるが、(5)この神社は明治十八年までは諏訪神社であった。穂高神社と社号を変えたのは、穂高神社とつながりがあったためだとしても、この例だけで日本海沿岸からの南下を主張する説には同調できない。考古学上の発掘成果などからみて、考古学者の多くは、愛知県・岐阜県からのルートを推定している。塩のルートからみて、日本海の海人も無視できないが、塩は太平洋からも入っている。安曇氏の場合も、摂津から東海道・東山道を通っての信濃入りが主流であろう。

犬養氏と穂高神社

当社は安曇氏が祀っていたことは確かだが、中世の文献に犬養（甘）氏の名がみえるので、安曇犬養氏を祭祀氏族とみる説がある。例えば太田亮は、「信濃国安曇郡の犬飼島は安曇氏に属する犬養部のありし地と思はる。なほ犀川を隔てて筑摩郡にも犬飼の地あれど、ここは辛犬甘とて帰化族によって組織されたるもの、此とは別也」と書き、「穂高神社の旧神官に犬養氏あり、こは安曇犬養氏の後裔」と書く。(6)この説を黛弘道も採用している。(5)

一志茂樹は、安曇郡の「犬飼（甘）島」が『和名抄』の筑摩郡の「辛犬郷」（太田亮のいう筑摩郡の犬飼の地）であることを、綿密な考証にもとづいて論証している。(7)『三代実録』仁和元年（八八五）四月五日条に、信濃国筑摩郡の人「辛犬甘秋子」が載る。一志茂樹は、筑摩・安曇における地方権力が次第に安曇氏から辛

犬養（甘）氏へ移ったとみて、太田亮がいう穂高神社の祭祀にかかわる犬養氏を、安曇犬養氏でなく辛犬養氏と推論する。(7)

文明十五年（一四八三）から天正十三年（一五八五）の間の「御造営日記」では、犬飼島は三ノ宮的存在の若宮の所役に奉仕しているのみで、一ノ宮の大宮に奉仕していない。一志茂樹は、安曇犬養氏なら大宮に奉仕すべきであるとして、後から穂高神社の祭祀に加わった辛犬養氏の居住地が犬飼島だとみて、辛犬養氏が自分たちの祖神を祀るために若宮を創建し、奉仕したとみる。私も犬飼島の犬飼（甘・養）については一志説を採るが、穂高神社の祭祀氏族の犬養氏を辛犬養氏に限定することには賛成できない。穂高神社の本来の祭祀氏族が安曇氏であることを認めるなら、辛犬養氏以外に安曇犬養氏がいたとみるべきであろう。

当社の南八キロ余の地に住吉神社があり、『吾妻鏡』文治二年の条に住吉庄が載る。この地は平安末期には皇室領となっているが、穂高神社の造営のときには御門屋の所役に奉仕しており、当社と縁が深い。宮地直一は、福岡県の住吉神社（式内名神大社、福岡市博多区住吉）の近くに犬養村（福岡市博多区犬飼新掘町・犬飼南町・犬飼三社町）があるのは、安曇郡の住吉神社と犬飼島の関係にあてはまるとして、安曇犬養氏の存在を推定する。(8) しかし、犬飼島は辛犬養氏の居住地とみられるから、住吉庄（荘）が安曇犬養氏の居住地と考えられる。理由は、摂津の住吉大社に奉仕する安曇氏も、安曇犬養氏だからである。

黛弘道は、博多の犬飼が『和名抄』の海部郷の地にあるから、そこを海犬養の居住地とみるが、(9)『姓氏録』では、安曇連・安曇犬養連・海犬養連はワタツミ神を始祖とする同系である。したがって海犬養説も可能だが、摂津の住吉大社にかかわる犬養は安曇犬養の方だから、住吉大社の線からすれば、海犬養よりも安曇犬養とみたほうがよいだろう。『御造営日記』記載の所役の序列は、大宮・南宮・御門屋・若宮である。

御門屋は住吉庄、若宮は犬飼島だから、大宮・南宮は安曇氏、御門屋・若宮は犬養氏の奉仕で、御門屋は安曇犬養氏、若宮は辛犬養氏の奉仕と推測される。

一方、『新抄勅格符抄』記載の大同元年（八〇六）牒に「葛木犬養神二十戸信濃」とある。この神社を『大和志料』は『延喜式』神名帳の葛木大重《かつらぎおおえ》神社に比定するが、『日本書紀』皇極天皇三年・四年条に葛城稚《わか》犬養連綱田が載ることからみて、稚犬養氏にかかわる神社である。稚（若）犬養連（宿彌）は、『姓氏録』によれば火明《ほあかり》命の後裔で、尾張氏系だが、住吉大社の祭祀氏族の津守氏も火明命の後裔である。住吉大社と住吉大社の摂社で、安曇氏の祖、ワタツミ神を祭神とする大海神社はセットの関係にあり、津守氏・安曇氏・安曇犬養氏は結びついている。稚犬養氏の祀る神社の神戸二十戸が信濃のみにあるのは、それが安曇犬養氏の居住地にあった神戸だからであろう。

このように、穂高神社には、安曇・辛・稚を冠した犬養（甘・飼）氏がかかわっている。

犬養氏については、犬を飼育して狩猟に従事したとする説と、屯倉《みやけ》を守衛したとする説と、両方を行ったとする説がある。たぶん、各地の猟人を犬養部とし、守衛にあてたものと考えられる。信濃の場合、屯倉の史料はないが、犬養という地名の近くには官牧があることからみて、官牧の守衛にあたったのであろう。

当社の周辺の有明古墳群・西穂高古墳群は、「猪鹿牧につながる氏族とかかわるもの」といわれているが（『長野県の地名』『長野県史・考古資料編』）、有明古墳群の古廐という地名の近くに犬養塚古墳があり、玉類・武器・馬具・須恵器が出土し、有明山神社の宝物になっている（日光小泉小太郎は鉢伏山で生れて有明の地に住んだと『信府統記』は書く）。犬養と猪鹿牧の「猪鹿」の名からみて、狩猟と馬飼にかかわる人々がこの地に住んでいたと推測できる。

黥面をした信濃人

『日本書紀』雄略天皇十一年十月条に、大和の宇陀と信濃と武蔵の人を「面《おもて》を黥《きざ》みて」鳥養部にしたとある。この黥面《げいめん》を『日本書紀』は、狩猟にかかわる山人や海人に失敗や悪事の罰として入墨したように書いているが、『魏志倭人伝』の記事からみて、黥面は古くは倭人の一般的風習だったと思われる。それが海人・山人に残っていたのを、中国思想の影響で刑罰の結果のように書いたのである（そのことについては拙著『天武天皇論（一）』で詳述した）。だから鳥養部についても、飼っていた犬が鳥を襲ったので罰として黥面にし、鳥養部にしたという話になっているが、刑罰の発想を抜きに考えれば、宇陀や信濃や武蔵の、犬を飼う黥面の猟人が、鳥養部になったということであろう。

宇陀の人が黥面であったことは、鳥養部の話だけでなく、同じ雄略紀に載る、鳥獣の肉を調理する宍人《ししと》部の真鋒田《まさきだ》が黥面だったことからもいえる。この真鋒田について、金井清一は「マサキ（黥面）」の「ウド（人）」と解している。[10]『播磨国風土記』託賀郡都麻里の「目前田《まさきだ》」の地名起源に「天皇の獦犬、猪に目を打ち割《さ》かれき。故《かれ》、目割《まさき》といふ」とあるが、猟犬が「目割」であることも、守衛や猟のための犬を飼う犬養部の中に黥面の人がいたことを暗示している。黥面のことを「阿曇目《あづみめ》」というが、（『日本書紀』履中天皇元年条）、安曇犬養は安（阿）曇氏系であり、黥面の犬養であったと考えられる。

だが、辛犬養氏はちがう。辛犬養氏のいた辛犬郷（松本市の北半から東、旧松本市・本郷村・岡田村一帯）とその周辺には、高句麗系の積石塚古墳群があり、後部・前部・卦婁などという、高句麗部族の姓をもつ人々がいた（『続日本紀』延暦八年、『日本後紀』延暦十六年・十八年）。後部牛養は延暦八年（七八九）に「田河」、前部綱麿は延暦十六年（七九七）に「安坂」、卦婁真老は延暦十八年（七九九）に「須々岐」に姓を改めている。このような史料からみて、辛犬養の辛（韓）は高句麗のことであろう。一志茂樹も、辛犬養氏を高句麗系渡来人とみている(7)。高句麗人は、朝鮮の南部海岸地方の人とちがって扶余《ふよ》系であり、狩猟・騎馬に長じていた。

官牧は、平安時代に入っても信濃国が抜群に多いし、天武天皇が革命王朝を樹立した壬申の乱でも、信濃の騎兵が活躍したと推測される（このことについては「天武天皇と信濃」に詳述した）。つまり、信濃の高句麗人は、馬にかかわっていたとみられる。とすれば、高句麗系の辛犬養氏は官牧の管理の馬飼だから、犬養（甘）といっても黥面とは無関係である。しかし、鳥養部の例からも、信濃の猟人・馬飼の中には黥面の人がいたとみてよかろう。『日本書紀』によれば、馬飼部・猪甘部も黥面であった。

『古事記』によれば、久米直の始祖の大久米命も黥面であった。黥面なのは、久米部がもともと猟人・山人の集団だからである（久米部が山人であることは、上田正昭が「戦闘歌舞の伝統——久米歌と久米舞と久米集団——」『日本古代国家論究』所収、で詳述している）。久米直の祖を『古事記』は七拳脛《ななつかはぎ》と書くが、七拳脛とは、脛《すね》の長い駿足の猟人の表現である。宮城十二門の守衛に海犬養氏（安曇氏系）や稚（若）犬養氏が従事したのも、犬養が久米と同じ猟人の集団だったからであろう。

黥面をする山人・海人は、戦闘集団としてもっとも有能であったとみられるが、海人が騎射に長じていることは、『肥前国風土記』松浦郡値嘉《ちか》郷（現在の長崎県の五島列島）の海人（白水郎）の記述からも明らかである。『風土記』によれば、この地の海人も阿曇連百足が統属した（『播磨国風土記』が阿曇連百足を孝徳朝の人とし、『肥前国風土記』が景行朝の人としているのは、百足が阿〔安〕曇氏を代表する伝承上の人物だったからであろう)。

久米部を統属するのは大伴氏だが、穂高神社の祭祀氏族の犬養氏(たぶん辛犬養氏)は、平安朝に入って出自を大伴氏に結びつけ、伴《とも》氏を称している。『日本霊異記』には、信濃国小県郡嬢《おうな》里(『和名抄』の童女郷、現在の東御市東部町一帯)の大伴連忍勝の名が載り、『延喜式』神名帳の佐久郡には大伴神社が載る。また、『類聚国史』の延暦十四年(七九五)四月条に、小県郡の人として久米舎人望足が載る。小県郡に大伴と久米がいたことは、両氏の統属関係を示している。辛犬養氏は高句麗系渡来人だが、彼らが伴氏を称したのは、安曇・筑摩の官牧守衛の人々や猟人などの管掌者である立場から、自らを久米部の統率者に重ねて、出自を大伴氏に仮託したものと考えられる(渡来人であることを消す意味もあったろう)。

信濃へ入った海人たちは、秀麗な山を氏神として祀り、信濃の山人たちと協力して荒野を開拓し、定着農民となった。その結果、穂高神社も、泉小太郎の干拓伝承、安曇百足の開拓伝承にみられる農業神的性格をもつようになったのであろう。平安時代に入り、安曇氏の勢力の減退につれて、穂高神社の祭祀に辛犬養氏系の人々が祭祀に加わるようになったが、祭祀氏族が交替しても、信仰の本質は変わっていない。

安曇氏の本貫地と信濃

安曇氏の発祥地あるいは本貫地は『和名抄』の「筑紫国糟屋郡阿曇郷」の地とみるのが一般的である。糟屋郡内には志阿《しか》郷があるが、この地は金印が出土した志賀島で、式内社の志賀海《しかのうみ》神社があり、祭神はワタツミ三神である。こうした通説に対し、中村明蔵は、この阿曇郷や志賀郷のアヅミや、ワタツミ神を祀る神社を、磐井の乱後に難波から進出した安曇氏の北九州における拠点とみる。理由は、『日本書紀』応神天皇三年十一月条に載る「安曇連の祖大浜宿禰」が、「海人之宰」になったという記事を、阿波・淡路・紀伊などの海人集団の「宰《みこともち》」とみて、その本貫地を難波と推定するからである。(11)

私も、「阿曇連の祖大浜宿禰」は、北九州の海人でなくて、阿波・淡路・紀伊の海人の長とみるから、本貫地は、阿波・淡路か、中村氏のいう難波とみる。その点で、建御名方命の「名方」にかかわる阿波国名方郡の多祁御奈刀弥《たけみなとみ》神社（徳島県名西郡石井町浦庄字諏訪）が無視できない。

阿波のタケミナカタノ神は、阿波の名方郡を本拠地とする安曇氏が祭祀していた神であることは、「建御名方命と多氏」で述べたが、この神社を、土地の人は、「お諏訪さん」と呼び、諏訪大社の元社、つまり元善光寺に対し、元諏訪社とみている。神社の入り口には、元諏訪大社と刻んだ石碑がある。

この神社と共に、名方郡の安曇氏が祀るのが、式内社の「和多津美《わたつみ》豊玉比売神社」である。安曇氏の始祖は、「ワタツミ神」だから、この神社が安曇氏にかかわることは明らかである。記・紀は、海神の娘として、豊玉姫・王依姫の姉妹をあげる。式内社の豊玉比売神社は、阿波名方郡にのみにあるが、玉依姫を祀る神社は、信濃埴科郡の玉依比売神社（長野市松代町東条）のみである。タケミナカタと同じに、阿波と信濃のみに、海神の女神を祀る神社があることは、安曇氏と諏訪神の関係を示唆していると共に、信濃の安曇氏の原郷が、阿波・淡路・難波の地域であることを推測させる。

難波の安曇氏が祀る神社は、住吉大社の摂社の大海神社だが、この神社は住吉大社の境内にある。

『日本書紀』の白雉《はくち》四年（六五三）に、孝徳天皇が僧旻《そうみん》を安曇寺に見舞ったという記事があるが、この安曇寺の位置についてはいろいろの説がある。京都山科の安祥寺の鐘は、かつて安曇寺にあったものだが、その鐘銘には「摂州渡辺安曇寺洪鐘一口」とある。山根徳太郎は、坐摩《いかすり》神社のお旅所（旧坐摩神社鎮座地）付近が古文書に渡辺と記されていることから、現在の天満橋付近を安曇寺の所在地と推定する(12)。

『続日本紀』天平十二年（七四〇）二月条に聖武天皇が「安曇江に幸す」とある「安曇江」も摂津である。また、『播磨国風土記』揖保郡の項には、阿曇連百足の本貫は摂津で、摂津から播磨に移住したとある。このように、摂津に安曇氏系氏族がいたことは確かだが、『新撰姓氏録』摂津国神別には安曇連・安曇宿禰はみえず、安曇犬養連が載っているから、大海神社の祭祀は、安曇連でなく安曇犬養連である。

信濃の安曇郡に犬養氏が居ること、その犬養氏が穂高神社とかかわり、穂高神社の近くの住吉神社と穂高神社の関係からみても、信濃の安曇氏も、安曇犬養氏であろう。

阿波の和多津美豊玉比売神社にも、安曇犬養氏らがかかわることは、別に詳述した(13)。

以上述べたように、穂高神社の祭祀氏族の安曇氏は、厳密には安曇犬養氏（後に辛犬養氏）であり、単なる海人でなく、牧畜・狩猟にかかわる山人的氏族である。

〔注〕

（1）小穴芳美「穂高神社」『日本の神々9』所収　一九八七年　白水社

（2）松前健『日本神話の形成』四四九頁～四五〇頁　一九七〇年　塙書房

（3）宮地直一『諏訪史・第二巻前編』一三七頁　一九三一年　信濃教育会諏訪部会

（4）吉田東伍『大日本地名辞書・第六巻』八〇四頁　一九〇三年　冨山房

（5）黛弘道「海人族のウヂを探り東漸を追う」『日本の古代・8』所収　一九八七年　中央公論社

(6)太田亮『姓氏家系大辞典・第一巻』四八五頁　一九三六年　角川書店
(7)一志茂樹「信濃上代の一有力氏族――犬甘氏について――」「信濃」三巻五号・六号　信濃教育会
(8)宮地直一『穂高神社史』三八頁〜三九頁　一九四九年　穂高神社
(9)黛弘道「犬養氏および犬養部の研究」『律令国家成立史の研究』所収　一九八二年　吉川弘文館
(10)金井清一「ヤマトタケル物語と久米氏伝承」「国語と国文学」一九七六年十月号　学燈社
(11)中村明蔵「阿曇氏とその拠点」『熊襲・隼人の社会史研究』所収　一九八六年　名著出版
(12)山根徳太郎『難波王朝』一五一頁　一九六九年　学生社
(13)大和岩雄「豊玉比売神社」『神社と古代民間祭祀』所収　一九八九年　白水社

生島足島神社と八十島祭

八十島祭と生島足島神社

『延喜式』神名帳の摂津国東生郡に「難波坐《ナニハニイマス》　生国咲国魂《イククニサキクニタマ》神社二座並名神大。月次相嘗新嘗」がある。現在の社名は「生国魂神社」で、「イクダマさん」の通称で呼ばれている。

祭神については、明治四十四年に書かれた『御由緒調査書』に「延喜式神名式に難波坐生国咲国魂神社二座ト見エタルガ如ク、生国魂神・咲国魂神ノ二柱ニ坐シ、生国魂神ハ一ニ生島神又生国神ト申シ、咲国魂神ハ一ニ足島神又足国神ト申ス、是レ島ノ八十島墜ル事ナク皇御孫命ニ寄サシ奉ル大神ナリ、蓋シ神祇官生島巫ノ祭レル神ト同神ニ坐シ、所謂国魂ノ神ニシテ、我ガ大八洲ノ御霊ノ御功徳ヲ総称シテ、斯クハ命名シ給ヘルモノナリ」とある。

「神祇官生島巫ノ祭レル神」とは、『延喜式』に、神祇官西院で祀る御巫祭八座・座摩巫祭神五座・御門巫祭神八座と共に載る「生島巫祭神二座」のことである。この二座は「生島神・足島神」である。『古語拾遺』は「生島是大八洲之霊。今生島巫所レ奉レ斎也。」と書く。現在の主祭神も生島《いくしま》・足島《たるしま》神で、相殿神として大物主神が配祀されている。

『延喜式』の祈年祭や月次祭の生島巫の祝詞には「生国・足国と御名は白《まう》して、辞竟《ことを》へまつらば、皇神《すめみま》の敷《し》きます島の八十島《やそしま》は……墜《お》つる事なく、皇神等《あめかみら》の依《よ》さしまつるが故に……」とある。「墜る」とは「残るところなく」の意であるが、生国・足国の神が八十島の神であることは確かである。

八十島の神を祀る祭に八十島祭がある。この祭は、天皇の即位儀礼である大嘗祭《だいじょうさい》の翌年または前年（記録に残る八十島祭の実例だけで二十二例が知られているが、二十一例は大嘗祭の翌年で、一例だけが大嘗祭の前年）、勅使が天皇の「御衣」を納めた箱を持って船を難波まで下り、難波の熊川尻の海浜で海に向かって「御衣筥」を開き、神琴師（御琴弾）が琴を弾く間、女官が「御衣筥」を振り動かす儀礼を行い、そのあと禊を行う祭儀がある。祭儀が終わると祭物は海に流して、帰京の途につく。

この神事については、禊祓《みそぎはらい》の神事説と、国土の生成発展を祈願する祭儀説があるが、禊祓説は、住吉の神を祀ることから住吉大社との関係を説き（主に田中卓の「八十島祭の研究」『神道史研究』四巻五号）、国土の生成発展を祈願する祭儀説（主に梅田義彦の「大嘗祭と八十島祭」『神道思想の研究』所収）は、生島巫が参加していることを重視して、生島・足島神（大八洲の霊）を祀る祭儀とする説（岡田精司「即位儀礼としての八十島祭」『古代王権の祭祀と神話』所収）に発展している。

さらに、吉田晶はこの祭を生国魂神社との関係から考察し、その接点に生島巫を置き、「延喜式によると、八十島祭にあって生島巫の派遣が規定されており、一〇世紀初頭の延喜の段階では、同祭に対して住吉神社の神官たちが大きな役割をもつようになってきているにもかかわらず、国家から神官たちに支給される物品は住吉神社の神官たちにくらべて生島巫のほうが多い規定になっている。このことは、生島巫が古くからこの祭に深くかかわっていたことを間接的に物語るものであろう。つまり、宮中の生島巫の祭る生島神・

足島神は、もと難波地域に祭られていた神々であり、八十島祭の即位儀礼への吸収とあいまって、その神を宮中にも祭るようになったと推測しうるのである」と書いている。[1] そして、生国魂神社の祭神としての生島神・足島神の祭を「原八十島祭」とし、平安朝以降の文献に載る祭儀を「宮廷八十島祭」としている。

吉田晶の原八十島祭について、生島巫を重視する岡田精司も「〈生島・足島〉というのは、元々は海辺で生活する人々が島々の精霊を讃えた名であり、海人達が豊漁や海路の安全を祈っていたものらしい。『延喜式』神名帳には、和泉国大島郡に『生国神社』、摂津国東成郡に『難波巫生国咲国魂神社』があるが、これはその信仰を伝えたものであろう。もちろん〈大八洲〉などという観念とは何のゆかりもなかったものである。同じ海辺の人々の信仰の対象であっても、イザナギ・イザナミの神は淡路島を中心とした紀伊から播磨・若狭までにわたる相当広範囲に分布しているのに、生島神・足島神は、難波津を中心として海岸地帯のごく狭い地域の人々にしか信奉されていなかったものであろう」と書いている。[2] 吉田晶も「もと難波地域に祭られていた神々」とみている。[1] しかし、この神は難波だけに祀られていたのではない。

岡田精司は、和泉国に「生国神社」をあげるなら能登国能登郡の式内社「生国玉比古神社」をなぜ無視するのだろうか。もっと決定的なのは、信濃国小県郡の「生島足島神社二座名神大」をおとしていることである。これらの神社を無視したうえで、難波を中心とした「ごく狭い地域」の神とするのは、恣意的といわざるをえない。

信濃の生島足島神社のある小県郡には、海部郷があり、海野、塩田、塩川や、「ワタツミ」の和田など、海とかかわる地名が多い。

生島巫の行う八十島祭（海若《わたつみ》祭とも呼ばれる）が、海人の祀る島々の祭祀から国家による国土祭へと発展したように、信濃に入った海人たちの東国開発のための国魂神として、生島足島神は祀られたのであろう（『古語拾遺』は、この神を「大八洲之霊」と書く）。

生島・足島神の原郷の難波は、安曇氏の本拠地でもある。信濃の名神大社穂高神社、生島足島神社は、もともと難波の海人が奉斎していた神だから、生島足島神社も安曇氏と関係がある。諏訪大社の祭神タケミナカタも安曇氏とかかわることは、「建御名方命と多氏」「穂高神社と安曇氏」などで述べたが、生島足島神社のある小県郡は、かつての国府所在地である。また、当社のある阿宗郷は、「馬と科野国造」「信濃の古代中央豪族」で述べたように、科野国造の多氏や、物部氏にかかわる地である。

科野国造を、金刺舎人・他田舎人というように、欽明朝（金刺宮）、敏達朝（他田宮）の舎人として、宮廷と直結しており、当時、大連として実権を握っていた物部氏も、小県郡に跡部郷があるように、関係をもっていた。たぶん、六世紀代に、国土の守り神として、難波の生島・足島神（生国・咲国神）を、信濃の地に遷座したのであろう。

現在も、池の中の島に神殿があり、難波の海の「八十島祭」の主祭神としての性格をとどめている。

生島・足島の神と祭儀

八十島祭で重要なのは、「神祇官御琴を弾き、女官御衣筥を披いて、これを振る」（『江家次第』）ことだが、『江家次第』や『儀式』の鎮魂祭の記載にも、「琴師和琴を弾く」間に「女官蔵人御衣筥を開き、振動する」とある。このように、八十島祭と鎮魂祭には共通性がある。鎮魂祭では、宮中八神殿で祀る神魂《かみむすび》・高御魂《たかみむすび》・

生魂《いくむすび》・足魂《たるむすび》・玉留魂《たまつめむすび》などの招魂《みたまふり》と鎮魂《みたましずめ》のために「御衣筥」を振るが、八十島祭では箱を開けて振る。これは生島（国）魂・足島（国）魂の招魂と鎮魂のためである。

招魂の初見は、『日本書紀』の天武天皇十四年十一月二十四日条の「天皇の為に招魂《みたまふり》しき」であるが、折口信夫は『古代研究』で、招魂がのちに鎮魂になったとみる。「鎮魂」の古訓も「オホタマフリ・ミタマフリ」「オホタマシヅメ・ミタマシヅメ」の二通りがある。養老令（七一八年完成）の官撰注釈書『令義解』には、鎮魂とは「離遊の運魂を招ぎ、身体の中府に鎮む」とあり、鎮める前に、招く所作がある。八十島祭の祭儀も、箱を開いて魂を招く「タマフリ」の面が強い。この招魂の「タマフリ」については、「魂振《たまふ》り」「魂《たま》触《ふ》り」「魂殖《たまふ》ゆ」と解する説がある。魂振り説では、生命力の根源である魂を振り動かすこと。魂触り説では、外なる魂との接触。魂殖ゆ説では、魂の殖える義であって、三説とも共通性はあるが、私は魂振り説をとりたい。

「十」を「タリ」というが、この「十《たり》」について伴信友は『鎮魂伝』で、「其タリは、生魂足魂、生日足日などのタリにて、よろづ物の満足《タラヘル》をいふ言なり」と書いている。三品彰英は「十」を「タリ」というのは、中国思想の影響から十を満数にしたのであって、日本古来の観念では「八」が満数の「タリ」であったとし、「八十島祭の名も八・十を重ねて満ちタリた嘉数の観念を示したもので、淀川の河口で多くの島（洲）が沖積造成されて行くところに国境の弥栄えを観じ、水の生成力をたたえたのである。いずれにするも八という数は、わが民族における御魂の呪儀と不可分な観念を含んでいたのである」と、書いている。(3)

八十島祭で、箱（筥）を開いて魂を入れることが生魂だが、生魂は、それを入れた箱を振ることによって足魂となる（荒魂・和魂の用法も、荒魂は阿礼（誕生の意）魂・生魂であり、和魂が足魂である）。魂のもつ生、成の呪法を示すために、「生魂・足魂」「生島（国）魂・足島（国）魂」「荒魂・和魂」というように、「生・荒」と「足・和」が一体の対とされているのである。「難波坐国咲国魂神社」の「咲」は「足」と同義である。

生魂《いくたま》（生れたばかりの魂）は、「身体の中府に鎮む」とき、足魂《たりたま》となる。だから、招魂・生魂と鎮魂・足（咲）魂は、対であるが一体となっている。八十島祭は、天皇の即位儀礼の大嘗祭の、主として翌年行われる鎮魂祭である（大嘗祭は新天皇がはじめて行う新嘗祭であるが、新嘗祭の前日に鎮魂祭が行われる）。だから、「御衣筥」を振って生魂と足魂などの「タマフリ」「タマシヅメ」の神事を行い、次に生島（国）魂・足島（国）魂の「タマフリ」「タマシヅメ」の祭儀を行ったのであろう。即位儀礼そのものが一種の誕生儀礼であることからしても、女官が「御衣筥」を振る所作には、新しい生命の成長の意味がこめられている。「御衣筥」は、生れたばかりの日の御子の入った「ゆりかご」だから、女官がゆり動かさねばならないのである。この「御衣筥」について、「真床覆《まとこおふ》（追）衾《ふすま》」からの変化とする説がある。「真床覆衾」は、天孫ニニギの降臨のとき天孫を覆ったものだが、大嘗祭での新天皇のための衾も、「マドコオブスマ」という。

この「マドコオブスマ」のなかに天皇霊が「こもる」秘儀を、折口信夫は大嘗祭でもっとも重要な祭儀とみる。(4)

生島足島神社の祭儀は、御柱祭とお籠り祭である。御柱祭は七年ごとの四月中旬に行われるが、諏訪大社の御柱祭の影響である。

お籠り祭は、毎年十一月三日の夜から、翌年三月十二日か十三日までつづく神事で、諏訪神が生島足島神社の籠殿へ移り、毎夜、生島足島の神に献飯する儀式といわれている（現在は七日ごと二十四回と、十二月三十一日・一月十四日の二十六回の奉仕に省略されている)。

この祭儀については、生島・足島の神は、もともと宮中で祀られていた神だから、中央神に「地方神としての諏訪神が奉斎の誠をいたした」神事と解されているが[5]、八十島祭はお籠り祭の性格をもつ大嘗祭関連の宮廷祭儀であるから、生島・足島神社のお籠り祭の諏訪神は、天皇霊に重なり、単なる中央神への地方神の服属儀礼ではない。

このお籠り祭は、冬のはじまりの十一月三日から、おわりの三月十二・三日までつづく、「冬こもり」の祭りであることからみても、服属儀礼とはいえない。鎮魂祭や新嘗(大嘗)祭や八十島祭が、死と再生の祭儀であるように、お籠り祭も再生儀礼である。新嘗(大嘗)祭は冬至に行われ、神に新穀を供え供養する。その型が、献飯になったのだろう。

諏訪大社と当社の密接な関係からみて、下社大祝が八十島祭にあやかって(天皇が大祝に重なる)、生島・足島神の神前で行った神事が、現在のような伝承になったのであろう。但し、冬季間つづくのは、上社大祝の十二月末から三月末までの「穴巣籠り」の冬季祭が、前宮で行われるのに対し(「ミシャグチ神と古代諏訪信仰」参照)、下社大祝が科野国造の一族であり、国造の祭祀する神社が生島足島神社であったから、前宮のミシャグチ神に対し生島足島神を選んだためであろう。

〔注〕

(1)吉田晶「八十島祭について」『古代の難波』所収　一九八二年　教育社

(2)岡田精司「即位儀礼としての八十島祭」『古代王族の祭祀と神話』所収　一九七〇年　塙書房

（3）三品彰英「オキナガタラシヒメの系譜」『増補日鮮神話の研究』所収　一九七二年　平凡社
（4）折口信夫「大嘗祭の本義」『折口信夫全集・第三巻』所収　一九六六年　中央公論社
（5）黒坂周平・伊東信平「生島足島神社」『日本の神々9』所収　一九八七年　白水社

第四章

信濃国の秦氏・秦の民

伊那の秦の民の目一つ神信仰

宇佐八幡信仰・御霊信仰と人丸片目伝承

柳田国男は「目一つ五郎考」で、「宇佐の大神もその最初には鍛冶の翁として出現なされたと伝へられる。而して御神實《おんかみざね》は神秘なる金属であつた」と書き、「目一つの神」として八幡神があらわれる歌を示すが、八幡神が「目一つの神」であることについて柳田国男は、「この社に於いても天の目一つの信仰があつた故に、関東地方からやつて来た権五郎景政が諸処の八幡社を創建し、また悪七別当が目を抉《えぐ》つて、後に大神の恩徳を証明することになつたのではないかと思ふ」と書いている(1)。

権五郎景政は相模国鎌倉郷を本拠とした鎌倉景成の子で、平安時代末期の実在の武士である。後三年の役に八幡太郎義家の家人として十六歳で従軍し、出羽国金沢の柵の攻略に活躍し、大いに武名をあげた。『奥州後三年記』によると、この時景政は、鳥海弥三郎の射った矢で左目を射抜かれたが、ひるむことなく矢を射返して弥三郎を倒している。同僚の三浦為次が景政の目を射った矢を抜くために景政の顔を足で踏もうとしたので、武士の顔を土足にかける無礼をとがめたという。権五郎の出身地の鎌倉市坂の下に、権五郎景政を祀る御霊神社がある。

柳田国男は「目一つ五郎考」で、「羽前東村山郡高櫤《たかだま》の八幡神社にも、景政の来り浴したといふ清池があり、その折鎌倉より奉じ来つた八幡の鋳像を、岸の櫂木（ヌルデ？）に掛けて置いたら、霊異があつたのでこの社を建立したと称し、今も境内社の一つに御霊社がある。羽後の飽海郡平田村の矢流川も、景政射られたる片目をこの水に洗ふと称して八幡の社がある」と書き、鎌倉権五郎景政の御霊神と八幡社の関係を書く。

下野国（旗川村小中の人丸神社）の人丸片目伝説を紹介し、人麻呂の忌日が三月十八日だが、天目一箇神を祀る丹後国中郡五箇村鱒留の藤社《ふぢこそ》神社の祭日も三月十八日であることを示し、さらに宇佐八幡宮の「ひとめの神」の歌を示し、御霊信仰は「千年の歴史があつた」と書いて、「目一つ五郎考」を結んでいる。(1)

中世に書かれた『将門純友東西記』には、次のような記事が載る。

将門ガムクロ、首ヲ追テ武州ニ来リ、其霊アレテ郷民ヲナヤマス。故ニ一社ヲ建テ、畸明《カタメ》神ト号ス。畸ハ一目ナキ目ナリ。将門、貞盛ガタメニ弓矢ノ眼ヲ射貫《イヌカ》ル。故ニ郷民、社ヲヨンデ畸トイフ。遥カ後ニ神田ト云。

東京で庶民にとってもっとも著名な神田明神は「畸明神《カタメ》」と呼ばれているが、明治十三年の『神社明細帳』によれば神田明神の境内社に、柿本人麻呂を祀る大鳥神社がある。なぜ人麻呂が祀られているのか。前章で述べたが人麻呂に片目伝承があるからだが、片目伝承は鎌倉権五郎景政の御霊信仰と結びついている。神田明神の平将門も片目になっているのは「御霊」として祀られているからである。京都の下御霊神社には柿本人丸神像があり（『神社明細帳』）、大阪の御霊神社（西区南堀江）にも柿本人丸霊が祀られている（『明社明細帳』）。宇和島市丸之内の和霊神社の境内にも人丸神社があり（『愛媛県神社誌』）、姫路市大善町の御霊天神社では柿本人丸を御霊天神として祀っており（『兵庫県神社誌』）、愛媛県八幡浜市五反田の古仙神社の境内社湯島天神社の祭神は柿本人丸公である(『愛媛県神社誌』)。御霊神の菅原天神を祀る神社でも、京都の菅大臣神社の境内社に柿本神社があり(『神社明細帳』)、吉祥院天満宮には人丸弁天がある(『都名所図会』)。兵庫県多紀郡高屋村の天満神社の境内にも人丸神社があり(『神社明細帳』)、和歌山県橋本市の天満神社でも人麻呂を合祀している(『神社明細帳』)。また山口県周南市の天満宮相殿にも人麿社がある(『防長風土注進状』)。この例は私が知る一部分で、全国にはさらに多くの御霊神としての人丸(麿)神社があったであろう。

江戸時代の末期に書かれた『防長風土注進状』に、長門国玖珂郡瀬越村北畑の客大明神《まろうど》の相殿に人丸大明神が祀られ、同郡下畑村柿木の寄江大明神も人丸明神を祀る。また同郡荷谷村下丘の客社の相殿にも柿本社があり、この柿本社は享保年間(一七一六年〜三六年)の蝗《いなご》の災厄、疫病の流行のとき、病難を除く為に勧請したと『防長風土注進状』は書いている。山口県光市室積町の柿本神社の社伝には、「昔小児咳逆死亡多し。因て人丸を奉勧請と云」とあり、「人丸」は江戸時代には病気を防ぐ御霊神になっている。

桜井満は全国にある柿本人麻呂関係社のうち、三十二社は八幡社の境内社か八幡社に合祀されていると書くが、(2)前述したが宇佐八幡宮の神は歌にあるように「ひとめの神」だから、人丸(人麻呂)神社が八幡神を祀るのは「一目」にどちらもかかわっているからである。ところが八幡神も柿本人麻呂も秦氏・秦の民とかかわる。この視点に立って伊那の秦の民に視点をあてて本章では述べる。

信州伊那の雲彩寺の片目伝承と八幡神信仰

柳田国男は「目一つ五郎考」で、伊那に伝わる片目のイモリの伝承を、次のように書く。

信州伊那の雲彩寺など、やはり権五郎来つて眼の疵を洗つたと伝ふる故迹である。池の名を恨の池と呼んでゐるのは恐らくは別に同名の異人があつて、その記憶を誤つたことを意味するかと思ふが、こゝでもその水にゐる蠑螈《ゐもり》は、今に至るまで左の眼が潰れてゐるといつてゐる。要するに伝説の景政は単に超人的勇猛を以て世を驚かすのみで満足せず、一応は必ず霊泉の滸《ほとり》に来て、神徳を魚虫の生活に裏書することになつてゐたのである。(1)

この「信州伊那の雲彩寺」は長野県飯田市上郷飯沼にある寺であるが、町誌の『上郷史』には、「開基白鶴院殿前相州大守景政公大禅定門」と書かれており、鎌倉権五郎景政の位牌が現存している。鎌倉権五郎景政が「開基」とあるが、現在の雲彩寺は天明八年（一七八八）に運西寺を改めている寺で、開基の時代がいつかは不明である。

雲彩寺から直線距離で六百メートルほどの所に田中八幡宮がある。松山義雄はこの神社の周辺について、「八幡宮に隣接する北浦――ここは産鉄関係の出土物があるため、北浦遺跡と呼ばれている――からは、鉄を吹くとき用いた吹子の口や、かなくそ（鉄滓）が出土していることからも明白である。これらの出土物は現在、上郷の資料館に保存されている」と書くが、(3)『伊那名勝志』は田中八幡宮について、「権五郎景政之宮旧説」と題して、次のような記事を載せる（原文は漢文）。

古老の口伝に曰く。往昔、鎌倉権五郎景政当国に来居して、厚く八幡大神を信仰す。仍りて社を当所に建立す。景政没して後、権五郎の社を八幡宮の境地の南の方に並べて、これを建てよとの霊識有り。故に五郎の宮と称す。是久安の頂也。然る後数歳にして両社共に大いに頽砂す。これより郷中談判して両社を合わせて一社となす。則ち八幡宮、五郎の若宮の二神也。宮社造営既に成就す。時に正中二乙丑年三月廿九日これを記す。

正中二年（一三二五）は後醍醐天皇が即位して七年後で、六年後の元弘元年には天皇は京都を脱出し、楠木正成が天皇側（南朝）について挙兵している。この南北朝時代直前に山深い信州伊那谷の地にあった八幡宮の境内に「五郎宮」が建立されたのだが、「五郎」は「御霊」である。『伊那名勝志』は、八幡社の境内に池があり、権五郎は八幡社に詣でる時には、傷ついた目をこの池で洗ったので、池のうなぎ、どじょう、蛙などは「一つ目」で、村人によれば片目の蛇も見かけたと書いている。このような一つ目・片目伝承は、松山義雄が書くように、この神社の周辺に鍛冶・産鉄関係の出土物や地名があることからも、拙著『続・秦氏の研究』で書いた人丸片目伝承と同じ意図によって、八幡神が祀られ、さらに鎌倉権五郎伝承があるのだろう。

鍛冶・産鉄関係の地名について、松山義雄は次のように書いている。

田中八幡宮をへだてて笛吹田が、そして北西には法福の小字地名が見られる。「吹」「福」は鉄を吹く――砂鉄を熔解するときにタタラ（炉）で木炭を焚き、火力を強めるために吹子で送風することを吹くというが、笛吹田や法福の地名は、そうした仕事の名残であろう。笛吹田に隣接して刀打、太刀打の小字名、またこれらの南西には矢剣、屋作田の小字名が見える。刀打の西には鎌田が、それから南にはナベウリの地名が、また太刀打の北東には勝千田、かち田の小字名が見える。太刀打、刀打、矢剱は刀鍛冶の存在を意味するし、鎌田は農具、時としては武器にも変る鎌がつくられていたことを示唆している。勝千田、かち田は鍛冶田で、鍛冶の存在を示している。……こうしてみると、田中八幡宮周辺六百メートルくらいの範囲には、鍛冶関係地名の多いことがわかる。(3)

雲彩寺の裏には全長七八メートルの雲彩寺古墳があり、寛政十年（一七九八）に発掘されているが、単鳳環頭柄頭・四鈴鏡・神獣鏡・鉄鍬・金環・切子玉・丸玉・小玉・馬鈴・鉾・杏葉・須恵器が出土しており、古墳時代後期（六世紀末から七世紀前半）と見られている。この地は「元善光寺」の所在地（飯田市座光寺）に近く、古代から重要な地であった。

「目一つの神」を祀る信州伊那遠山郷の秦の民

松山義雄は鎌倉権五郎を祖とし八幡神を祀っていた集団は、遠山郷へ入り、領主となって遠山氏を名乗ったと推論しているが、遠山郷の長野県下伊那郡（現・飯田市）南信濃村八日市場の正八幡神社の八幡神は、左眼が**写真1**のように潰され片目である。宇佐八幡宮の神も「ひとめの神」であることも拙著『続・秦氏の研究』で述べたが、松山義雄は「この正八幡さまに所蔵されている鍔口は室町時代の作といわれているが、隻眼の神像は足利末期―戦国時代の作であると言われている」と書いている。[3] この近くに遠山川が流れているが、田中八幡宮と雲彩寺を信仰し、片目伝承を伝えていた人々と同じに、この正八幡社の氏子も、鎌倉権五郎景政の子孫と言っている。この遠山郷の人たちの遠山祭の神楽歌には、次のような歌がある。

金山《かねやま》の目《ま》一《ひと》つ翁《おじ》のきたえたる　アンヤハー
八《や》剣《つるぎ》のサァー　八剣の八《や》握《つか》の剣　八剣の舞

目一《ひと》つ翁《おきな》の御腰《みこし》に　アンヤハー
腰に佩《は》きたるサァー　八《や》剣《つるぎ》の八《や》握《つか》を
抜いて切りや祓《はら》わん

この歌を「剣《つるぎ》の舞」の歌というが、遠山祭には「金剣《かなつるぎ》の舞」の歌もある。

エン　金山の一《ひとつ》のおおじの　アンヤーハー　金剣《かなつるぎ》　トンヤ
サー　金剣　天地《あめつち》を別《わ》けて　アンヤーハー　参らする　トンヤ

「金山の一のおおじ」は「金山の目一《ひと》つ」と同じ意味だが、天目一箇神や宇佐八幡宮の「ひとめの神」が「金山の目一つの翁」であり、宇佐八幡宮の細男舞の歌と、遠山祭の歌は共通している。「金山」という表現から見ても、遠山郷の人たちの祭りの「遠山祭」の神は、鍛冶神の八幡神だが、後述するが遠山郷では砂鉄を用いて製鉄が行われ、自分たちが使う山林の木を伐る斧・鋸・鎌などや、里の人たちが使う工具を作っていた。

遠山祭の二つの歌は神楽歌だが、神楽歌とは関係はないが、遠山郷には片目の面がある。この面は南信濃村木沢のやはり八幡神社所蔵の**写真2**の古面である。この木沢の八幡神社の氏子の有力者の岩島家は「かじや」という屋号だが、昔は鍛冶屋だったからといわれている。「目一つの翁」・「金山の一のおおじ」の歌を奉納する八幡神社の祭神の両側に鉄製の「お鍬さま」を祀り、稲荷社が合祀されている。八幡神・稲荷神は金知識衆の祀る神だが、両神は共に秦の民が祭祀する神である。秦の民は金屋衆だが、金屋衆は大鍛冶（主として製鉄）と小鍛冶（主として工具と刀剣の製作）と鋳物師をいう。この金屋衆の秦の民が遠山郷に居た。

松山義雄は『新編伊那風土記』で、遠山郷の万古《まんご》の谷京《やきよう》峠について、「谷京峠は一個人の私有地である。法務局の登記簿台帳には、この峠の所在地が、南信濃村大字南和田字焼尾何番地と明記され、谷京の文字はいっさい使われていない。この峠の所有者は、万古の山林地主として知られた、秦弘さんである」と書いている。(4)

谷京峠とその周辺の山林は秦家が所有していたというが、明治年間の地図には谷京峠は「焼尾《やきを》峠」と書かれているから、松山義雄は「焼尾」が「谷京」に表記が変ったと書く。峠の頂上にある碑文に「壬子嘉永五

写真１　南信濃村八日市場　正八幡様像（遠山中氏撮影）左目が潰れている

写真２　南信濃村木沢八幡神社の古面（遠山中氏撮影）

年三月」とあるが、嘉永五年（一八五二）の碑文にも「焼尾」とある。この地名については松山は、「『尾』には鉱脈の意味があるから、焼尾というのは、精錬の意味である。『焼けよ、やけよ』と、村人をして言わしめた山上の火は、赤く空を染めたが、それは鉄を産むために燃やした精錬の火だったのである。原料には砂鉄が用いられたと思う。タタラ炉——いまのことばでいう溶鉱炉のなかに砂鉄を入れ、火を焚き鉄をつくっていたのである。焼尾峠は高地であるので、乾燥度が高く、吹きこむ自然風は強く、タタラ炉の火は、よく燃えさかったと思われる」と書き、焼尾（谷京）の秦人は金屋になる前は木地屋だったと松山は書いている。(3) 秦の民（秦人）は木地屋として遠山郷に入り、後に大鍛冶（小鍛冶〈鍛冶屋〉の用いる鉄材を作る人）となり、八幡神を「金山の目一つの神」として氏神にしたのであろう。

遠山郷の秦の民の居住地の地名「万古」

松山義雄は秦弘宅をたずねている。飯田線の無人駅の為栗《してぐり》駅で下車して東へ三十分ほど歩いた所に秦弘宅はあるが、為栗の二つ前の無人駅を金野《かねの》といい、次の無人駅は唐笠《からかさ》という。この地の堂石《どういし》という所の屋敷跡の畑から鉄滓が出土しており、近くに金山と呼ぶ地名があるから、松山義雄は隣の駅名の金野も、産鉄にかかわるのではないかと書いている。(3)

万古《まんご》の秦家は応仁の乱の後、京都から秦の民が先住して居たこの地へ、一族二十余名が移住したという。長女が一族の長となって、彼女は持仏にしていた木彫の観音菩薩像を持って来た。その木像は今も秦家に所蔵されているというが、同行した二人の兄弟は、兄は名田熊《なだくま》・弟は為栗《いくり》に分家して、その地の開祖になったと伝えている。

ところで「万古《まんご》」という地名だが、松山義雄は柳田国男が、「〝まんこ〟はもと、あるいは童子の霊の口を寄せる巫女の名であつたかも知れぬ」と書き、曽我五郎十郎の母の満江《まんこう》は、「四国の果まで旅をして伝説を残しており」、「まんこ屋敷と称する故跡がそちこちに残つている」と書いているから、「万古の秦家の長女なども、こうしたむかしの物語の語り手であり、しかも巫女としても充分畏敬される存在であったから、〝まんこ〟の尊称をもって呼ばれるようになったのではなかろうか。しかも『まんこ』は、目上の女性に対する尊称でもあったのだ。こうした高名の巫女がいたために、その居住地を『まんこ』の名で呼ぶようになったのも、自然である。しかし『まんこ』と呼ぶのでは、都合の悪い一面がしだいに出てきたので、のちに――現在のように『まんご』と濁音をつけて呼ぶようになったのではなかろうか」と、松山義雄は書いている(3)。

「一目《ひとつめ》」の「神」であったのが、「一目」の「小僧」に零落して、「神」から「化物」になっていくように、本来の「女陰《まんこ》」は丹塗矢伝説の「富登《ほと》多多良《たたら》伊《い》須須岐《すすき》比売《ひめ》命」の「富登」である。この名の女性は初代天皇神武の皇后である。皇后の名が「ホト（マンコ）」である事実からしても、「一目《ひとつめ》」が「神」であったのが、「化物」におちたように、「女陰」も零落した用語になったが、「ホトタタラ」という神武天皇の皇后の名の「タタラ」は鍛冶用語である。「多多良《たたら》踏《ふ》み」は性交の所作と似る。『古事記』は大物主神が丹塗矢になって「ホトタタラ」姫の母の「勢夜陀多良《せやだたら》比売」の「富登《ほと》を突きき」と書くが、「ホト」は「マンコ」と同じに現代人のいうような猥褻《わいせつ》用語ではない。『古事記』が大物主命と神武天皇と聖婚する二人の女性に、特に「ホト」「タタラ」という言葉を用いていることからも、「万古」地名は無視できない。

「鍛冶屋」屋号をもつ遠山郷名田熊の秦の民

万古から谷京峠の頂《いただき》にのぼり、尾根づたいに北へ約半キロほど行き、尾根からすこし下った万古から六キロほどの所に、名田熊《なだくま》という小集落がある。この集落の頭《かしら》も部落民も秦姓である。頭《かしら》は昭和十年代まで面積百五十ヘクタールに及ぶ大山林所有者であった。しかし広大な山林を失ない、昭和十年代に他県に転出しているが、この地に居た時の屋号は万古の秦氏と同じ「鍛冶屋」であった。万古の秦氏は前述したように、弟が分家して名田熊に住んだと主張していたが、松山義雄は「名田熊の秦氏は、坂東武士の出身で、兄弟二人の武士が落ちてきて、名田熊に坐ったものと伝えられている」と書き、万古の秦氏の分家という主張を名田熊の人たちは否定していると書いている(4)。

そして「坐《すわ》るというのは、定住するという意味の方言らしく、名田熊の古老たちの間で、しきりに使われていたのが印象的である。この兄弟武士が名田熊の開祖とされている」と書いているが(4)、定住者は先祖代々、いつも坐って（定住して）いるから、「坐る」とは言わない。一所不住、移動しているのが普通だから、動かず定住することを「坐る」といったのであり、名田熊の秦姓の人々は遍歴する一所不住の人々であったから、名田熊の人々に限定された「方言」として、「坐る」が定住の意味として今も使われているのであろう。

松山義雄は名田熊の秦の人々の遠山郷入りについて、「年代はいつのことかわからないが、その古さを物語る、こんな話がある。ある年の盆のことという。名田熊の竹屋の老媼が和田の竜淵寺へ、卒塔婆をもらいにいったとき、秦家の主人の景政氏が来あわせていたが、その折住職が、秦家と寺とのつきあいは古く、あなたでちょうど二十五代になると、言っているのを聞いたという。それで竹屋の老嫗があらためて秦家の古いことを知ったという」と書いている(4)。松山義雄は一九六五年に名田熊を訪ね、六代前に本家から分かれたという秦姓を名のる家を訪ねて、「家譜」を見ている。その家譜によれば、堀河天皇貞応二年（一二二三）に、秦兄弟は相州鎌倉の地をのがれ、天竜川をさかのぼって信州の最南端、小沢鎌倉まで落ちのびたが、その地で主君を追手の流れ矢で失い、やむなく遠山谷の名田熊の山中に落ちのびたという。

松山義雄はこの「家譜」を当然のことだが偽書とみて、「家譜」の「鎌倉様」を「鎌倉権五郎景政」と推定するが、秦家の屋号が「鍛冶屋」であることに注目している(4)。名田熊の秦氏の墓地には五輪塔一基と六個の石を積み重ねた多重塔が一基立っているが、他に無銘の野石の碑が二基ある。松山は「これらからうける感触は、私が多年伊那谷や木曽谷で見てきた、漂移の木地師の墓に酷似していた」と書いている。

名田熊の秦姓の人々は先祖を鎌倉武士だと主張しているのは、遠山郷の人々の信仰が、「金山の目一つ翁」つまり鍛冶・鋳物師の祀る天目一箇神であるから、木地屋から鍛冶屋に変って、さらに御霊信仰の片目の鎌倉権五郎の子孫に変ったのであろう。多田熊の秦姓の人々は、本来は万古の秦氏の分家であったのが、独自性を主張するため先祖を鎌倉武士にして、新しくこのような家譜を創作したのであろう。

万古も名田熊も元は木地屋で近江が本貫だから、本家の万古は京都在住とし応仁の乱に京都を離れた話を作ったのであり、名田熊は分家したが独自性を主張するため、前述のような話を創作したと考えられる。しかし、秦姓を名乗って、木地屋の小椋・大蔵を名乗っていないのに私は注目している。ある時期に木地屋グループから離脱したのだろうが、墓は木地屋の墓に似ており、信仰は八幡神であることからも、元は木地屋であったことを証している。そのことは「金山の目《ま》一つ翁《おじ》」を神楽歌に詠んでいることからも、私見の裏付になる。

片目の権五郎景政を祖にする遠山氏と秦の民

多田熊の秦の民と同じに鎌倉権五郎景政の末裔と称する部落が、南信濃村にある（万古・多田熊の部落も南信濃村）。今は「梶谷《かじや》」と書くが、江戸時代の文化十一年（一八一四）に書かれた『伊那志略』の「江義遠山」の項には、「鍛冶屋村」とあるから「鍛冶屋」が「梶谷」になったのである。松山義雄はこの鍛冶屋村について、「ひとくちに鍛冶屋といっても、刀剣や農具のたぐいを打つ小鍛冶もあり、金属を精錬する大鍛冶もある。梶谷の地名となった鍛冶屋は後者」と書いている(4)。

「カジヤ」地名のこの部落の人たちも、名田熊の秦の民の末裔と同じに鎌倉権五郎の子孫と言っている。鎌倉権五郎景政については柳田国男が「一目小僧」で、「神に祀られた古今の英雄の中でも、殆と片目を傷いた為ばかりに祭られるやうになつたかとまで考へられるのは、鎌倉権五郎景政といふ武士である。この人の猛勇は自分としてもさら〳〵疑つてはをらぬが、たゞその事蹟として生年僅に十六歳の時、鳥海彌三郎なる者に戦場に於いて左の目を射貫かれ、その矢も抜かぬうちに答《たふ》の矢を射返して相手を殺したこと丶、これに関連して友人が顔に足を掛けて目の矢を抜かうとしたのを、怒つたといふ話が遺つてゐるだけであるのに、九州の南の端から始まつて出羽の奥まで、二所三所づ丶この人を祀つた社のない国がない程なのは、全体どうしたわけであらうか」と書き、「権五郎を神に祀つたと称する宮は、勿論鎌倉長谷の御霊《ごりやう》神社が一番古い」と書く(5)。

御霊信仰は平安時代の初期に成立し、『三代実録』に載る貞観五年（八六三）の神泉苑御霊会の記事が文献上の初見だが、この年初めて御霊会が行われたのは、その年に疫病が流行し、流行の原因が崇道天皇（早《さわ》良《ら》親王）ら六人の非業の死をとげた人々の御霊のたたりによるとされ、その霊を鎮《しず》めるために開催された。しかし一般の御霊信仰は、何らその実体の明らかでない怨霊に対する畏怖によって生まれているが、中世になると相つぐ戦乱で亡くなった武士のうち、著名な荒武者が特に御霊として祀られた。その代表例が鎌倉権五郎だが「梶谷《かじや》」の部落の半数以上の家が「鎌倉」姓なのは、多田熊の秦姓の人々と同じ伝承をもつからである。そのことは「梶谷」は元は「鍛冶屋」表記であったことが示している。

遠山郷には戦国時代から徳川幕府の初期まで、領主であった遠山氏が居た。南信濃村の木沢地区で遠山祭に用いる神面は、遠山氏の初代から四代までの領主の神面が用いられている。ところが四面のうち初代と四代は右眼、二代と三代は左眼が小さく据られ、左右両眼の大きさが相違しているのも、意図としては片目・一つ目表現と同じである。そのことは遠山氏の初代から四代までの領主の名に「景」があり、鎌倉権五郎景政の子孫と称していたことが証している。

谷有二の採取した片目の鎌倉権五郎伝承

鎌倉権五郎景政の片目伝承と鍛冶の関係について、谷有二が『日本山岳伝承の謎』（一九八三年、未来社）の各所で、現地を尋ねた報告を述べているので、その記述を整理して示す。「八王子城内に多くの鍛冶を集めて盛んに槍や刀を打たせ、鍛冶曲輪の名が江戸時代には鍛冶屋村として残っていた。今も鍛冶屋敷という地名があり、江戸時代を通じて八王子の下原刀鍛冶は数々の名刀を出して有名だった。小規模ながらタタラ（製鉄炉）を持っていたことも遺跡調査からわかっており、小津の金山社には『鍛刀地の碑』がある。この八王子城をめぐって、いくつかの一ツ目伝説が存在する。元八王子に御霊《ゴリョウ》明神があって、祭神の鎌倉権五郎が鳥海弥三郎に右眼を射たれたため氏子の右眼は小さく、傍らの小川の魚は右眼がないという。一方、同市館町では、権五郎がクツワ虫の鳴声で敵の接近を知らなかったがため片目をやられた。以後、館にはクツワ虫が住まず住民の右眼が小さい」と書いている。

また、「岩手県和賀郡の大又銅山の伝承にも、鎌倉権五郎が一眼を失って大又の岩屋に身を隠し、美見登利《ミミトリ》川で眼を洗ったら全快した。この川にはめこかじかと呼ぶ一眼の魚が住むという」。「新潟県南蒲原郡下田村鹹沢のかじかは、鎌倉権五郎が同村の大江に隠栖したために片目になったという。下田村の青海ガ岳は様々の鉱物にめぐまれ、中でも大量の磁鉄鉱が発見されている。北蒲原郡安田町八幡社の神体は鎌倉権五郎の念持仏であるため、境内の池の魚はみな片目だという。安田町から新潟県産業考古学会の手によって六世紀末のタタラ遺跡が確認された」。

「新潟県中魚沼郡津南町の釜川の七ツ釜で、昔、太田新左衛門が綱打ちの最中に大蛇が出て来た。その時、大蛇の片目を鉄砲で打って以来七ツ釜の魚はみな片目だと語られる。津南町の奥、長野県に接するあたりは鈴木牧之の『秋山記行』で有名な所で、そこの大赤沢（硫黄沢）には鉄がとれて、小赤沢ともども古い製鉄跡がある。そして熊野神社系の十二様を『オカネサマ』と呼んだようだ。同域内の和山・切明には銅滓も出て、近隣の十日町には、全身が金属でできた人が大陸から渡って来た話が語られるなど、外来系の製鉄族をほうふつさせる場所でもある」と書く。また「新潟県佐渡郡安田町保田八幡社の神体は、鎌倉権五郎の念持仏で、そのため境内の池の魚はみな片目だという一ツ目伝説を持っている」と書くが、長野県飯田市の雲彩寺の権五郎伝説の池の魚などにも片目伝承があり、なぜか、池や川の魚、生き物の一つ目・片目伝承が多い、というより限られている。そのことについて谷有二は、「京都府福知山市田和に鎌倉権五郎景政と母をまつる有徳神社がある。それだけでなく、一帯の総称は金屋で、田和の奥には古い鉱山があって、明治時代にも銅山が営なまれていた。そのせいで本当に川には魚がいなくなってしまったそうだ」と書いているが（一一五頁）、このような河川の鉱毒から生まれた伝承かもしれない。

以上、谷有二の採取した鎌倉権五郎景政の片目伝承は鍛冶伝承である。

信州伊那の高遠町・大鹿村の木地屋・御霊信仰

谷有二が示す例からも、鎌倉権五郎景政の片目伝承が、鍛冶とかかわることは明らかだが、遠山郷の秦氏（正確には「秦の民」または「秦人」）にも片目伝承があるが、鍛冶屋である（鍛冶には製鉄の「大鍛冶」と鉄工具を作る「小鍛冶」があるが、遠山郷の鍛冶屋は「大」「小」の両方の鍛冶屋である）。しかし、彼らの前身は木地屋であった。橋本鉄男は「東北地方の木地屋たち」で次のように書いている。

木地屋の会津への来住には、寛永十一年に信州高遠から移封した保科氏が帯同したものがある。その木地屋もさかのぼれば根元は一つかも知れないが、近江から直接ここへ来たものを近江系、信州からここへ来たものを信州系などといって区別することがある。（中略）会津とその周辺の木地屋には、蒲生氏入部以前からのものと、蒲生氏入部にあたって招致したものと、保科氏入部に際して帯同したものと、

それに加えて以上の木地屋たちについて技術を習得したもともと土着のものとがある。(6)

近江から天文十八年（一五四九）に会津へ移封された蒲生氏郷は、近江の木地師を伴って会津へ入った。寛永十一年（一六三四）に「信州高遠から移封した保科氏」とは、保科正之のことである。正之は三代将軍徳川家光の六歳下の異母弟だが、七歳になった元和三年（一六一七）に譜代の高遠藩主保科氏の養子となり、高遠城の城主保科氏に育てられた。寛永八年（一六三一）養父の死で三万石の城主になった。家光は正之が城主になった頃、弟であることを知り、五年後の寛永十三年に出羽山形藩の二十万石の藩主にして高遠から移した。寛永二十年に会津藩二十三万石と南山五万五千石の幕府領を預かり、実質二十八万五千石の大名になる。会津藩主となるや、会津領内の漆・蠟などを専売とし、木地屋らの作る木製品の産業を活発させるため、高遠領内の木地屋を積極的に移住させた。彼らの中に「畑」を名乗る者が居たが、彼らは秦の民である。「波多」とも言った（最短の短期の総理大臣だった長野県出身の羽田氏も秦氏である）。

寛文十一年（一六七一）と元禄七年（一六九四）の木地屋の本拠地、近江国の蛭谷と君ケ畑の「氏子狩帳」には、東北・関東・中部を氏子（木地屋）が巡回した回数が載る。

東北　岩代14、羽前5、磐城2、陸前2、羽後1。

関東　武蔵6、相模3、下野3、上野1。

中部　信濃41、美濃36、三河28、飛驒16、若狭16。

信濃がもっとも多いが、信濃木地屋の多くは伊那に居り、次が木曽、諏訪にすこし居た。(7)

木地屋の本拠地の君ケ畑の古文献で、橋本鉄男が示す古文献には、次のような記事がある。

寛永年間、太皇大明神ノ神主小椋吉太夫ナルモノ、大岩助左衛門ニ誘惑セラレ、神祇官吉田家ノ裁許ヲ受ケ小椋信濃ト受名セリト偽リ、御綸旨・御免状ノ重宝書類ヲ悉ク大岩ニ譲リテ、何国ヘカ出奔セリ

（傍点引用者）。

この記述によれば「信濃」という国名は、吉田家の許可で名乗ることのできる名であることからも、木地屋衆が「信濃」という名を重視していたことがわかる。信濃の木地屋の多くは伊那、次に木曽に居たが、伊那と言っても、多くは遠山郷から高遠にかけての山地である。柳田国男は伊那の飯田藩の上士の柳田家に養子に入っているから、この地域にくわしいが、柳田は「東国古道記」で、「高遠遠山間の山中の一つの細路が、以前は案外に重要な交通路であつた」と書き、「古くから備わつた自然の道」で、「北の方に今の大鹿村、即ち大河原鹿鹽《かしほ》の旧二村を縦貫して、高遠から諏訪と繋いで居るのみならず、遠山一郷の殆どすべての部落は、北は地蔵峠から南は遠州境の青崩《あをくずれ》峠まで、その間十里以上、みな此線の延長の上に立つて居るのである」と書き、このような場所だから、後醍醐天皇の第五皇子の宗良《むねなが》親王がこの地に三十年余も居た理由だと書いている(8)（私は今から六十年余り前、大鹿村の鹿塩中学校に国語の教師として一年間つとめていた）。

宗良親王は二十六歳の時天台座主を退き、伊勢の北畠親房と共に、南朝側の兵を率いて北朝軍と戦い、各地を転戦して三十四歳の時大鹿村大河原の香坂高原の居城に入り、この地に館《やかた》を作って、三十余年居住している。この間、吉野へも行き、越後・下野・信濃の各地で北朝勢と戦っている。天授六年（一三八〇）七十歳で吉野入りし、河内国山田に居住して『新撰和歌集』を撰集し、翌年長慶天皇が奏覧している。宗良親王の没年と薨去の地は不明だが、三十余年、多く居住していたのは、現在の大鹿村の大河原である。

大鹿村鹿塩の木地屋を昭和十年代に調査した農業経済学者の杉本寿には、『農山村経済の基礎的研究』と

題する著書がある。戦後は福井大学教授であったが、限定版で昭和二十七年（一九五二）に少部数を自費出版した『きぢや』と題する著書に、信濃国伊那郡の宝永七年（一七一〇）から安政四年（一八五七）年までの木地屋の居住地名と世帯数を記載している。その総数を年代ごとに示す。

宝永七年	（一七一〇）	三七七世帯
享保五年	（一七二〇）	二〇二世帯
享保十二年	（一七二七）	一八四世帯
元文元年	（一七三六）	二九三世帯
寛保二年	（一七四二）	二四四世帯
延享三年	（一七四六）	二九二世帯
宝暦二年	（一七五二）	三二八世帯
天明二年	（一七八二）	一二八世帯
寛政二年	（一七九〇）	一二〇世帯
文化十二年	（一八一五）	一六一世帯
天保三年	（一八三二）	四六三世帯
天保十二年	（一八四一）	一二九世帯
弘化三年	（一八四六）	九二世帯

この世帯数の大きな変動からみても、木地屋の移動の激しさがわかる。天保三年に突如、四六三世帯にふえている。多くても一カ所に二〇世帯で平均は一〇世帯以下なのに、天保三年には、伊那郡売木山に一〇一

世帯、伊那郡中田切山に六八世帯。飯田木地屋中に三三世帯、飯田本町に二五世帯、伊那郡佐野村に二四世帯、伊那郡高遠領に一八世帯居た。一地域で異常にふえているが、理由はわからない。木地屋の居住地は高遠領を除いてほとんどは現在の下伊那郡で、上伊那郡は高遠のみである。享保五年の記事に「伊那郡高遠黒河内　三七世帯」とあるが、黒河内出身の山村地主には今は「畑」と書く秦氏が居る。この地には今も御霊信仰がある。遠山郷の上村の上町正八幡宮の霜月祭の「申し上げ」に、八幡神・住吉神らの神々の「中央の大神は五郎の姫宮」とあるが、「五郎」は「御霊」である。天正十年（一五八二）に武田信玄の子の仁科五郎信盛（仁科家に養子に入ったから「仁科」姓）を城主とする高遠城は、織田・徳川の大軍に包囲・攻撃されて落城している。その時遠山氏は武田側に味方し、落城の時、一族三名、被官四名、他八名の計十五名の命を失っているが、松山義雄はこの戦死者を「御霊」とみて、御霊信仰の神として祀ったと書いている(3)。

柳田国男は「信州高遠の五郎山には仁科五郎信盛の首なき屍を埋めたと伝へて、其処にある祠を五郎の宮と称し、昔の城主なのに呼捨てにしてゐる」と書いているが(8)、「呼捨てにしてゐる」のは、この「五郎」を御霊信仰の「御霊」と見ており、遠山郷の「五郎の姫」と同じである。柳田国男も前述の文章に続けて、「さらに南して同じ上伊那郡赤穂の美女森の社の神を五郎姫神といふ」と書く。遠山郷の「五郎姫神」は赤穂（現在の駒ケ根市）の美女森の社（大御食《おおみけ》神社という）の分霊だが、上伊那郡箕輪町（旧「福与村」）の「五良姫宮」は福与城落城の時切腹した城主藤沢頼親の御霊だといわれているが、「五郎」を「五良《ごりょう》」と書いており、御霊信仰であることを証している。高遠町（旧「長藤村」）中条の八幡社は祭神が五郎姫であり、八幡社の祭神になっていることも無視できない。柳田国男が「仁科五郎信盛の首なき屍」と書くのは、「信盛以下の隊長分十八人の首は、信長公の実検にいれる」（『信濃史料叢書』第四巻所収。『高遠記集成』）ため、美濃へ送られ、信長の実検後に岐阜城下の長原河原にその首はさらされたからである。私は高遠で生まれ小学生の時まで高遠に居たから、十八歳ぐらいと伝えられる信盛はくやしさのあまり、自ら切った腹から内臓をつかみ出して敵に投げつけたと聞かされていた。御霊はたたり神である。

信濃国伊那に移住した木地屋・イナ部・秦の民

橋本鉄男は寛文十一年（一六七一）の『蛭谷氏子狩帳』と、元禄七年（一六九四）の『君ケ畑氏子狩帳』にもとづいて、全国の木地師の所在地への巡回頻度を調べている。その調査によれば一〇位までは、次の順序になる。(9)

1	信濃	四二回
2	紀伊	三八回
2	摂津	三八回
4	大和	三七回
5	美濃	三六回
6	伊予	三五回
7	近江	三三回
7	播磨	三三回
9	三河	二八回

9但馬　二八回

ほとんどが畿内で、畿内以外は信濃・美濃・伊予・三河だが、もっとも遠い国は信濃である。その信濃へもっとも多く巡回しているのは、信濃国の最南端の地に居住した秦氏系イナ部の地へ、近江・伊勢の木地屋が居住したからである。

明治五年（一八七二）から七年にかけて明治政府は徴兵制度と地租改正のため戸籍を作った。そのため橋本鉄男は「明治の変革と木地屋たち」で、「中世以来近世を通じ、たとえば『新編会津風土記』に記された飛《とび》のように、つねに山野の木地原材を求めて漂移を主としたのが彼らの生活であった。したがって、ほとんど全国各府県から木地屋の無籍無産に関して問い合わせが、その根元地と伝承された近江小椋谷の君ケ畑ならびに蛭谷の戸長役場に対して、後を絶たなかった」と書き、大正六年（一九一七）の蛭谷側の「氏子名簿各府県別集計表」を示す(9)。

滋賀県	四七	京都市	一四
三重県	一八	岐阜県	二五一
愛知県	九	静岡県	二
山梨県	一四	東京市	三三
埼玉県	三九	群馬県	四一
大分県	三四	徳島県	八四
長野県	三二一	福井県	一〇一
和歌山県	三三	高知県	三一

石川県　一〇　宮崎県　一七
栃木県　一七　熊本県　二六
北海道　四八　其ノ他　一四三
　合計壱千参百参拾参名
一、三百四拾弐名　大正六年四月現在
　　当字有籍者
　通計壱千六百七拾五名
　　但シ右ハ全部挽物師系統也

この記述からみても、圧倒的に多いのは長野県（信濃）である（信濃でも「南信」といわれる地域の上伊那郡・下伊那郡・木曽郡で諏訪郡にすこし居た）。信濃に多い理由については前述した「イナベ」との関係が無視できない。長野県には現在は「上伊那」「下伊那」という二つの郡があるが（古くは上・下に分けず、一つの郡）、私は本書で「イナベ」について、「『イナ』の地名と『イナ部』」と題して、次のように書いた。

「イナ」は「イネ（稲）が転じた地名とみる説などがあるが、江戸時代以前から伊那部村があり（後に東・西の伊那部村に分かれ、現在伊那市の大字に伊那部がある）、「イナ部《べ》」というから、「イネ」の転とはいえない。猪は「ヰ」、伊は「イ」だから、猪名は伊那にならないという批判があるが、猪甘首が祀る石見国那賀郡の神社は伊甘神社と書き（『延喜式』神名帳）、平安時代には「猪」は「伊」になっている。また、神名帳に載る摂津国豊島郡の猪名部氏が祀る為那津比古神社（大阪府箕面市石丸）の近くに稲村（箕面市稲）があり、為（猪）名から稲へ転じている。かつての猪名県に入る能勢町（大阪府豊能郡）稲地も、江戸時代は伊那地村といい、猪名→伊那→稲と変っている。このような諸例からみても、猪名部→伊那部である。まして、「イナ部」という「部」がついていることからみても、「イナ」の地名は猪名部による。

このように私は書いて、伊勢の「イナ部」の人たちが信濃に入ったとみて、次のように書いた。

伊勢の「イナ部」が信濃へ移住したのだから、伊那郡も本来は伊勢と同じに「伊那部郡」であったろう。

伊勢の「イナ部」は、伊勢から三河へ移り、そこから天竜川を北上している。豊川の河口付近に「伊奈」という地名があり（愛知県宝飯郡小坂町伊奈）、明治二年に、この付近に「伊奈県」が設置されている。

「イナ部」は三河の「伊奈」の地からさらに天竜川を北上して信濃入りしたと書き、彼らが居住した地にある「高岡古墳群（飯田市座光寺）に属す六世紀代の畦地一号墳（円墳）からは、新羅の王都慶州の古墳から出土している銀製長鎖垂飾付耳飾と瓜二つの耳飾りが出土している」と私は書いた。このイナ部について『日本書紀』は新羅王が「貢上」した船大工（応神紀三十一年条）、後に建築の「匠者」（応神紀十二年十月、十三年九月条）になったと書くが、彼らは造船・建築の大工（匠者）だから、彼らが用いる良材を求めて信濃入りしたのであり、その意図は木地師と同じである（イナ部氏も秦氏系氏族であることは前述した）。

信濃入りしたイナ部氏は農民ではない。彼らが求めたのは良材だから、加工する工具を作る必要があった。足柄山の山童《やまわらわ》の坂田金時は鉞《まさかり》をかついで熊に乗っている。彼の母は山姥であり、金時がもつ鉞は農具というより、山の大木をきり倒す鉄器である。金時が熊に乗っていることも山の民であることを示している。山の民こそ鉄製品を必要としていたから、遠山郷の「秦」を名乗る人々は鍛冶屋になっている。遠山祭の神楽歌の「金山の目一つ翁のきたえたる」は鉄製品であることは、「目一つの翁」に「金山」が冠されていることからもいえる。「金山」や「金時」の「金」は「金属」の「金」だから、鍛冶神の天目一箇神が「目一つの翁」といわれているのである。

各地のイナ部氏は新羅系氏族で秦の民とかかわりがあったから、信濃の「イナ」の地にも秦の民と共に移住している。その事は「イナ」山地に木地屋の秦の民が特に多いことが証している。定住した秦の民が大鍛冶(鉄材製造)・小鍛冶(鉄器製作)になって遠山郷に永住した。その彼らが祀ったのが片目の神なのである。

信州伊那の白山神社の片目の神と秦の民

遠山郷の神社(八幡社・諏訪社)の祭りに片目の面をつけて神楽舞が行われたことは、前述したが、遠山郷のある山地の麓の伊那谷の飯田市の白山神社の本社は、「奥宮」と呼ばれ一五三五メートルの風越《かざこし》山の山頂にある。この本社の神像(伊邪那伎命)は片目である(**写真3**)。遠山祭の神楽歌には、前述したが「金山《かなやま》の目《ま》一つ翁《おじ》」とあり、片目の面をつけて踊る。

谷有二は「御岳神楽の一つ目鍛冶の面」と書いて、**写真4**の面を示すから、遠山郷だけでなく「御岳神楽」のような山の民の神楽には、各地で片目の面が登場しているが、遠山郷の神楽歌に「金山」とあるように、単なる山の神ではなく、鉱山神である。谷有二も「金山の地名を八王子に捜せば、横山地区に山伏修験にかかわる湯殿川や金山、小金沢があり、『武蔵野歴史地理』には、『されば、昔はここに鉱山があり、鉱石を出し、従って鍛冶屋などもあったであろうか』とのべている」と書くが、前述したが八王子の「小津の金山社には『鍛刀地の碑』がある。この八王子城をめぐって、いくつかの一ツ目伝説が存在する」とも書いている[10]。

飯田市の白山神社の神像は伊邪那伎命であり、対《つい》になっている大穴牟遅命像も片目で、いずれも左眼が潰れている。松山義雄は、飯田・上島の白山神社（上島の白山神社は飯田の白山神社の分社といわれている）の氏子たちは、「皆生まれながらにして、片目が矮小であるという伝説」があり、「今でもこれが信じられている」と書き、白山神社のある風越山の支峰である虚空蔵山には、「虚空蔵仏」が祀られているから、「風越山から虚空蔵山にかけて全山が、産鉄信仰の山であった」と書き、この地の人々が遠山郷へ移ったと松山は書

写真３　飯田市白山社祭神　伊邪那伎命像
左目が潰れている

写真４　御岳神楽の一つ目鍛冶の面

く。そして「遠山谷の南信濃村上島には、飯田の白山社から勧請した白山社がある」と書き、「『特殊神事の研究』（近藤正寛・第二輯三〇頁）によると、そこには明和五年（一七六八）十二月十二日、社殿造営の際に古棟札から写したという棟札が残っており」、その棟札に「建長元年酉春三月、上飯田風越山白山宮より比売神分霊勧請し奉り、今に至り上島に鎮奉勧請也」とあると書いている。建長元年は一二四九年で鎌倉時代である。松山義雄は『特殊神事の研究』にはこの遠山の白山社について、「製作推定年代足利末期、風越山白山神神社神像と同じく、片目なり。傑作秀逸面なり」と書き、「一つ目の神面が存在するという事実は、上島の地がかつて鍛冶、あるいは鍛冶神と深いかかわりをもっていたことを物語っている」と書いている。[11]

前述した名田熊の秦氏について松山義雄は、「秦家では第三代め綱造の代に、白山神社の御堂を建築しているが、白山社は菊理姫を祭神とする鉱山神である。（中略）こうした鉱山神を迎える必要が秦家にあったのは、やはり産鉄の仕事とかかわりのあった家であることを、思わせるものがある」と書いている[12]（松山が白山神を鍛冶神とするのは、飯田・遠山の白山社が片目の神を祭神にするからである）。この名田熊の秦氏は八幡社を白山社と共に祀っているが、本章の冒頭で述べたように、八幡神も「一つ目」の鍛冶神で秦氏が祭祀している。白山信仰の創始者も秦の民の泰澄である。このように伊那の秦の民の目一つ神（片目神）の信仰も、秦氏・秦の民に深くかかわっている。

〔注〕

（1）柳田国男「目一つ五郎考」『柳田国男集　第五巻』所収　一九六二年　筑摩書房

（2）桜井満「人麻呂と石見」『柿本人麻呂論』所収　一九八〇年　桜楓社

（3）松山義雄「隻眼の神と御霊信仰」『新編伊那風土記』所収　一九九四年　法政大学出版局
（4）松山義雄「名田熊の秦氏」注3前掲書所収
（5）柳田国男「一目小僧」注1前掲書所収　一九六二年　筑摩書房
（6）橋本鉄男「東北地方の木地屋たち」『木地屋の民俗』所収　一九八二年　岩崎美術社
（7）橋本鉄男『ろくろ』二〇二頁　一九七九年　法政大学出版局
（8）柳田国男「東国古道記」『柳田国男集　第二巻』所収　一九七〇年　筑摩書房
（9）橋本鉄男「明治の変革と木地屋たち」注7前掲書所収
（10）谷有二『日本山岳伝承の謎』一一二頁　一九八三年　未来社
（11）松山義雄　注3前掲書所収　一〇頁〜一二頁
（12）松山義雄　注3前掲書所収　一二七頁

秦氏関与の善光寺創建と信濃国造

「元善光寺」の伊那の地と秦氏善光寺創建説

柳田国男は「神様が一方の眼を怪我なされたといふのは、存外に数多い話」だが、「自分の得た例は信州のものが最も多かつた」と、「一目小僧」と題する論考で書いている(1)。なぜ信州に多いのか、理由については述べていないが、信濃国は山の国で平野はすくない。田畠の適地は他の国のように豊富にないから、農民というより山の民であった。したがって秦の民のような非農民の適地があったから、前述した伊那の例が代表だが、「金山の目一つの神」の信仰が多いのであろう。「目一つの神」に「金山」が冠されていることに注目したい。

「伊那の秦の民の目一つ神信仰」で書いたが、柳田国男は「信州伊那の雲彩寺」の池には「片目の蠑螈《いもり》」がおり、片目の鎌倉権五郎が来て、「眼の底を洗つたと伝ふる故迹」と書いている。この地は古墳時代の伊那郡の郡家の所在地で六十基近い古墳（高岡古墳群四十三基、新井原古墳群十五基）があり、弥生時代中期から平安時代までの遺跡の恒川《ごんが》遺跡からは、六世紀から七世紀の住居趾が百十軒以上も発見されている。高岡古墳群の盟主的古墳は、唯一の前方後円墳（全長七一メートル）の高岡一号墳だが、六世紀代に築造されたものであり、他の多くの古墳も住居跡と同じ古墳時代後期の円墳である。

高岡古墳群に属す畦地《あぜち》一号墳（円墳）からは、新羅の王都慶州の古墳から出土している銀製長鎖式垂飾付耳飾とそっくり同じ耳飾が出土している。当時のわが国の工人の技術ではこのような耳飾は作れないから、新羅か新羅に服属した伽耶から渡来した貴重品だが、古代の韓国でも上層部の人のみが身につけていた耳飾が、信濃の六世紀代の古墳から出土していることは、この地の重要性を示しているし、新羅系遺物であることからも、イナ部、秦の民の移住が推測できる。

イナ部は秦氏系氏族であることは前述したが、高岡古墳群がある地は伊那郡の郡役所所在地で「元善光寺」という地名である（この地のJR飯田線の駅名も「元善光寺」という）。平安時代後期の堀河天皇（在位一〇八六年〜一一〇七年）の時代に、僧の皇円が編纂した『扶桑略記』（善光寺関係でもっとも古い文献）は、次のように書く。

或記云。信濃国善光寺阿弥陀仏像則此仏也。小治田天皇御時、壬戌年四月八日、令二秦巨勢大夫一奉請二送信之国一。云々（傍点は引用者）

善光寺仏を信濃へ持って来たのは秦氏と明記している。次に古い文献の『色葉《いろは》字《じ》類抄』（天養年間〈一一四五〉から二十余年かけた橘忠兼編纂の著書）は、善光寺仏は「信濃国若麻績東人」が信濃へ運んだとあり、鎌倉時代中期頃成立と言われている『平家物語』の諸本は、「信濃国住人」の「本田善光」が運んだと書く。

京都大学教授の喜田貞吉は「歴史地理」に大正十年（一九二一）に二回にわたって、「善光寺草創考」を発表している（一九八一年に平凡社から刊行した『喜田貞吉著作集』第三巻に、この論文は載る）。詳細ははぶくが「本田善光」は『平家物語』や『源平盛衰記』などの「語り本」が創作した人物であることを論証し、信用できるのは「秦巨勢大夫」と「若麻績東人」だと書き、秦巨勢大夫は秦河勝のこととし、善光寺創立者を秦河勝と若麻績東人と推論する。(2)

喜田貞吉が論考を発表した大正時代には、善光寺の考古学上の発掘調査は行われていないから、喜田は秦巨勢大夫を秦河勝のこととみて、聖徳太子の推古朝に善光寺は創建されたと推論している。しかし昭和二十八年(一九五三)に善光寺境内の下水管敷設のとき、平瓦・丸瓦等の布見瓦が多数出土し、鐙瓦は八葉福弁の蓮華文で、同縁に外行鋸歯文を陽刻しており、その形から白鳳時代の七世紀後半に比定されている。そのことは、瓦の宝相華唐花偏行文の陽刻からも確かめられるから、秦河勝説は成り立たない。

五来重は一九八四年五月から一九八五年十二月までの一年八カ月、信濃毎日新聞に掲載した「善光寺——庶民と信仰」(一九八八年に平凡社から『善光寺まいり』と題されて刊行)で、善光寺に関するもっとも古い文献の『扶桑略記』に記されている「秦巨勢大夫」から推論し、創建氏族を秦氏とみることでは喜田貞吉と同じである。五来は喜田論文は読んでいないが、善光寺創建を書くもっとも古い文献には、秦巨勢大夫は登場するが、本田善光は登場しないから、白鳳期に秦氏が創建したと述べている。但し喜田が本田善光の実在を認めないのに対して五来は、秦氏が「白鳳寺院の衰頽したのを復興する勧進を、遊行聖の善光に依頼した」と書き、本田善光も「秦氏の一人ではなかったかとかんがえられる」と書いて、善光寺の創建者秦氏説を主張する。さらに五来重は、奈良時代の勧進聖・遊行聖を本田善光とみて、前述した雲彩寺古墳などのある元善光寺の地に本田善光は住み、彼の旧宅にあった如来仏を飯田から長野へ移したと推論し、秦氏の建立した白鳳期の寺は善光寺以前の寺で、この寺が衰頽したので同じ秦氏の遊行聖の善光に「復興の勧進を依頼した」と書いているが、(3)本田善光についての五来説は無理であることは後述する。

善光寺創建に関与する秦氏らと元善光寺

喜田貞吉が秦巨勢大夫を秦河勝のこととする見解（「善光寺草創考」）を、坂井衡平は聖徳太子伝説が善光寺縁起に登場したため、太子の寵臣の秦河勝が付加されたのだと、『善光寺史　上』の各所で書く[4]が、聖徳太子伝説は鎌倉時代以後の善光寺縁起に登場している。この鎌倉時代の文献をもち出して、平安時代成立の『扶桑略記』に載る「秦巨勢大夫」の記事と喜田説を、共に否定する坂井説には、賛同できない。『扶桑略記』は「秦巨勢大夫」と明記しているのだから、喜田説のように「秦巨勢大夫」を「秦河勝」のこととして論じるのでなく、なぜ平安時代の善光寺に関するもっとも古い文献が、善光寺の創建者を秦氏と書くのか。その視点で論ずるべきである。そこで問題になるのは、「元善光寺」と称する寺が四つあることである。二つは信濃国の伊那と諏訪であり、他の二つは河内国である。

善光寺縁起の多くは推古天皇十年（六〇二）に、信濃国伊那郡麻績《おおみ》村に阿弥陀仏がとどまり、四十一年後に「水内の草堂」に入ったという伝承と、直接、推古十年に水内の現存地に移ったという伝承があるが、「直接」という記述は認められない。平安時代末に成立の『色葉字類抄』は「信濃国人若麻績東人」が「麻績」の地に仏像を安置したとある。『和名抄』は信濃国には伊那郡と筑摩郡に「麻績郷」を載せるが、鎌倉時代以降の善光寺関係の文献はすべて伊那の「麻績郷」と書いている。「伊那」の地名は伊勢のイナ部が天龍川を北上して信濃の地に六世紀前半に、麻績氏と共に入ったからである（伊勢の麻績郷は多気郡にあるが、この地には式内社の麻績神社があり、祭神の姫神は八坂刀売命だが、諏訪大社下社は建御名方命の妻として祀られている)。

イナ部は秦の民と同じに秦氏の配下に居た部民であったが、麻績氏とイナ部氏は伊勢から共に信濃入りしている事は、秦氏系のイナ部とかかわる「秦巨勢大夫」と、麻績氏にかかわる「若麻績東人」が、共に善光寺関係の文献でも、特に古い文献に載ることからも、この記述の信憑性を証している。そのことは河内の元善光寺も証している。河内国に二つある元善光寺のうちの一つは、大阪府八尾市垣内《かいち》にある「垣内元善光寺」である。この寺は「融通念仏寺不断山善光寺」という。寺には、本田善光が難波の堀江の仏像を拾って信濃へ帰る途中、この寺に一宿したという伝承がある。この元善光寺のある「垣内」に隣接して、かつての教興寺村がある(現在の地名は八尾市教興寺)。この地名は「教興寺」という寺によるが、この寺を「秦寺」ともいうのは、秦河勝創建の伝承があるからである。垣内善光寺は高安山麓に位置するが、垣内善光寺や教興寺のある高安郡は秦氏の居住地である。天平勝宝七年(七五五)三月二十七日付の「造東大寺司解」には、「鋳工、無位秦船人(年卅三、河内国高安郡人)」とあり、『続日本紀』宝亀十一年(七八〇)五月条に、「河内国高安郡人大初位下寺浄麻呂、高尾忌寸の姓を賜ふ」とある。『姓氏録』の河内諸蕃に高尾忌寸は秦氏だと明記しており、「寺」の姓は「秦寺」と呼ばれている教興寺にかかわる姓であった。高尾忌寸の「高尾」は、大県郡の秦氏集団が中心になって造立した知識寺が山麓にある高尾山の「高尾」である。この地は河内秦氏の一大根拠地だから、秦氏関係の寺に「元善光寺」の伝承があることと、最古の善光寺を語る文献(『扶桑略記』)に「秦巨勢大夫」が登場するのは、偶然の一致でなく必然性がある。しかも信濃国の元善光寺の「麻績郷」の古墳からは、前述したが新羅系の銀製長鎖式垂飾付耳飾が出土しているが、秦氏は新羅に併合された伽耶系の渡来氏族である。また麻績郷のある伊那郡の「イナ」は新羅系のイナ部にかかわるのだから、

河内の垣内善光寺─→伊那の元善光寺

は、「秦巨勢大夫」や「若麻績東人」と結びつき、『扶桑略記』や『色葉字類抄』が、「秦」「麻績」の姓を記しているのも、理由があることを証している。喜田貞吉の秦巨勢大夫を秦河勝と推論する説には賛成できないが、秦氏─麻績氏の関与は事実であろう。両氏はイナ部を通じて結びついており、セットで関与していたのであろう。

河内の小山善光寺はなぜ「元善光寺」なのか

問題は河内には垣内善光寺だけでなく、別にもう一つの元善光寺がある。その寺は藤井寺市小山にある「南面（命）山無量寺院善光寺」である。「無量寿院」ともいうが、『飛柱記』『霊応記』などの文献は長野の善光寺も「無量寿寺」と言ったと書く。無量寿経は浄土三部経の一つで、後に浄土教の根本聖典になっているが、阿弥陀信仰はこの無量寿経による。長野の善光寺の本尊も河内の小山善光寺の本尊も阿弥陀三尊だが、この地の元善光寺の本尊は白鳳時代初期の金銅阿弥陀三尊の小仏である。この元善光寺は『和名抄』の長野郷の西北隅にあり、河内の長野郷内には葛《ふじ》（藤）井寺がある（藤井寺市藤井寺一丁目、元善光寺からほぼ南一キロ弱）。葛井寺は井上光貞が百済から渡来した王仁の後裔氏族としてあげる六氏（文〔書〕氏・武生氏・蔵氏・葛井氏・船氏・津氏）の中の葛井氏の氏寺だが、善光寺大勧進の宝物の久安年間（一一四五年〜五一年）の「大般若経」は、善光寺の僧実印と葛井重人の筆によっているから、葛井氏が善光寺に関与していたことを証している。『日本後紀』延暦十八年三月条に、葛井・津・船連の三氏は、野中寺（羽曳野市野々上五丁目）の南の寺山を三氏の墓地にし「善正寺」を建てたと書くが、寺号は善光寺と似ている。葛井氏らと同じ王仁後裔氏族の文（書）氏の氏寺の『西琳寺流記』には、本尊は「百済国所伝阿弥陀三軀之霊像」とあり、この阿弥陀三尊は斉明天皇五年（六五九）に書首らが堂宇を建て、この仏を収めたという銘文がある。長野市の善光寺は「百済寺」といわれたという文献（『拾葉集』『天王寺誌』）もあるから、秦氏創建の「新羅寺」の善光寺が後代に「百済寺」になり、河内の小山善光寺も元善光寺といわれたのであろう。

小山善光寺は「長野郷」にあるが善光寺も長野市にある（現在の長野市は周辺町村を合併して大長野市になっているが、最初の長野市内に善光寺はあった）。信濃の「長野」地名は小山善光寺のある河内の「長野郷」の長野氏が居住した地による地名である（長野氏については本書の「善光寺と渡来人」で高句麗渡来氏族であることを詳論した）。河内の長野郷からは、百済系の葛井氏も長野市に来ていることは、「葛井重人」が証しているが、長野氏の居住は「長野」地名が証している。善光寺の本尊の阿弥陀三尊は前述したように百済系渡来氏族が主に信仰しているから、善光寺は後代に「百済寺」となったのであり、この事実は創始の新羅・伽耶系の麻績氏・秦氏とは結びつかない。

南信濃の伊那の麻績郷から秦氏・麻績氏が、北信濃の長野の地に移した仏像は、河内の垣内善光寺にかかわる仏像で、この仏像が信濃国造によって（理由は後述）水内郡の「草堂」に安置されていた。この「草堂」の仏像に地元の長野氏や葛井氏が信仰していた阿弥陀仏が後代に加えられて、七世紀後半に新しく「寺院」が建造され「善光寺」と称したのである。前述したが葛井氏らは、河内に「善正寺」を建てているから、「正」でなく「光」にして「善光寺」と言ったのであろう。七世紀後半は白鳳時代後期だが、河内国長野郷の元善光寺（小山善光寺）は、白鳳時代初期の金銅阿弥陀仏三尊の小仏像（全長四寸六分）を本尊にしているから、たぶん同じような小仏の阿弥陀仏像を、すでにあった伊那の元善光寺から移した仏像（たぶんこの仏像も小仏であったろう）と共に祀り、後代には阿弥陀三尊を本仏にして「百済寺」と称し、この百済仏は物部氏・中臣氏らによって難波の堀江に捨てられた仏像だという伝説が作られたのであろう。

垣内善光寺→伊那の元善光寺→諏訪の元善光寺→長野善光寺（諏訪の元善光寺は後述）

と秦巨勢大夫・麻績東人によって移動した後、後代に本田善光という人物が創作されて、

小山善光寺→長野善光寺

という移動が加えられたのである。本田善光の「ホンダ」は小山善光寺の所在地の「誉田《ほんだ》」に善光寺の「善光」を加えた氏名だから、創作された架空の人物であることは明らかである。

本田善光の名は、鎌倉時代成立の『平家物語』や『源平盛衰記』の語り物に初めて登場する。両書共正確な成立時期は不明だが、『平家物語』が先行しているとみられている。『平家物語』に初めて登場する「本田善光」も、延慶本・鎌倉本・佐野本は「大海の本田善光」とあり、伊藤本・八坂本は「大海東人本田善光」、長門本は「麻績東人本太善光」、如白本は「大海の本田善光」とある。『平家物語』の直前に成立している『伊呂波字類抄』には「若麻績東人」とあるが、この名の「麻績東人」と「本太善光」を長門本は同一人物と書いているから、他の諸本も、「本太（本田）善光」の「ホンダ」に、「麻績」「大海」、または「麻績（大海）東人」を冠している。このような書き方から見ても、実在の「麻績東人」の別名として作られた名が「本田善光」である。「善光」は「善光寺」という寺名から取っているが（「善光」は善光寺の阿弥陀信仰の無量寿経の「善因光果」の意）、「本田」は「誉田」の転である。羽曳野市誉田はかつての誉田村だが、今は「コンダ」という。このように河内にある二つの元善光寺のうち、秦氏・秦の民と関係ない百済系の元善光

寺の所在地の「ホンダ」に「善光」という名をつけた、安易な人物名が「本田善光」であることからも、作られた実在しない人物である。

以上述べたことを整理すると、河内の秦氏の信仰していた初期仏教の仏像を、秦寺と共に秦氏の寺であった垣内の寺から、河内の秦氏（この人物が「秦巨勢大夫」になっている）と、信濃の伊那の麻績氏（この人物が「若麻績東人」）によって、秦氏系イナ部氏の勢力下の南信州の伊那の地へ運んで、安置した。この寺から後述するが諏訪にあった元善光寺を経て、水内の建御名方神を祀る諏訪社の境内に「草堂」を建てて移したのである。長野には河内から移住した長野氏や葛（藤）井氏が居た。彼らは後代になって河内の誉田《ほんだ》の寺にあった阿弥陀仏を移して、河内の秦氏の寺から伊那・諏訪経由で移してあった仏像と共に祀った。その時に「草堂」から本格的な寺院を建て、寺号を「善光寺」にしたのであろう（七世紀末か八世紀初頭）。このように現在の善光寺は二重性をもつから、河内に二つの元善光寺があり、本来の秦氏の元善光寺（垣内善光寺）の後に、誉田の地の百済系氏族（長野氏・葛井氏）らが、「本田善光」を創作して元善光寺を作り、「百済寺」とも称する現在の阿弥陀仏を本尊とする善光寺になったのであろう。

善光寺と諏訪大社の関係から見えてくるもの

『日本書紀』持統天皇五年（六九一）八月二十三日条に、

使者を遣して竜田風神、信濃の須波《すは》、水内《みぬち》等の神を祭らしむ。

とある。本居宣長は『古事記伝』で「須波の神」は『延喜式』神名帳の信濃国諏訪郡の「南方刀美《みなかたとみ》神社二座名神大」、「水内の神」を水内郡の「建御名方富命彦神名神大」と書く。この比定に異論はなく通説になっているが、「南方刀美」は「建御名方富命」のことで諏訪神である。諏訪神が水内にも祀られたのだから、「別社」と書かれている。現在地は長野市城山だが、明治十一年（一七七八）に神仏分離で善光寺境内にあった神社が移されたのであり、それまでは諏訪大社別社と善光寺は同じ場所にあった。

『芋井三宝記』は昔からのいい伝えとして、諏訪神社のあった地に、善光寺如来を移したと書いているから、諏訪神社の別社が先にあって、後から河内の秦寺の近くの秦氏の寺から信濃へ運ばれた仏像が、伊那―諏訪の元善光寺経由で水内に移ったのである。善光寺の近くの箱清水の湯福神社は、古くから諏訪明神と称してこの地域の産土《うぶすな》神であった。また町村合併で地域が広域化する以前の長野市の東半分を氏子とする武井神社も、諏訪神を祀るのは、諏訪大社下社の大祝の武井氏の一族が奉斎した神社だからである。武井神社で行われている御射山《みさやま》祭は、御船祭と共に諏訪大社下社で行う「二大祭事」である（御射山祭は「山」の狩の祭事だが、御船祭は諏訪湖にかかわる祭である。有名な御柱祭は七年に一度の祭事）。この諏訪大社の祭を行っているのは、善光寺のある地の人々であり、神仏習合の江戸時代までは諏訪大社と善光寺は、長野の地元の人たちは一体として祭祀していた。そのことは古代からであることは、持統朝に竜田風神と共に、信濃の諏訪と善光寺のある水内の神を祀っていることが証しているが、水内の神は諏訪大社の分社で、『延喜式』神名帳が「名神大社」と書く「建御名方富命彦神社」である。

持統五年（六九一）に朝廷はわざわざ使者を、都の近くの著名な竜田の神と共に、遠方の信濃の国の神の祭祀に派遣しているが、派遣を命じたのは天武天皇である。『日本書紀』の天武天皇十三年（六八四）二月二十八日条に、次のような記事が載る。

浄広肆広瀬王、小錦中大伴連安麻呂、及び判官・録事・陰陽師・工匠等を畿内に遣して、都つくるべき地を視占《み》しめたまふ。是の日に、三野王・小錦下采女臣筑羅等を信濃に遣して、地形を看《み》しめたまふ。是の地に都つくらむとするか。

同年閏四月十一日の条の『日本書紀』には、

三野王等、信濃国の図《かた》を進《たてまつ》れり。

とあり、翌年の天武十四年十月十日条には、

軽部朝臣足瀬・高田首新家・荒田尾連麻呂を信濃に遣して、行宮を造らしむ。蓋《けだ》し、束間《つかまの》温湯《ゆ》に幸《いでま》さむと擬《おも》ほすか。

とある。翌年、天武天皇は発病して九月に崩御しているから、信濃に「行宮」を作っていないが、なぜ畿外《そとつ》国《くに》の信濃に天武天皇は異常な関心をもったのか。坂本太郎は「古代史と信濃」で、大海人皇子の「腹心の臣」であった多臣品治が、「信濃の美しい山川が陪都にふさわしいと信じて、これを天皇に進言したから、天皇はそれを取り上げる気持を起こしたのではなかろうか。天武の信濃に対する関心の深さは多臣品治の媒介を考えることによって氷解できるのではないかと、私は考える」と書き、「なお信濃は、国造家が多臣と同族の金刺舎人であり、多氏の同族は広く信濃に蔓延していたと推せられる点もある。(中略)品治の進言は、信濃在住の同族の支持を背景にしたものであったと考えられる」と書いている。[5] 私は「信濃の美しい山川」に天武天皇が惹かれたという理由は採らない(但し多品治の進言は認める)。「天武天皇と信濃―なぜ信濃に都城・行宮を造営したか―」で書いたように、天武天皇の信濃への関心の強さが、皇后の持統天皇に影響していたから、特に信濃の神社に使者が派遣されたのであろう。そのことは諏訪大社への派遣でわかるが、な

ぜ天武天皇は水内の神へも使者を送ったのか。水内の神も諏訪大社と同じ神を祀っている「別社」だからである。今も長野市の善光寺周辺の人々の氏神は諏訪神であることは前述したが、「秦巨勢大夫」が善光寺伝承のもっとも古い文献の『扶桑略記』に記されていることは、秦氏と諏訪大社を祀る信濃国造（金刺氏）との間に関係があったからである。そのことは伊那から水内へ移る時、仏像が七年間ほど諏訪湖畔の諏訪大社下社の対岸に置かれていたことが証している。

秦氏とかかわる諏訪湖畔の「元善光寺」松尾山善光寺

諏訪湖の南岸の湖畔にあった「元善光寺」は、「諏訪善光寺」、「湖南善光寺」とも呼ばれているが、「松尾山善光寺」が正式名である（所在地は諏訪市湖南）。天正十二年（一五八四）に松尾山九世の沙門宥善の記した『信濃国諏訪郡松尾山善光寺縁起』に、「元善光寺」である理由が書かれているが、この縁起を見た五来重は次のように書いている。

元善光寺は、善光寺如来が難波から本田善光に負われ給うて信濃水内郡の地にお遷りになる途中で、しばらくお休みになったという伝承の霊場に造建された一種の新善光寺である。諏訪善光寺もその縁起によれば、如来は伊那の元善光寺（座光寺すなわち寂光寺）から諏訪大明神の神勅によって、諏訪大社の北西、真志野松尾山へ遷って七年駐《とどま》られたという。その史実性は、平安時代以前の旧中山道（中仙道）が、美濃中津川から神坂峠を越えて伊那に入り、座光寺を経て諏訪まで北上し、和田峠を越えた事実によって評価すべきであろう（6）。

この記事では「諏訪大社の北西」に元善光寺があると書くが、間違である（五来は諏訪大社は上社のみと思って、下社の存在を無視して書いている）。諏訪大社は上社と下社があり、「北西」は上社からで、下社からは諏訪湖をへだてて南にある。この善光寺の正式名は「松尾山善光寺」である。「松尾山」の「松尾」は山城国の秦氏の本拠地太秦にある松尾山のことである。山麓に秦氏の氏神を祀る松尾神社があるが、この神社は元は松尾山の山頂にあり、松尾山が神体であった。この京都太秦の松尾山を諏訪の善光寺が寺名にして「松尾山善光寺」と称しているのだから、善光寺が秦氏にかかわることは明らかである。この松尾山善光寺の裏の真志野山《まじの》について、『長野県の地名』は次のように書いている。

　真志野山には金鉱山があり、文禄三年（一五九四）八月の石本三右衛門等連署状には、石本三右衛門らが「ましの村金こ清林」らにあてて、「当所金山御公用増野《（真志野）》分、請切二年内中金子弐分申定候、（中略）石《（右）》通、則京都へも可申入候」と述べている。[7]

この記述では裏山の真志野山は「金山」だが、金山の支配は地元でなく京都になっている。ところが金山の山麓にある善光寺の山号は「松尾山」だから、「京都」の松尾山山麓の秦氏が祭祀する松尾神社の支配を示している。金山である裏山（真志野山）の山麓の本城遺跡からは、奈良・平安時代の住居が十九戸も発掘されているが、この住居は金山にかかわる人々の住居であろう。秦氏が採鉱にかかわる氏族であることは、『続・秦氏の研究』で詳述した。京都の秦氏にかかわる「松尾山」を山号にする元善光寺は、「秦巨勢大夫」に結びつく。

諏訪大社が「南宮」と呼ばれる理由と鉄神信仰

諏訪の「元善光寺」が「松尾山善光寺」といい、「松尾山」であり、その山が金山であることは、諏訪大社が「南宮」といわれていることと関係する。治承三年（一一七九）成立の『梁塵秘抄』（巻第二・二六三番歌）に、

南宮の本山《もとやま》は　信濃国とぞ承《うけたまは》る　さぞ申す　美濃国には中の宮　伊賀国には稚《おさな》き児の宮

という歌が載っている。美濃国の「中の宮」は一般に「南宮大社」と呼ばれている。『延喜式』の式内名神大社の「中山金山彦神社」であり、祭神は「金山彦神」である。「児の宮」は伊勢国の名神大社の「敢国神社」で、やはり「金山彦神」を祀っている。さらに『梁塵秘抄』（巻第二・二七六番歌）には、「浜の南宮」として摂津の広田神社が詠まれているが、この神社附近からタタラ炉の吹子の火口《ひぐち》が発見されており、鉄にかかわることが推察できるが、この「浜の南宮」は、元の宮諏訪大社、中の宮金山彦神社、児の宮敢国神社とは別扱で記載されているのは、この神社の「南宮」は、広田神社の「本宮」に対しての「南宮」の意味で、諏訪大社を元の宮とする南宮と違うからである。

ところで諏訪大社・金山彦神社・敢国神社の「南宮」について真弓常忠は、『鉄山必用記事』に載る「金屋子神祭文」に、「高殿の四本の押立柱の東の方は句句廼馳《くくのち》ノ命、南の方は金山彦ノ尊自ら守護したまふ」とあって、南方に金山彦を祀ることが記されているので、

古来製鉄民の間では高殿の四本の押立柱の中でも、南方の柱をとくに元山柱と称して神聖視し、ここ

に金屋子神（金山彦神）を祭ったことによるものである。これは五行思想による。五行思想では、南は火の神の座であって、金の神は西に配されるが、製鉄の場合は、火を用いて熔金を司るため、金の神は火の神と合体して、火の神の座である南に座するものと考えられる。つまり、「南宮」とは、製鉄の神の座としての南の宮を意味するのである。(8)

と書いて、「南宮」といわれている神社は製鉄神だと書く。したがって諏訪大社の祭神の建御名方神が風神といわれていることに注目して、「風神は露天タタラはもとより、吹子によるタタラ炉にあっても、製鉄に必要欠くべからざるものである」と書き、

天目一箇神《あめのまひとつ》をして、雑《くさぐさ》の刀・斧、及び鉄鐸（古語・佐那伎《さなぎ》）を作らしむ。

とある『日本書紀』神代紀の記事を取り上げ、諏訪大社上社の年中最大の祭の「御立産神事《みたてまし》」では、神使の出立にあたって錦の袋に入れた鉄鐸を頸にかけることに注目している。鉄鐸がこの神事にとって重要な役割を果していることは、諏訪神が鉄にかかわる神であることを示していると書き、鍛冶神の天目一箇神的要素が諏訪神にあると推論している。(8)

真弓常忠はさらに、『本草綱目啓蒙』（文化三年）には、諏訪地方に磁鉄鉱の産出を伝えているし、福士幸次郎の『原日本考』でも信濃の南北安曇両郡、松本平の西側一帯が砂鉄産出の豊饒な地域であることを述べている。筆者も諏訪上・下社附近で拾った石を、粉砕し、磁石で砂鉄を抽出したところ、おびただしい磁鉄鉱を得た。信濃は火山地帯であり、温泉郷であるから、湧出する鉱泉には当然鉄分が豊富に含まれている筈」と書く。(9)

真弓常忠は書いていないが、諏訪市には「鉄鉱泉」という温泉宿がかつてあり、鉄分を含んだ湯だから赤

湯といわれていた。太平洋戦争中は諏訪大社上社のある茅野市には、鉄の採掘場があり、韓国から連れてこられた労働者たちが、敗戦まで働かされていた事実からみても、諏訪大社が「南宮」の元宮といわれる理由はある。

柳田国男は『古語拾遺』（天石窟の条）に、「天目一箇神をして、雑《くさぐさ》の刀斧及び鉄鐸《さなぎ》を作らしむ」とあるが、諏訪大社上社の御立産《みたてまし》神事（かつては上社で毎年行う神事では最大の神事であった）は鉄鐸を用いる神事だから（鉄鐸は神使が錦の袋に入れて頸に掛けている）、諏訪信仰には「一目の神を祀る要素がある」と書いている[10]。この鉄鐸は「神宝」だから、八木意知男は「神宝の鉄鐸＝天目一箇神」と見て、諏訪大社の祭神は本来は天目一箇神と推論している[11]。

谷有二は神奈川県の丹沢東北部の「鳥屋には、諏訪神社の祭神が賊軍を掃蕩中に、柚子の先で左目を傷つけ、以来、村人の左目は小さいといい、宮ケ瀬熊野神社にも似た話がある。鳥屋と宮ケ瀬から早戸川を遡って行くと鳥屋金沢、宮ケ瀬金沢と称する二本の沢が山地に食い込んでいて、元は何か鉱物を採取していたらしく、中津川沿いの長者屋敷には矢内入道にからまる黄金伝説がある。ここからほど遠からぬ所に戦国の頃、武田・北条両軍が激戦をくりひろげた三増《ミマス》峠が控えて、三増部落の諏訪神社の神様が、やっぱり稲穂で片目を突いて、以来、水田がなく氏子の片目は小さいのだと語られている」と書いている[12]。諏訪大社の祭神を天目一箇神とする説には賛同しないが、諏訪大社の祭神にも片目の神の伝承があることに私は注目している。

長野善光寺付近の秦の民と長曽我部氏

諏訪の元善光寺から現在の長野善光寺に行くには、和田峠を越して佐久から上田・松代を通って善光寺に至るが、松代と長野の間の稲荷山山麓の千曲市に、秦の民が祭祀する秦神社がある（『延喜式』神名帳は「波《は》田《た》神社」と書く）。このルート以外に諏訪から松本を経て長野に行くルートがある（このルートは現在鉄道・高速道路が通じて幹線道路になっている）。このルートを行くと、伊那の麻績郷と同じ『和名抄』が書く麻績郷があり、麻績郷を通って秦神社のある地に着く。どちらのコースを通っても千曲市の秦氏居住地を通り、千曲市の北隣の善光寺のある長野市に至る。このように千曲市の秦の民の居住地を通らなければ、佐久・上田経由でも、筑摩・松本経由のどちらでも、長野善光寺へは行けない場所に秦の民が居住している。千曲市にある式内社の秦（治田）神社については、山本太が長宗我部氏の出自に関連して、『国史大辞典9』の「長宗我部氏」の項で、次のように述べている。

山城国稲荷神社の禰宜の祝であった秦伊呂具公の子孫が信濃国更科郡小谷郷（長野県千曲市）に移り、稲荷山に治《は》田《た》神社を祀り、子孫相ついで平安時代末に至ったという。秦能俊が出て、平安時代末、鎌倉時代初めごろ土佐国長岡郡宗部郷（高知県南国市）に移り、子孫は地名をとって長宗我部氏を称し、東に隣接する香宗我部氏と区別したと伝える。(13)

土佐の長宗我部氏は秦氏であることは通説だが、長宗我部氏を名乗った秦氏は、善光寺の近くの秦神社（後に治《は》田《た》神社となる）の祭祀氏族の秦氏（正しくは秦の民）であった。この秦神社の神主の秦能俊が土佐へ移り住み、地名の「宗我部」に「長」を冠して「長宗我部」と名乗ったのである。信濃の秦の民が祀っていた秦神社の神主一族が秦の民と共に土佐へ移ったので、いつしか秦神社も、「秦」イメージが消えて「波《は》田《た》」に表記が変った。今は千曲市（前名は「更埴市」）の稲荷山町と桑原に二社あるが、稲荷山という山名は、この神社の祭祀氏族の長（神主）が、山城の稲荷大社の禰宜だったから、「稲荷山」と言ったのである。秦神社の近くには鋳物師屋《いもじや》村があったが、この鋳物師も秦の民であったであろう。

土佐へ信濃の秦の民が移住した地は土佐国長岡郡宗我郷だが、鎌倉時代初頭に土佐の秦氏（土佐国幡多郡が本拠地）が地頭として入っていた地である。この地頭として入部した時期に、土佐とは遠く離れた信濃の秦の民が土佐へ移住している事実は、秦氏・秦の民らは、信濃と土佐の遠距離の間でも連絡・交流していたことを証しており、秦氏・秦の民の結びつきの強さを示している。康暦二年（一三八〇）に細川頼政が守護代として土佐に入ると、長曽我部氏は細川氏の代官として活躍するが、細川氏が都へ戻ると、土豪らによって長曽我部氏の九代目の兼序は岡豊城で敗死し、子の国親は土佐秦氏の本拠地幡多《はた》郡中村（現在の中村市）の一条氏の下で養育される。国親の子の元親は天正三年（一五七五）に土佐全土を平定・統一している。

長曽我部氏の祖の居た信濃の秦（波多）神社の地は、善光寺のある長野市の隣の千曲市にある。この事実は善光寺の創建者が「秦巨勢大夫」だという伝承と無関係ではないだろう。

善光寺仏の信濃入りに関与した信濃国造と秦氏

秦巨勢大夫が「信濃国人」かは定かではないが、「若麻績東人」は『色葉字類抄』が「信濃国人」と明記している。本章の冒頭でも書いたが、伊那の麻績郷は元善光寺の地に比定されているから、若麻績東人は秦巨勢大夫を自分の郷里の麻績郷に案内し、仏像を草堂に安置したのだろう。麻績氏で著名なのは伊勢の麻績氏である。『日本書紀』（崇神天皇七年八月条）には「伊勢の麻績君」の名があり、『皇太神宮儀式帳』は麻績連広背は竹村屯倉（三重県多気郡にあった屯倉。後の多気郡家）の督領であったと書く。『令集解』（神祇令孟夏条）や『延喜式』（皇太神宮神衣祭条）に載る麻績連の職務は伊勢神宮の祭祀に深くかかわっているが、諏訪大社で祭神とする建御名方命の妃は八坂刀売命である。この女神について諏訪大社の社家の文献（『上宮御鎮座秘伝記』『諏方上宮神名秘書巻』）は、「八坂彦命之後胤」とする。八坂彦命は『旧事本紀』（天神本紀）に「八坂彦命、伊勢神麻績連等祖」とある。宮地直一は『諏訪史　第二巻後編』で八坂彦命と八坂刀売命について、「単なる神名の共通による学者の臆説たるに止まらないで、相当合理的根拠を有するといひ得る」と述べて、伊勢と信濃の結びつき、交流を指摘している。(14)『伊勢国風土記』（逸文）は伊勢津彦命は伊勢国を天孫に譲って、信濃国に移り住んだと注記している。この記事は『倭姫命世記』にも載るから、後代に加えられたといわれているが、伊勢津彦命が信濃国に移り住んだという伝承は、伊勢から信濃へ移り住んだ麻績氏の伝承、さらに前述（三一三頁）した伊勢の山地に居住していたイナ部氏の信濃の「イナ」への移住と重なる（『和名抄』は伊勢国員辨《いなべ》郡を載せ、『延喜式』神名帳は猪名部神社を載せる。現在も員弁《いなべ》郡があるが、県境を越えれば滋賀県の木地屋の本拠地である）。このような事実からみても、八坂刀売命が諏訪大社下社の祭神になっていることは無視できない。理由は下社は信濃国造の金刺氏が大祝だからである。イナ部氏は秦氏系で木地屋と結びつくが、信濃国造も秦氏・秦の民とかかわる。

信濃国造は『古事記』（神武記）によればオホ氏と同祖でオホ氏系氏族だが、オホ氏と秦氏・秦の民が親しい関係にあることは『秦氏の研究』・『続・秦氏の研究』で詳述した。伊勢の長田麻績神社を吉田東伍は『大日本地名辞書』で、『神名帳考証』『勢陽雑記』『拾遺乃式社案内記』の説を採って、式内社の意非多《おひた》神社にあてるが、[15]『黒部史』によれば意非多神社の若宮の祭神太田祝は、麻績の地（松阪市東・西黒部）の多氏の祖になっているから、多氏系の信濃国造にかかわる善光寺伝承に、秦巨勢大夫と若麻績東人が登場するのも理由があっての事だろう。

信濃国造は「金刺舎人」という（欽明朝の金刺宮に奉仕した舎人の意である）。『続日本紀』の宝亀元年（七七〇）十月条に、金刺舎人若嶋が正七位下から外従五位下に昇進し宝亀三年（七七二）に「連」の姓を賜り、同八年に従五位下になっている。若嶋は「女孺（嬬）」とあるが（宝亀三年条）、女嬬は後宮の諸事に従事する女性で、郡領級の家の子女が当てられているから、桐原健は「善光寺創建に係った氏族たち」で水内郡の金刺氏は「女嬬として若嶋を出仕させているからには、おそらく大領の位置にあったものと思われる」と書き、[16]坂井衡平も『善光寺史　上』で「若島の父は水内郡郡司に当る者」と書いている。[17]この「金刺舎人」は信濃国造家だが、伊那郡の郡領も金刺氏であり、諏訪大社下社の大祝も金刺氏である。秦氏と親密なオホ氏系の信濃国造家が、元善光寺のあった伊那郡・諏訪郡、現在の善光寺所在地の水内郡（長野市）に、特にかかわっている事実からも、善光寺如来の信濃入りには、オホ氏・秦氏・信濃国造の関与が推測できる。坂井衡平は『善光寺史　上』で、善光寺の「大本願」について、「本願家が古く金刺氏の出であつた」と史料をあげて述べ、恵灌を師とする大本願の開山の尊光上人は、『続日本紀』に載る水内郡の金刺舎人若島と「骨肉関係にあ」ったと書いている。[17]このような事実からも信濃国造の金刺舎人氏が初期の善光寺仏にかかわったことは明らかである。

そのことは信濃国の元善光寺は伊那と諏訪にあるが、『続日本紀』（天平神護元年正月条）に「信濃国牧主当伊那郡大領、外従五位下勲六等金刺舎人八麻呂」が載り、『三代実録』（貞観五年九月条）に「信濃国諏訪郡人、右近衛将監正六位上金刺舎人貞長」が載ることからも、元善光寺のある伊那・諏訪の地が信濃国でも特に国造家の直接支配の強い地域であったことがわかる（信濃国は他の諸国の三倍から四倍の広地域の国であった）。諏訪の地にある諏訪大社は上社と下社があり、上社は信濃国造が信濃入りする以前から、ミシャグチ神を祀っていた神社であり、下社は信濃国造が建御名方神を祀った新しい神社である。諏訪の元善光寺は諏訪大社下社と諏訪湖をはさんだ対岸にあり、諏訪大社下社と元善光寺は、諏訪湖を間において対面する位置にある。また長野の善光寺も諏訪大社の別社の境内にあったのだから、最初の善光寺仏の移動（伊那—諏訪—水内）は信濃国造の意向によっていることが推測できる。とすれば河内に二つある元善光寺のうち、八尾市垣内にある元善光寺（垣内元善光寺）から、河内の秦巨勢大夫と、信濃入りを案内する信濃の若麻績東人の二人によって仏像は運ばれたのである。そのことは河内の垣内元善光寺は秦巨勢大夫の秦氏・秦の民にかかわり、信濃の伊那の元善光寺は若麻績東人の麻績郷にあり麻績氏にかかわることが証しているからこの計画を推進したのは信濃国造であろう。信濃国造は諏訪と水内を本拠地にしたが、前述したように善光寺仏の水内の安置所が諏訪神社別社の地であり、伊那から水内へ移る途中、諏訪湖畔の諏訪大社下社と諏訪湖をはさんで対岸の正面に、善光寺仏が安置され、その地も「元善光寺」といわれていることが証している。しかも伊那と諏訪の元善光寺は、伊那は秦氏・秦の民と親しいイナ部氏がかかわり、諏訪は京都の秦氏が祀る松尾神社とかかわっているのだから、善光寺仏を秦巨勢大夫が運んだのは当然であり、そのバックに信濃国造が居たのも確かである。

〔注〕

（1）柳田国男「一目小僧」『柳田国男集　第五巻』所収　一九六八年　筑摩書房

（2）喜田貞吉「善光寺草創考」「歴史地理」三四巻六号　三五巻二号　一九二〇年〜一九二一年。『喜田貞吉著作集　第三巻』所収　一九八一年　平凡社

（3）五来重『善光寺まつり』九三頁〜九八頁　一九八八年　平凡社

（4）坂井衡平『善光寺史　上』一九六九年　東京美術

（5）坂本太郎「古代史と信濃」『日本古代史叢考』所収　一九八三年　吉川弘文館

（6）五来重　注3前掲書所収　二八八頁

（7）「日本歴史地名大系20」『長野県の地名』三三九頁　一九七九年　平凡社

（8）真弓常忠『日本古代祭祀と鉄』一〇九頁〜一一二頁　一九八一年　学生社

（9）真弓常忠　注8前掲書所収　一一一頁〜一一四頁

（10）柳田国男「目一つ五郎考」『柳田国男集　第五巻』所収　一九六八年　筑摩書房

（11）八木意地男「『南宮』考」「古代文化」三九巻一一号　一九七三年

（12）谷有二『日本山岳伝承の謎』一〇九頁　一九八三年　未来社

（13）『国史大辞典9』所収　一九八八年　吉川弘文館

（14）宮地直一『諏訪史　第二巻後編』二〇頁　一九三二年　信濃教育会諏訪分会

（15）吉田東伍『大日本地名辞書　第二巻』八五二頁　一九〇〇年　富山房

（16）桐原健「善光寺創建に係った氏族たち」『私の古代学ノート』所収　一九八二年　信毎書籍出版センター

（17）坂井衡平　注4前掲書所収　四四二頁

あとがき

本書は一九九〇年四月に名著出版から刊行した同名の書に、二〇一三年七月に刊行した、『続・秦氏の研究』所収の「伊那の秦の民の目一つ神信仰」と「秦氏関与の善光寺創建と信濃国造」を、新しく加えた新版である。

故郷の長野県を離れて六十年余経つが、私は現在の信州大学教育学部の前身の長野師範学校卒である。一年間だが長野県で中学校の教師をして、『ああ野麦峠』の著者の山本茂実と一九四九年に雑誌「葦」を創刊し、編集者になり、一九五五年に青春出版社（「葦」の営業部員の後輩の小沢和一との共同経営）、一九六一年に大和書房を創立した。

このように私は出版社の編集者・経営者として六十年余をすごし、かたわら日本古代史・上代文学に関する著書を執筆し、今、八十五歳である。この歳になると故郷について書いた『信濃古代史考』に愛着が深まってきたので、最近刊行した『続・秦氏の研究』所収の信濃国について書いた論考を加えて、再び刊行する。

古代史関係の拙著の中で、本書は愛着のある著書なので、信濃国の古代史に関心のある故郷の人々に読んでいただければ幸である。

二〇一三年一〇月

大和岩雄

主要著書

『日本古代試論』（一九七四年　大和書房）
『天武天皇論(一)(二)』（一九八七年　大和書房）
『神社と古代王権祭祀』（一九八九年　白水社）
『神社と古代民間祭祀』（一九八九年　白水社）
『人麻呂伝説』（一九九一年　白水社）
『鬼と天皇』（一九九二年　白水社）
『遊女と天皇』（一九九三年　白水社）
『秦氏の研究』（一九九三年　大和書房）
『日本にあった朝鮮王国』（一九九三年　白水社）
『十字架と渦巻』（一九九五年　白水社）
『改訂版「日本」国はいつできたか』（一九九六年　大和書房）
『天狗と天皇』（一九九七年　白水社）
『新邪馬台国論』（二〇〇〇年　大和書房）
『箸墓は卑弥呼の墓か』（二〇〇四年　大和書房）
『新版古事記成立考』（二〇〇九年　大和書房）
『新版日本書紀成立考』（二〇一〇年　大和書房）
『神々の考古学』（二〇一一年　大和書房）
『魔女論』（二〇一一年　大和書房）
『神と人の古代学』（二〇一二年　大和書房）
『「古事記」成立の謎を探る』（二〇一三年　大和書房）
『続　秦氏の研究』（二〇一三年　大和書房）

新版《しんぱん》 信濃古代史考《しなのこだいしこう》

二〇一三年一二月五日　第一刷発行

著　者　大和岩雄《おおわいわお》

発行者　佐藤　靖

発行所　大和《だいわ》書房

東京都文京区関口一―三三―四　〒一一二-〇〇一四

電話番号　〇三―三二〇三―四五一一

本文印刷　信毎書籍印刷

カバー印刷　歩プロセス

製本所　小泉製本

装　丁　岡　孝治

ISBN978-4-479-84078-7

http://www.daiwashobo.co.jp